高等学校"十三五"学前教育专业规划教材
"十三五"江苏省高等学校重点教材 编号:2016-1-026
江苏高校品牌专业建设工程成果

# 学前教育现代教育技术教程
## 第二版

| 主　　任 | 马　玲 | | | |
|---|---|---|---|---|
| 副 主 任 | （按姓氏笔画排序） | | | |
| | 马　健 | 王　蕾 | 史余强 | 孙国春　任彦周 |
| | 吴兆能 | 杨桂春 | | |
| 委　　员 | （按姓氏笔画排序） | | | |
| | 王　冠 | 冯伯虎 | 许文芝 | 刘景州　张大明 |
| | 佟元之 | 吴　平 | 杨　平 | 谷俊峰　吴耀宇 |
| | 李　宁 | 秦立山 | 徐晓梅 | 曹均平 |
| 主　　审 | 马　玲 | | | |
| 统　　稿 | 许文芝 | 徐晓梅 | | |
| 主　　编 | 佟元之 | 许文芝 | | |
| 副 主 编 | 吴　平 | 吴耀宇 | 张大明 | 刘景州　黄建锋 |
| 参编人员 | （按姓氏笔画排序） | | | |
| | 丁　群 | 万开成 | 孔祥蕾 | 王　冠　王艳歌 |
| | 王雪晶 | 冯伯虎 | 伍永通 | 刘　鹏　池海莉 |
| | 孙琳琳 | 吕水平 | 安丽月 | 李　云　李　莉 |
| | 李　静 | 汪海莲 | 沈　莉 | 沙小梅　宋济明 |
| | 张星辰 | 张　娜 | 张海娟 | 张涵铃　张解解 |
| | 陆永来 | 陆　霞 | 胡春春 | 姚　芳　贺　斌 |
| | 耿　杏 | 钱梦菊 | 袁　梁 | 翁云飞　顾　玮 |
| | 高子砚 | 高静莎 | 曹　霞 | 常　敬　董振琪 |
| | 嵇　棂 | 虞智辉 | 詹龙应 | 雷　斌　蔡成军 |

南京大学出版社

# 内 容 提 要

本书共分六个模块,主要内容包括认识现代教育技术、现代教学媒体与教学环境、多媒体素材的获取与处理、多媒体课件设计与制作、网络教育应用以及信息化幼儿教育活动设计与评价等内容。

通过对本书的学习,读者可以了解现代教育技术的基本理论及其在幼儿教学中的具体应用,掌握现代教学媒体的工作原理及准确使用,掌握多媒体素材的编辑处理方法,掌握多媒体课件设计与制作的过程,培养运用信息技术进行幼儿教育教学活动设计的能力。

本书根据幼儿教师的职业特点和专业发展要求编写,体系完整,内容新颖,与学前教育教学紧密结合,运用幼儿教育理论和现代教育技术理论,构建以实践为导向的课程体系与评价标准。

本书每个模块都设有二维码,将现代教育技术的拓展知识和技能放在二维码中,是一本融文字、声音、图像、视频、动画等为一体的立体教材。

本书可供幼儿园教师现代教育技术培训使用,可作为幼儿师范院校、普通高等学校以及职业教育院校的学前教育专业的现代教育技术课程的教材,还可以作为学前教育工作者和教育技术工作者的参考书。

# 前 言

江苏省"十三五"高等学校重点立项教材,《学前教育现代教育技术教程》修订本终于出版了。本书的修订出版,凝聚了江苏、山东、河南、安徽等省幼儿师范院校一线教师和江苏省立项重点教材审定专家的大量心血。正是他们的辛勤付出,才圆满完成本教材的修订工作。

《学前教育现代教育技术教程》是徐州幼儿师范高等专科学校于2016年申报江苏省"十三五"高等学校重点立项教材,经江苏省教育厅组织专家评议、评委会审议、网上公示,得以成功立项,这也是教育技术学学科唯一立项的教材。根据江苏省立项重点教材审定工作程序,结合教育部对普通高等教育"十三五"国家级规划教材编写指导思想,2017年1月启动本书的修订工作,商定邀请济南幼儿师范高等专科学校、合肥幼儿师范高等专科学校、安阳幼儿师范高等专科学校参与本书的修订编写,共同成立了《学前教育现代教育技术教程》编写委员会;并在南京大学出版社召开参编人员研讨会,组织学习了"江苏省高等学校重点教材建设实施方案"和江苏省立项重点教材审定工作程序,确定了修订的逻辑架构、内容、体例及呈现形式,进行了修订分工。修订初衷是希望本教材能成为探索学前教育现代教育技术课程中国化、科学化,并逐步与国际接轨的一次尝试,为幼儿教育改革与发展,为中国幼教事业走向辉煌增色添彩。

修订教材与同类教材相比,有以下特点:

1. 本教材既承载知识和技能,更渗透思维方法的给予、认知结构的优化、实践能力的形成和创新精神的培养。因而在每个模块都设有思维导图,学习者在学习本模块时,一目了然,在教学任务设计时对教学过程、时间分配、资源利用等方面进行合理安排和优化配置。

2. 本教材编写力求体现先进的教学和学习理念,充分注意学前教育专业学生的学习特点,内容上"求新、求实、求精、求细"。知识点仍沿用图文并茂的呈现方式,全书在原教材的基础上再次降低了理论梯度,提升了技能强度,凸显"以生为本,能力本位,行动导向"三大理念,突显了实用性和针对性。

3. 本教材在技能训练项目上仍采用模块化结构,训练内容侧重当前幼儿园最新的教育技术应用样例。训练项目无论体例设计，还是逻辑架构上都着力于"实"，尝试于"新"，指向于"活"，显示了本书宽广的视角和开阔的思路，不仅给授课教师提供了发挥和创新空间，也给各类幼儿师范院校开展课堂教学提供较大的选择余地。

4. 本教材在课程资源选取和利用上精选了较为先进的项目活动支持环境，提供了全省幼儿园近年来获奖的案例和幼儿园教师优秀教学设计，力求让学生通过学习掌握岗位实践技能。

此外，在表现形式上，每个模块均设置了二维码，微信扫一扫即可获得丰富的配套数字资源、教案与在线互动等教学服务，以科学直观的视频、音频、动画、图文等表现形式，多维度、多角度地呈现教学内容，方便学生掌握和理解知识，使原本枯燥、单调、抽象的教学内容变得生动、形象、有趣。

教材编写团队汇集了江苏、山东、河南、安徽四省师范院校教育技术学科的一线骨干教师、幼儿园名教师、优秀园长，在共建共享的合作机制下，顺利完成本教材的修订。

本书的顺利出版，感谢江苏省立项重点教材审定专家南京师范大学沈书生教授、江苏师范大学陈琳教授、盐城师范学院陈玉祥教授、淮阴师范学院夏如波教授、南通大学吉兆麟教授，感谢南京大学出版社胡豪编审、高校教材中心蔡文彬主任、责任编辑钱梦菊、丁群老师热情支持和大力协助。

本书在编写过程中，引用了相关专家学者的著作、论文和网上资源，及众多幼儿园教师的优秀案例，我们尽量注明出处，若有遗漏，敬请谅解并指出，以便再次修订时补正。

鉴于现代教育技术学科涉及面广，知识更新快，加之教材往往迟于学科的发展，其中难免有许多不尽如人意之处，我们真诚地希望教师与学习者在使用本教材过程中提出宝贵建议。

编　者
2017 年 5 月

# 目　录

**模块一　认识现代教育技术** ……………………………………………………… 1

　　第一讲　现代教育技术概述 ……………………………………………… 2
　　第二讲　教育信息化 ……………………………………………………… 8
　　第三讲　学前教育信息化 ………………………………………………… 11

**模块二　现代教学媒体与教学环境** ……………………………………………… 16

　　第一讲　教学媒体概述 …………………………………………………… 17
　　第二讲　数码照相机与数码摄像机 ……………………………………… 18
　　第三讲　综合多媒体教学系统 …………………………………………… 27
　　第四讲　计算机网络教室 ………………………………………………… 37

**模块三　多媒体素材的获取与处理** ……………………………………………… 46

　　第一讲　多媒体素材概述 ………………………………………………… 47
　　第二讲　文本素材的获取与处理 ………………………………………… 48
　　第三讲　图像素材的获取与处理 ………………………………………… 55
　　第四讲　音频素材的获取与处理 ………………………………………… 70
　　第五讲　视频素材的获取与处理 ………………………………………… 84
　　第六讲　动画素材的获取与处理 ………………………………………… 97

**模块四　多媒体课件设计与开发** ………………………………………………… 117

　　第一讲　多媒体课件概述 ………………………………………………… 118
　　第二讲　PowerPoint 演示课件设计与制作 ……………………………… 122

第三讲　Smart Notebook 课件设计与制作 …………………………………… 136
   第四讲　网络课件设计与开发 …………………………………………………… 149
   第五讲　微课程设计与开发 ……………………………………………………… 161
   第六讲　移动学习课件应用 ……………………………………………………… 172

**模块五　网络教育应用** ………………………………………………………………… 183
   第一讲　网络教育信息资源概述 ………………………………………………… 184
   第二讲　思维导图的使用 ………………………………………………………… 191
   第三讲　博客与微博的使用 ……………………………………………………… 193
   第四讲　数字笔记的使用 ………………………………………………………… 202
   第五讲　MOOC 在线学习 ………………………………………………………… 207

**模块六　信息化幼儿教育活动设计与评价** …………………………………………… 213
   第一讲　信息化教学设计概述 …………………………………………………… 214
   第二讲　信息化教学设计的一般过程 …………………………………………… 218
   第三讲　幼儿园教学活动设计 …………………………………………………… 227

**附　录** …………………………………………………………………………………… 260
   附录一　中小学教师信息技术应用能力标准(试行) …………………………… 260
   附录二　幼儿园教师专业标准(试行) …………………………………………… 264
   附录三　中小学和幼儿园教师资格考试标准(试行) …………………………… 264

**参考文献** ………………………………………………………………………………… 265

# 模块一 认识现代教育技术

## 学习目标

1. 理解现代教育技术概念的基本内涵。
2. 了解现代教育技术的理论基础。
3. 理解教育信息化建设的内容。
4. 了解信息化学习方式及特点。
5. 了解信息技术在学前教育领域的应用。

## 思维导图

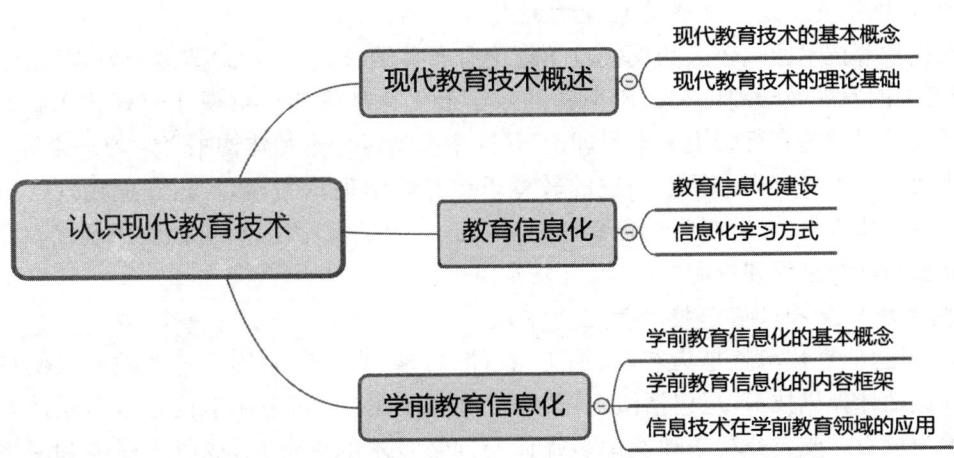

# 第一讲　现代教育技术概述

戴尔经验之塔
拓展阅读

## 一、现代教育技术的基本概念

人们对"教育技术"概念的理解始终处于动态的演变之中,直到20世纪90年代中期,才出现一个较为全面、明确的定义描述。

1994年,美国教育传播与技术协会(AECT)的阐述为:教育技术是对学习过程和学习资源进行设计、开发、利用、管理和评价的理论和实践。

AECT在2005年的《教育技术的含义》中,表述为:教育技术是指通过创建、运用和管理适当的技术过程和资源来促进学习和提升绩效的研究和符合职业道德规范的实践。

从上面两个定义可以看出,学习过程和学习资源,在适当的技术支持下,可以促进学习和提升绩效,教育技术是连接技术和教育的桥梁。

现代教育技术是我国学者在多年的研究和实践当中提出的概念,在AECT 1994定义基础上描述为:现代教育技术是指运用现代教育理论和现代信息技术,通过对教与学的过程和资源的设计、开发、利用、管理和评价,以实现教学优化的理论和实践。其内涵体现在以下几个方面:

1. 现代教育技术以现代教育理论为指导

对现代教育技术影响较大的现代教学理论有布鲁纳(Bruner)的"结构—发现"教学理论、赞可夫的发展教学理论和巴班斯基的教学最优化理论等。对现代教育技术影响较大的现代学习理论有行为主义学习理论、认知主义学习理论和建构主义学习理论等。

现代教育技术的应用必须以先进的教育思想和教学理论为指导,树立应用现代教育技术推进素质教育、培养学生的创新精神和实践能力的教育思想,重视应用现代教育理论指导教与学的过程和资源的设计、开发及应用。

2. 现代教育技术以信息技术为主要手段

简单地说,信息技术就是指获取、加工、存储、传输、表示和应用信息的技术。信息技术不仅包括计算机技术,还包括微电子技术、通信技术等,其中在学校是以多媒体与网络技术为核心。要充分利用和发挥多媒体与网络技术的优势,形成以多媒体和网络技术为基础的信息化环境和数字化的教学资源。

3. 现代教育技术的研究对象是教与学的过程和资源

现代教育技术是以教与学的过程和资源为研究对象,并以优化教与学的过程和资源为目标,因此现代教育技术既要重视优化"教",更要重视优化"学";既要重视"资源",更要重视"过程"的研究和开发。通过优化教与学的资源,建设信息化的教学环境,开发信息化教学软件,以探索并建构信息化环境下新型的教学模式。

4. 系统方法是现代教育技术的核心思想

现代教育技术是以系统方法为核心思想展开全部教育实践的,即对教与学的过程和资源进行设计、开发、利用、管理和评价。现代教育技术重视教育教学过程中各步骤的精心设计、实施,要求教学各要素有序进行,并随时进行评价和修正。

## 二、现代教育技术的理论基础

现代教育技术是教育科学群体中的一门新兴的综合性学科,现代教育技术在教育教学中的应用已随着现代教育科学和现代信息技术的发展而日益广泛和深入,人们对现代教育技术的理解和认识也在不断地深入。因而,现代教育技术的理论也在不断地完善和发展之中。

由于对现代教育技术的学科认识以及研究立场、研究取向的不同,关于支撑它的理论基础也会有不同的看法和认识。但我们知道,现代教育技术在发展过程中不断地汲取了其他学科的一些理论和方法,可以说,这些学科理论和方法为教育技术学科的产生奠定了理论基础。纵观现有出版的现代教育技术专著和教材,基本上都提到了学习理论、教学理论、媒体传播理论和系统科学理论。本节主要围绕视听教育理论(见本讲二维码)、学习理论和传播理论进行简要阐述。

### (一)学习理论

现代教育技术是探讨现代化教学设备和手段如何在课堂教学中使用,并提高课堂教学效果的专门研究领域,它必须根据科学的学习理论进行学习过程和学习资源的设计、开发、利用、管理和评价,以帮助学生进行有效的学习。因此,在现代教育技术的理论体系中,学习理论一直处于核心地位,是构成现代教育技术的重要理论支撑之一。

学习理论,就是探讨人类怎样学习的理论,旨在阐明学习如何发生、有哪些规律、是什么样的过程、如何才能有效地学习等问题,它对现代教育技术的发展具有重要的指导意义。纵观学习理论的发展,行为主义、认知主义、建构主义以及人本主义学习理论为现代教育技术的形成和发展奠定了坚实的基础。这里分别从学习的条件、学习的过程和学习的结果三个方面对各种学习理论进行简要阐述。

1. 行为主义学习理论

在20世纪的前半个世纪,占主导地位的学习理论是行为主义理论,其理论先驱是美国心理学家桑代克(Thorndike)。桑代克主要通过研究动物的行为,得出了一个非常重要的结论:动物的学习是经过多次的试误,由刺激情境与正确反应之间形成的联结所构成的。

美国心理学家华生(Watson)提出心理学的研究应关注行为,而不是人的意识,由此建立起行为主义心理学的基本公式:"人和动物的全部行为都可以分析为刺激和反应。"华生认为学习的实质就在于形成、强化刺激与反应之间的习惯性联结。

在行为主义发展的后期,对学习理论影响最大的是斯金纳(B.F.Skinner),他根据自己发明的一种学习装置——"斯金纳箱",通过不断的实验,提出了操作性条件反射学说。根据这个实验,斯金纳将学习概括为:刺激—反应—强化。

由此可见,尽管行为主义学派内部对学习的解释不完全相同,但在对宏观的学习解释上仍然是一致的。行为主义学习理论对学习的条件、学习的过程和学习的结果做如下解释:

(1) 学习的条件。学习的顺利进行离不开强化,强化是学习得以进行的重要条件,即外部刺激引起学习者的反应,然后经过反馈对学习行为进行调节和强化,直到学习者形成正确的学习行为,并关注学习的外部条件。

(2) 学习的过程。学习的过程是渐进的尝试错误的过程,即随着错误反应不断减少,正确反应不断增加,形成固定的"刺激—反应"之间的联结,也称为"尝试错误",直到最后成功的过程。

(3) 学习的结果。学习的结果就是形成刺激与反应的联结,即 S—R 间的联结,即学习就是有机体在某种情境下自发做出的某种行为,由于得到强化而提高了该行为在这种情境下发生的概率,形成了反应与情境的联系,从而获得了用这种反应应付该情境以寻求强化的行为经验。

2. 认知主义学习理论

认知主义学习理论源于格式塔心理学,它的核心观点是:学习并非机械的、被动的刺激—反应的联结,学习要通过有机体积极主动的内部信息加工活动,形成新的完形或认知结构。瑞士心理学家皮亚杰(J.P.Piaget)提出的著名的"认知结构说"认为,认识活动的目的在于取得主体对自然社会环境的适应,达到主体与环境之间的平衡,主体通过动作对客体的适应又推动认识的发展,强调认识过程中主体的能动作用,强调新知识与以前形成的知识结构相联系的过程,表明了只有学习者把外来刺激同化到原有的认知结构中,人类学习才会发生。认知主义学习理论的主要代表人物有:苛勒(Wolfgang Kohler)、皮亚杰、布鲁纳(Bruner)、奥苏贝尔(Ausubel)和加涅(R.M.Gagné)等。

(1) 布鲁纳的认知发现学习理论。布鲁纳是美国当代著名的认知心理学家,他把研究的重点放在学生获得知识的内部发现过程和教师如何组织课堂教学,以促进学生"发现"知识的问题上。他的发现学习理论是当代发现学习理论的主要派别之一。

布鲁纳的认知发现学习理论的主要观点是:学习的结果就是形成认知结构。在布鲁纳看来,人们是根据类别或分类系统来与环境相互作用的,人类认识客观世界时,不是去发现各类事件的分类方式,而是创建分类方式,借此简化认识过程,适应复杂的环境;学习的过程就在于学习者主动地进行加工活动(自下而上),形成认知结构,即进行类目化的活动过程;学习的条件涉及知识的呈现方式和学习的内在动机等。

(2) 奥苏贝尔的认知同化学习理论。奥苏贝尔是美国著名心理学家,他认为布鲁纳的学习理论过分强调发现式学习,轻视知识的系统性、循序渐进性,主张学生按照有意义接受的方式获得系统知识,形成良好的认知结构。

奥苏贝尔明确区分了机械学习和意义学习、接受学习与发现学习之间的关系,并阐明了学生的学习主要是有意义的接受学习,是通过同化使知识结构不断发展的过程。他认为学习过程是自上而下的同化过程,用同化来解释有意义学习的内部心理机制。有意义学习的结果是形成良好的认知结构。进行有意义学习的条件是:学习材料本身具备逻辑意义而且学习者具有有意义学习的心向;学习者的认知结构中必须有同化新知识的原有的适当概念。

（3）加涅的累积学习理论。加涅认为,学习的复杂程度是不一样的,既有简单的联结学习,也有复杂、高级的发现学习,并将学习按简单到复杂分为8种类型(信号学习、刺激反应学习、连锁学习、语言的联合、辨别学习、概念学习、规则学习和解决问题的学习)。加涅用信息加工的学习模式来说明学习的过程,如图1-1-1所示。

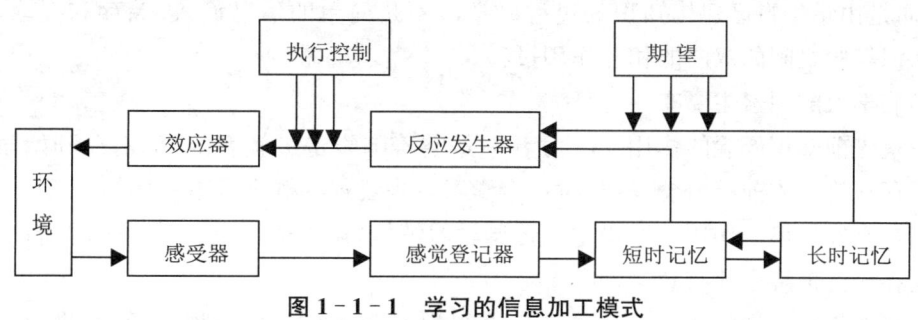

图1-1-1 学习的信息加工模式

从图1-1-1中可以看出,学生从环境中接受刺激,刺激推动感受器,并转变为神经信息进入感觉登记(瞬时记忆),这时记忆储存非常短暂。被感觉登记了的信息很快进入短时记忆,短时记忆的容量和保持时间都是有限的,一旦超过了一定数量,新的信息进来就会把部分原有的信息赶走,若想保持信息,就得采取复述策略。当信息离开短时记忆进入长时记忆时,就要通过编码并储存在长时记忆中。当需要使用信息时,须经过检索提取信息。被提取出的信息可以直接通向反应发生器,从而产生反应;也可以再回到短时记忆中,对该信息的合适性做进一步的考虑,结果可能是进一步寻找信息,也可能是通过反应器做出反应。在整个过程中离不开期望和执行控制。期望是指学生希望达到的目标,即学习动机。执行控制即加涅所说的发现策略。

对学习条件的论述是加涅学习理论中最核心的内容。他认为引起学习的条件有内部条件和外部条件。内部条件即学生开始学习某一任务时已有的知识和能力;外部条件是指学习的环境。加涅提出了五大类学习的结果,即言语信息、智慧技能、发现策略、动作技能和态度。

关于认知主义学习理论还有其他一些代表人物及其学说,但认知主义学习理论对学习的结果、过程和条件有以下一些共性的认识:

学习的条件:注重学习的内部条件,如主动性、内部动机、过去经验、智力等。

学习的过程:学习过程是积极主动进行复杂的信息加工活动的过程。

学习的结果:学习是形成反映整体联系与关系的认知结构。

3. 建构主义学习理论

建构主义(Constructivism)学习理论是在认知主义学习理论进一步发展的基础上产生的一种理论。其最早提出者是瑞士著名心理学家皮亚杰。他创立了发生认识论,认为儿童在与周围环境相互作用的过程中,逐步建构起关于外部世界的知识,从而使自身认知结构得到发展。

建构主义学习理论认为,学习的实质是:

(1)学习是认知结构的改变。同化和顺应是学习者认知结构发生变化的两种方式,同化—顺应—同化—顺应……循环往复,平衡—不平衡—平衡—不平衡相互交替,人的认识发展就是这样一个结构变化的过程。

(2)学习是个体主动建构自己知识的过程。学习不是由教师把知识简单地传递给学生,而是由学生自己建构知识的过程。学习不是简单的信息输入、储存和提取,而是新旧知识经验之间的双向的相互作用过程。

影响学习的因素主要有:

一是先前知识经验的作用。学习者不是空着脑袋走进教室的,他们在开始学习之前已经存在许多先前的概念,尽管对每个学习者来说这些概念是不一样的。

二是真实情境的作用。建构主义强调学习情境,认为学习离不开一定的情境,知识也总是在一定情境中才有意义。

三是协作与对话的作用。建构主义重视学习者之间的协作与对话,并将协作与对话建立在合作学习的平台上。建构主义学习理论认为情境、协作、会话和意义建构是学习环境中的四大要素。

由此可见,建构主义学习理论在学习的条件、过程和结果上是做如下解释的:

(1)学习的条件。建构主义认为,学习者内部的知识经验、真实情境等因素是影响学习的重要条件。

(2)学习的过程。建构主义认为,学习是学习者主动地建构内部心理表征的过程;是学习者从不同背景、角度出发,在教师和他人的协助下,通过独特的信息加工活动,建构自己的意义的过程;强调了这个过程的独特性与双向建构性,即"建构一方面是对新信息的意义的建构,另一方面又包含对原有经验的改造和重组"。

(3)学习的结果。建构主义认为,学习的结果是学习者形成自己独特的认知结构。但这里的认知结构不是加涅所指的直线结构或布鲁纳等人的层次结构,而是围绕关键概念建构起来的网络结构的知识,既包括结构性知识,也包括非结构性知识。

(二)传播理论

教育传播是一个复杂的系统,由若干元素组成。教育效果是整个教学传播系统的产物而非要素,而教育环境是教育传播系统的外部条件,也不是要素,因此,可以认为整个教育传播系统由四个要素加两个重要概念构成,如图 1-1-2 所示。

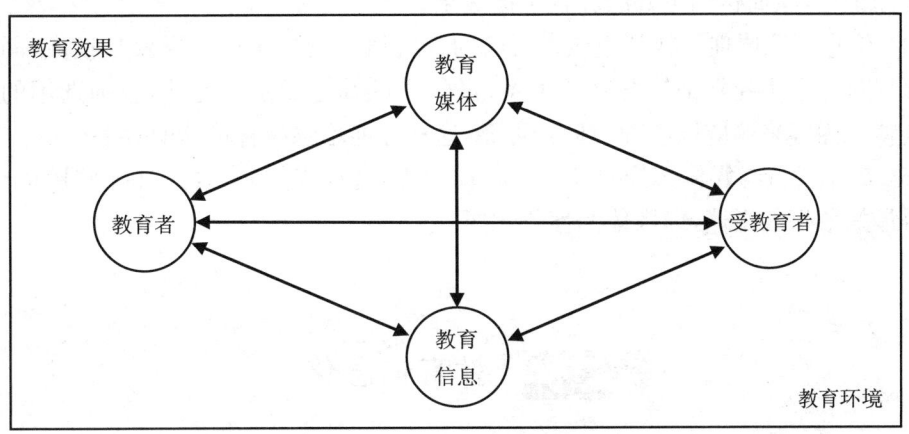

图 1-1-2 教育传播系统

教育者、受教育者、教育信息与教育媒体四个要素处于大的教育环境中,与教育环境相互影响、发挥作用,教育效果则是衡量整个传播过程质量的重要指标。此外,教育者、受教育者、教育信息与教育媒体两两发生作用,构成了六大关系,即教育者与受教育者关系、教育者与教学媒体关系、受教育者与教育信息关系等。这些关系也是教育传播学研究的重要内容,各种关系的优劣将直接决定教育传播效果的优劣。

教育传播是教育者与受教育者直接借助教学媒体实现教学信息交互的过程,是一个动态的过程,这个过程可细分为六个子过程,如图 1-1-3 所示。

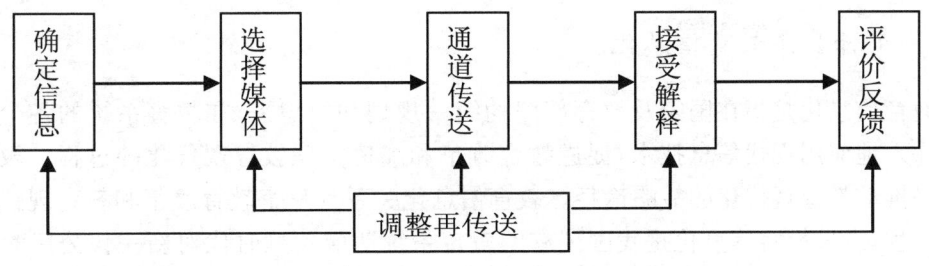

图 1-1-3 教育传播过程

教育传播效果的优化原理如下:

(1) 共同经验原理。教育传播是一种信息传递与交换的活动,教师要与学生沟通,必须把沟通建立在双方共同的经验范围内。要学生了解一件新事物,教师必须用学生经验范围能理解的比喻,引导他们进入新的领域。

(2) 抽象层次原理。教育传播中所说的话、写的文章、绘的图画,都必须在学生能明白的抽象范围中进行,并且要在这个范围内的各个抽象层次上下移动;既要说出抽象要点,又要用具体事物来解释、说明;既要讲学生所熟悉的具体事物,又要分析、综合、推理、演绎,得出抽象的概念。

（3）重复作用原理。通过在不同的场合、用不同的方式反复呈现一个概念，帮助学生理解和记忆，从而达到更好的教育传播效果。

（4）信息来源原理。教师应该以自己的言行树立学生认可的形象与权威，同时，教师也要尽量与学生建立平等友好的关系，做学生的知心朋友。另外，教师选用的教材、视听资料等内容来源应该准确、真实、可靠，这样才能增强教育传播的效果。

（5）最小代价与媒体选择原理。实际教学中，选择媒体时，要选择那些用最小代价能取得最好效果的媒体，即媒体的性价比要高。

# 第二讲 教育信息化

## 一、教育信息化建设

信息时代，随着网络技术的迅速普及，整个社会的发展与信息技术的关系越来越密切，人们越来越关注信息技术对社会发展的影响，研究信息化的教与学资源利用和教与学过程如何在信息技术支持下以实现教学优化是现代教育技术在信息时代的重要课题。教育信息化是教育改革和发展的新方向。

### （一）什么是教育信息化

教育信息化是指在国家及教育部门的统一规划和组织下，在教育系统的各个领域全面深入地应用现代信息技术，促进教育改革和加速实现教育现代化的过程。教育信息化是推动教育现代化的战略途径。教育信息化关系到整个教育改革和教育现代化的系统工程，发展教育信息化是我国现有的教育系统适应信息时代对新一代公民教育的基本要求。

从教育信息化的"教育"属性上观察，教育信息化有以下三个基本特征：第一，在现代教育理念指导下，它是"教育"和"信息技术"融合的产物；第二，具有推动教育教学各个领域、各个环节发展和创新的功能；第三，有助于实现以教育普及、质量提高、教育公平、教育终身性、教育服务性为核心特征的教育现代化。教育信息化的这些特征呈现在国际国内教育信息化推进实践之中，凸显出教育信息化促进教育变革的功能。

### （二）学校教育信息化建设

1. 信息化教育环境建设为信息化应用提供基础支撑

只有当教育信息的基础设施建设进入一个新的高度，这样以信息化为特征的教学形态出现才有可能。加快学校信息化网络建设,充分依托公用通信网络资源,实现校内、校际之间,学校与其他教育机构之间高速互联,为各种信息化应用提供网络支撑。提高教学用终端设施配置水平。按照当前适用、长远够用、适度超前的原则,提高学校教学、办公用计算机和多媒体教学设备配置率,加大计算机教室、电子阅览室、数字实验室、录播教室等信息化功能教室建设力度,积极推广应用学生数字化学习终端。

2. 信息化教育资源建设构筑数字教育资源公共服务体系

建设云资源服务平台,采用云计算、大数据、移动互联网等新一代信息通信技术,建设标准统一、服务多级、互通共享的教育资源公共服务平台,为资源提供者、使用者搭建交流、共享和应用平台。汇聚数字资源,为学习者提供丰富、优质、易用的学习内容和可靠的平台支撑。建立优质数字教育资源开发、应用、服务机制。面向教育教学开发优质数字教育资源,充分发挥学校和教师在个性化资源建设中的主体作用。研究制定优质校本资源广泛共享政策,系统开发基础性资源,有计划地开发个性化资源。推进优质教育资源普遍共享与深度应用。通过专递课堂、名师讲堂、名校网络课堂等多种形式,向师生推送优质、实用的教学视频、电子图书、课件、教学设计方案、电子试卷和在线课程等资源,并在课堂教学活动中经常性、普遍性使用。鼓励教师以先进的教学理念和教学模式为基础,将信息技术手段与探究式、合作式、讨论式、启发式教学方法相结合,激发学生学习兴趣,促进学生思考,实现教育教学模式创新和学生学习方式转变。

3. 信息化师资队伍建设提升教育信息化水平

网络教学的运用彻底打破了传统教学方式,使教师由原来知识的传授者变为学生学习的组织者和指导者,教育者必须具备以人为本的教育观念,必须以学生特长发展、优质发展、自主发展、愉快发展、创新发展为本,充分发挥信息技术的优势,为学生的学习和发展提供丰富多彩的教育环境和有力的学习工具,推动学校现代化进程。教师的陈旧思想应该转化,改变思想观念投入到教育现代化的改革浪潮中来。培养教师适应在现代教育思想、教育理论的指导下,运用现代信息技术来实现开发教育资源,优化教育过程,以培养和提高学生信息素养为重要目标的新教育方式。

教育信息化建设的目的是促成以现代教育理论为指导、以新型教学模式为核心、以现代信息技术为支撑、以丰富的教育资源为基础的新教育形态——信息化教育。

## 二、信息化学习方式

适应教育信息化的学习方式有信息化自主式学习、信息化合作式学习、信息化探究式学习、信息化接受式学习、信息化体验式学习以及混合式学习、移动学习方式等。

1. 信息化自主式学习

信息化自主式学习是指学生利用信息化环境所提供的手段和资源进行的主动的、积极的、探索性的学习,其实质是在教与学的过程中充分发挥学生的主观能动性和创造性,并在主题认知生成过程中融入学生自己的创造性见解,从而提高学生独立解决问题的能力。

信息化环境中丰富的资源和信息传输的及时性为学生的自主学习提供了良好的环境,学生自主化的程度相对于传统学习来说有了很大的改观;学生的创造性得到极大的发挥;学生获得帮助的方式增多且时效性提高。

2. 信息化合作式学习

信息化合作式学习是指在信息化环境中,学习者在教师的指导和帮助下,以小组为群体单位,为达到共同的学习目标,完成共同的学习任务,利用计算机网络及多媒体等相关信息技术获取、分析和处理学习资源,得到学习服务支持,进行分工协作,相互交流,以实现教育教学目的的过程。

在信息化合作学习中,学习者参与合作学习的广度得到扩大;学习者参与合作学习的深度得到增加;信息化合作式学习的学习内容不同于传统合作学习的学习内容;获取学习内容、学习资源、学习服务支持的方式灵活多样;信息化的协作交互活动拓展了合作的空间;信息化合作式学习的评价方式可以由信息技术实现等。

3. 信息化探究式学习

信息化探究式学习是指在信息化环境中,充分利用信息技术,学习主体对具有时代特征的学习客体进行探究性的学习活动。信息化社会的学习主体从广义上讲包括一切学习者及与学习相关的人员。学习客体指学习主体投注精力、时间、情感、思维等主体特征于其上的学习对象。学习主体通过投注精力、时间、情感、思维于客体,配以教师及研究情境、环境的辅助、激励,主体对外在客体进行研究、试验、操作、调查、信息处理、信息交流而内化为主体性的知识、技能、情感、态度乃至形成主体的探索精神、探索能力。这是一个广义上的界说。具体而言,我们可以把学校课程中的"信息化探究式学习"界定为"学生围绕一定的问题、文本或材料,在教师的帮助和支持下,充分利用信息技术,自主寻求或自主建构答案、意义、信息或理解的活动或过程"。

信息化探究式学习虽然可以在一定程度上弥补接受式学习的不足,或者说可以丰富学生的学习方式,但是绝不能代替接受式学习,这一点必须明确。应该说各自有各自的特点和长处。传统的接受式学习不仅在人类的教育史上有伟大的贡献,而且它在今天也是作用最大、功劳最大的学习方式,我们反对对接受式学习的错误批评。站在这个立场上研究信息化探究式学习,才可能有一个正确的出发点。信息化探究式学习强调学生是学习的主体,学生的学习是信息技术支持下的交互式、协商式、合作式的主动行为,有助于学生对科学概念和方法形成更明晰、更深刻的认识。其特点可以概括为多样性、体验性、自主性和技术性。

4. 信息化体验式学习

信息化体验式学习是一种以学习者为主体的,通过信息技术创设一定的学习环境,使学生主动真实地亲历或虚拟地亲历、反思来获得知识、技能和态度的学习方式。体验具有情景的虚实性,信息化体验式学习强调主动性、主体性、实践性、反思性。

5. 混合式学习

混合式学习的原意是多种学习方式的混合,核心目的是将传统的学习方式和信息化学习的优势相结合。混合式学习已成为国内外高度关注和研究的热点。目前,国内外关于混合式学习存在多种界定方法,从国内来看,何克抗教授认为,所谓混合式学习就是把传统学习方式的优势和信息化学习的优势结合起来。也就是说,既要发挥教师引导、启发、监控教学过程的主导作用,又要充分体现学生作为学习过程主体的主动性、积极性与创造性。

学习形式上主张离线学习和在线学习的混合;师生关系上主张教师主导和学生主体的混合;学习方式上主张自主学习和协作学习的混合,接受学习和发现学习的混合,课题型活动与必要的记忆、操练相混合;教学模式上主张多种教学模式的混合;学习过程上主张学习、实践和绩效支持的混合;学习资源上主张多种教学资源和媒体的混合,信息资源和非信息资源的混合;学习环境上主张多种学习环境的混合,学生除了利用信息技术学习之外,还应该在现场学习。

总的来说,混合式学习就是各种学习方法、学习媒体、学习内容、学习模式,以及学生支持服务和学习环境的混合,但不是仅仅把这些相关的成分混合起来,而是一个有机整合。

6. 移动学习方式

移动学习(Mobile Learning)是一种在移动计算设备帮助下的能够在任何时间、任何地点发生的学习,移动学习所使用的移动计算设备必须能够有效地呈现学习内容并且提供教师与学习者之间的双向交流(Alexzander Dye)。

移动学习和固定学习的本质不同在于"移动性",随时随地的学习,时间和内容极具碎片化,增加了学习群体的自由组合。

信息化学习方式对学习者提出了更高的要求,首先是提高学习者的信息素养,其次是提高学习者的创新精神与实践能力,再者是培养学习者的自主学习能力、协作学习能力和终身学习能力。

## 第三讲 学前教育信息化

信息化教学实录

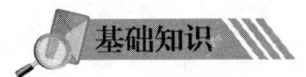

### 一、学前教育信息化的基本概念

学前教育因其对象特有的身心发展特征及学前教育事业的特殊性质,从而决定了学前教育信息化的独特性。学前教育的主要功能和任务是:对幼儿实施全面发展的教育,为幼儿入小学做准备,为幼儿一生的发展打好基础。"幼儿的学习是以直接经验为

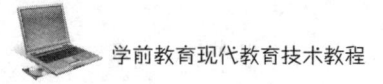

基础,在游戏和日常生活中进行的。要珍视幼儿生活和游戏的独特价值,充分尊重和保护其好奇心和学习兴趣,创设丰富的教育环境,合理安排一日生活,最大限度地支持和满足幼儿通过直接感知、实际操作和亲身体验获取经验的需要。"

根据学前教育的特点和教育信息化的内涵,我们认为,学前教育信息化是指,在学前教育中恰当地运用信息技术,开发适宜幼儿学习的数字化教育资源,优化学前教育教学活动,培养幼儿的信息素养,促进幼儿的学习和发展的过程。其中,恰当地应用信息技术是学前教育信息化的本质特征,开发适宜幼儿学习的优质数字化教育资源是学前教育信息化的基础,优化学前教育教学活动是核心,培养幼儿的信息素养、促进幼儿学习和健康发展是根本目的。

学前教育信息化强调"适宜性",这是区别于中小学教育信息化的鲜明特色。"适宜性"理念是由美国幼儿教育协会(National Association for the Education of Young Children,NAEYC)在学前教育出现较为严重的小学化倾向的背景下提倡的在尊重儿童基础上促进儿童发展的一套价值理念。可见,学前教育信息化的发展不能完全套用中小学教育信息化的模式,这会造成学前教育信息化的"小学化"倾向。学前教育信息化不是要求每个幼儿园必须建立计算机机房,而是根据园所实力进行合理布局,为幼儿的学习发展构建有效的环境;不是让幼儿必须掌握过多的信息技术知识和技能,而是对他们进行信息素养启蒙;不是让幼儿教师必须具备高级的教育技术知识和技能,而是根据课程需要,善于抓住幼儿学习时机,利用一切可能的信息化资源优化教学过程。因此,学前教育信息化是有别于中小学教育信息化的,它更多的是从幼儿的身心发展需求出发。

## 二、学前教育信息化的内容框架

深入分析学前教育信息化的概念内涵,可以看出学前教育信息化主要包括以下几个方面的内容:

### (一)配备适宜的信息化基础设施

信息化基础设施建设是实现学前教育信息化的前提条件,在进行信息化设施建设时也应该坚持儿童本位的原则,充分考虑幼儿的年龄特征和身心发展特点,以幼儿的全面发展为根本出发点。建设网络设施和开展信息技术活动时,应采用辐射小的网络信息技术设备,多媒体教室应布置为环保型,保护幼儿身体健康。

### (二)建设适合的信息化资源

信息化资源建设是学前教育信息化的重要内容。要保证学前教育信息化的顺利进行,必须为幼儿、教师、家长及管理者提供丰富的、高质量的信息化资源。在学前教育领域,开发适合幼儿学习的数字化教育资源,主要包括教育游戏软件、幼儿教育资源库、专题学习网站、娱乐网站、教师博客等。适合幼儿学习的数字化教育资源可以使幼儿投入到创造性游戏、知识吸收、问题解决和互动交流中,既能帮助儿童巩固已有的知识和经验,又能激发他们探寻未知世界,迎接新的挑战。同时,幼教资源的信息化还能够实现资源的共建共享,推动学前教育的均衡发展,突破时空限制,发挥跨区域园际互动的效能。

### (三) 培养较高信息素养的幼儿园教师

学前教育信息化的实践者是幼儿园一线工作者,所以幼儿师资队伍需要有较高的信息素养。《幼儿园教师专业标准(试行)》中也将"具有一定的现代信息技术知识"作为幼儿教师"通识性知识"领域中的一项基本要求。教师要能够恰当地将信息技术与活动课程进行整合,在早期教育情境中自如地、适宜地应用好信息技术,在适当的时候引导孩子在活动与游戏中掌握信息技术。

### (四) 利用信息技术优化学前教育教学活动过程

学前教育信息化的核心是利用信息技术优化教学活动过程,即教师在幼儿主题活动中借助现代信息技术手段,为幼儿创造数字化的学习环境,创设主动学习情景,支持幼儿学习与认知,促进幼儿发展。信息技术就像是纽带或桥梁,将幼儿园的健康、语言、科学、社会、艺术等五大领域课程融合到一起,互相渗透,实现幼儿园五大领域课程之间的整合。同时,将信息技术融合到幼儿园的各种活动,尤其是游戏和教育活动中,使之成为儿童学习环境的一部分,成为儿童学习和游戏的一个有机组成部分,实现信息技术与幼儿园课程的整合。

### (五) 发展学前教育信息化产业

教育信息化产业是教育信息化的要素之一。但是目前我国学前教育信息化总体处于起步阶段,困难或障碍并不只是在于投入和技术本身,专业人员、专业内容及专业产品与服务严重匮乏。电子白板和数字电视在少数条件好的幼儿园开始使用,但起的作用有限;基于信息技术和其他高科技的儿童学习工具的设计和开发专业化水平不高。

### (六) 利用信息技术促进幼儿园、家庭及社区间合作

学前教育中的家园共育、幼儿园与社区间、家庭与社区间的合作是幼儿教育的一大特色和重要组成部分。利用信息技术促进幼儿园、家庭及社区间合作是学前教育信息化的重要特色,学前教育信息化不仅是幼儿园内的信息化,还需要在幼儿园与家长、社区间的合作与沟通环节进行信息化。《幼儿园教育指导纲要(试行)》中明确指出:"家庭是幼儿园重要的合作伙伴。应本着尊重、平等、合作的原则,争取家长的理解、支持和主动参与,并积极支持、帮助家长提高教育能力。"借助现代信息技术可以改善传统的家园共育方式,为幼儿园、家长及社区的联系和沟通扩宽渠道,整合各种学前教育资源,为幼儿的全面发展营造良好的环境。

## 三、信息技术在学前教育领域的应用

### (一)信息化助推幼儿园管理

目前有一些幼儿园采用了电子接送卡,它的使用一方面减轻了各岗位登统数据的烦琐劳动,提高了幼儿自己主动入园、争当全勤宝宝的积极性;另一方面也增强了家长的安全意识,助力于学校的安全管理。各班出勤率的显示,及时提示老师发现问题,有效促进班级工作的开展;炊事员和保健员根据电子屏显示数据定量分餐,合理配膳;全方位覆盖的监控系统实时记录幼儿园各角落的影像,保证幼儿的健康和安全。

### (二)多媒介丰富教学活动形式

学前教育的教学形式是多种多样的,这些形式包括讲故事、听音乐、做游戏等,而且教学氛围也是轻松愉快的。根据不同的形式选择相应的教学媒介能够提高教学效率,促进幼儿身心全面发展。如利用计算机媒介进行听音乐教学环节,可以帮助幼儿在音乐的深入中不自觉地跟着学唱起来;在认知抽象事物环节中,可以将事物通过计算机模拟等方式呈现给幼儿,让他们获得更为直观的感受。

### (三)"互联网+"时代的家园互动

"互联网+"时代,幼儿园中的家园互动也紧随时代潮流,出现了很多专注于家园联系的信息化产品,如掌通家园、贝聊等,这些 App 一般会包含三个层面的内容:一是园所动态,包括园级新闻、园所介绍、公告通知、大型活动介绍等;二是班级动态,有公告、新闻、教学安排等;三是个人动态,家长记录孩子成长的幸福时光,留下珍贵的回忆。此外,点开教师博客,有许多有关教育的心得体会,供更多的人浏览。QQ、微信等即时聊天工具也是当前家园互动的主要工具,教师创办班级家长 QQ 群,建立微博和微信朋友圈,实时推送班级幼儿的活动信息,从而实现教师与家长、家长与家长之间的互动。

### (四)搭建平台促进教师专业化成长

在信息技术广为运用的今天,我们可以搭建以园内局域网为纬度,以园外各类网站为经度的立体式网络的沟通平台,这样做不仅解决了教师没有充裕的时间做教研的窘境,还为幼儿园节省了大笔经费。

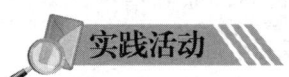

**活动一 了解幼儿园中的教育技术**

在线观看第三讲二维码中的信息化教学实录视频,探究以下问题:
1. 幼儿园中有哪类教育技术媒体?

2. 在幼儿园课堂中老师用到了哪些信息化教学资源和技术媒体,分别发挥着什么作用?

3. 你认为幼儿园老师在用信息化教学资源和技术手段上有哪些可改进之处?

4. 作为未来的幼儿园教师,你在未来的幼儿教育教学中将如何运用教育技术?

**活动二　信息技术在幼儿园管理与家园互动中的应用**

(1) 掌通家园。"掌通家园"是神州鹰为全球幼儿打造的一个健康成长的教育辅助平台。通过将超低码流等核心技术融入幼儿园监控系统(含软件、硬件),形成全方位的校园安全监控管理,消除校车安全和校园安全隐患;并与移动互联网、云技术等高新技术完美结合,升级幼儿园、早教等行业的教育模式,搭建一个家庭与校方互动、互助的共同教育平台,实现"家园共育"。

(2) 贝聊。贝聊是专为幼儿园打造的免费的家园共育平台,由手机软件和电脑管理系统组成,可免费发送视频、图片和文字等信息,并支持单人和多人在线聊天。

1. 什么是现代教育技术,有哪些研究领域?

2. 分别说说三大学习理论适用于指导幼儿哪些类型学习内容的学习。

3. 信息化学习方式各具有哪些特点?

4. 教育信息化进程中,学习者应具备怎样的素质?

## 模块二 现代教学媒体与教学环境

### 学习目标

1. 掌握教学媒体的概念、现代教学媒体的分类，理解现代教学媒体的特性和作用。
2. 了解现代教学环境的类型、组成，掌握各类现代教学环境设备的使用方法。
3. 了解计算机网络教室的一般功能，学会计算机网络教室的使用。
4. 体会现代教学环境对教与学的影响。

### 思维导图

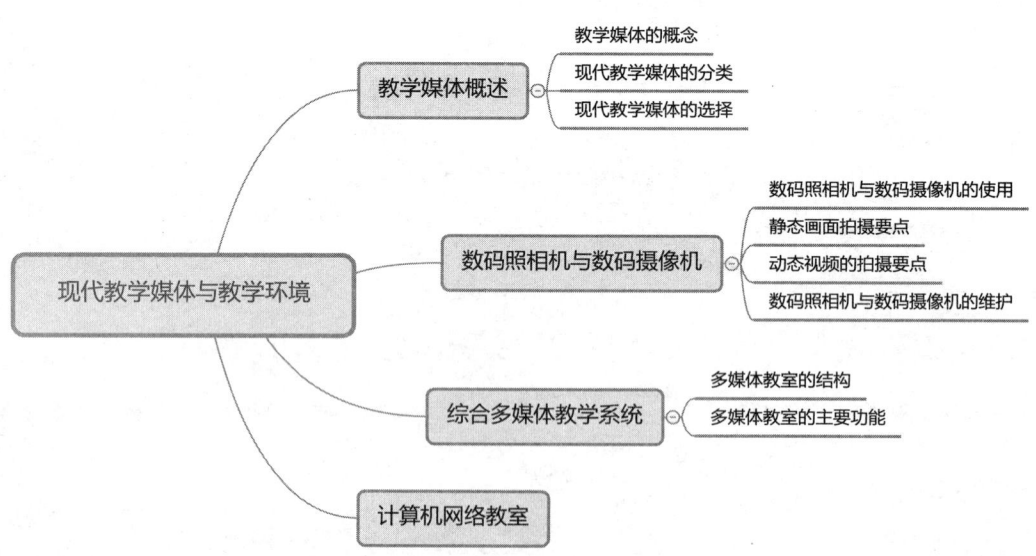

模块二　现代教学媒体与教学环境

## 第一讲　教学媒体概述

### 一、教学媒体概念

1. 媒体

"媒体"一词来源于拉丁语"Medium"、"Media",指传播信息的介质。媒体有两层含义:一是指承载信息的载体,如报纸、杂志、电视、广播、计算机、网络等;二是指存储和传递信息的实体,如录音带、录像带、光盘、磁盘及相关硬件设备。没有媒体就不可能进行信息的传递和存储。

2. 教学媒体

被用于教学活动过程中的媒体称为教学媒体。教学媒体是载有教学信息的媒体,是教学内容的表现形式,是人们用来传递与获取教学信息的工具。按媒体发展时间先后分类,可将教学媒体分为传统教学媒体和现代教学媒体。

### 二、现代教学媒体的分类

传统教学媒体主要指教科书、黑板、实物标本模型、图表、照片等。

现代教学媒体的分类习惯上按照其作用于人的不同感官,将其分为视觉媒体、听觉媒体、视听觉媒体和交互媒体四大类。

1. 视觉媒体

视觉媒体是指所传递的信息主要作用于人的视觉器官的媒体,主要有投影仪、数码相机、扫描仪、视频展示台等设备及相应的教学软件。

2. 听觉媒体

听觉媒体是指所传递的信息主要作用于人的听觉器官的媒体,主要有收音机、录音机、扩音机、广播、CD唱机、语音实验室等设备及相应的教学软件。

3. 视听觉媒体

视听觉媒体是指所传递的信息同时作用于人的听觉器官和视觉器官的媒体。视听觉媒体能为学生提供生动、直观、逼真的事物视觉和听觉形象,主要有电视机及电视系统、录像机、摄像机、影碟机等设备及相应的教学软件。

4. 交互媒体

交互媒体是指除了能处理和提供声、图、文等多种信息以外,还能与用户形成互动的媒体,主要包括程序教学机器、多媒体计算机、交互式电子白板、一体机等设备及相应的教学软件。

## 三、现代教学媒体的选择

各种现代教学媒体具有不同的教学特性和功能,同时也存在一定的不足。尽管不存在一种万能的"超级媒体",但是对某一个特定的教学目标来说,存在使用某一种媒体的教学效果明显优于其他媒体的情况。因此,我们在教学过程中要依据以下四个方面,合理地选择和利用各种现代教学媒体,以达到预期的教学目标。

1. 依据教学目标

教学目标是教学的出发点和归宿,无论选择什么样的教学媒体都必须围绕能否实现教学目标来确定。由于教学目标不同,所以媒体的选择也会有所差别。

2. 依据教学内容

教学内容的性质不同,使用的教学媒体会有所区别。例如,幼儿语言教学和幼儿数学教学选择的媒体的形态和交互方法不同。

3. 依据教学对象

不同年龄阶段学生的兴趣、动机、认知风格和认知能力不同,所选择的教学媒体也不同。

4. 依据教学条件

教学中能否选用某种媒体,要考虑当时当地的具体条件,包括资源状况、经济能力、师生技能、使用环境、管理水平等因素。

5. 依据媒体特性

在选择教学媒体时,还要考虑各种教学媒体自身的特点,根据它们各自的功能特性择优选择。

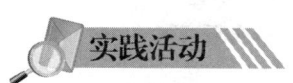
**实践活动**

1. 请你调查 1~2 个当地幼儿园都配备了哪些教学媒体。
2. 根据对教学媒体的理解,你认为哪些媒体与你的学习生活紧密相关?

## 第二讲 数码照相机与数码摄像机

常用机型与使用说明
摄影技巧微课(构图与用光)
优秀拍摄短片展示

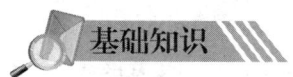
**基础知识**

随着数字技术的不断发展,静态图像拍摄的数码照相机与动态视频拍摄的数码摄像机在工作原理、存储方式、使用操作等多方面正趋于合二为一。

## 一、数码照相机与数码摄像机的使用

### （一）光学镜头

镜头的作用是将被摄景物在影像传感器上形成清晰的画面。焦距是其最重要的性能指标，焦距的长短对拍摄影像的放大率、视角、景深和画面的透视感等都会产生影响。其一般规律：焦距越长，拍摄角越小，空间透视越弱，景深越小。镜头如图2-2-1所示。

图2-2-1 镜头

根据镜头焦距变化与否，可分为定焦距镜头和变焦距镜头。目前大多数照相机和摄像机为了方便拍摄者的使用，一般采用变焦距镜头。根据变焦镜头拍摄范围不同，又可分为广角镜头、标准镜头和摄远镜头。

**1. 广角镜头**

广角镜头是焦距小于成像芯片对角线长度的镜头。广角镜头的特点为焦距短、成像视角大、拍摄画面空间透视感强、景深大，可扩张空间透视，有利于近距离内拍摄大场面，有利于画面的稳定。

**2. 标准镜头**

标准镜头指焦距的长度接近成像芯片对角线长度的镜头。标准镜头的成像视角在50°左右，所拍摄画面的空间透视感与人眼透视感相近，拍摄的画面影像显得真实、自然。

**3. 摄远镜头**

摄远镜头是焦距大于成像芯片对角线长度的镜头的总称，具有成像视角小、景深小、透视弱、畸变小的特点。

### （二）光学变焦与数码变焦

光学变焦是通过镜头焦距的变化来获得客观物体成像的变化。数码变焦是通过电子信号的放大获得成像的变化，会影响成像的清晰度。选购和使用数码照相机和摄像机的一个重要的指标就是镜头的变焦倍数，也就是镜头最长焦距与最短焦距的比值。一般有5倍（5×）、10倍（10×）等多种。目前数码照相机常见变焦比在5~10倍左右，数码摄像机常见变焦比在10~20倍左右。

控制变焦的按钮或拨杆两端通常分别标有T、W字样，T表示镜头向长焦端变焦，被摄主体逐渐变大、突出，获得推镜头效果。W表示镜头向短焦端变焦，被摄主体范围逐渐变大，获得拉镜头效果。

### （三）光圈

光圈是在镜头内用来控制光线透过镜头进入机身内感光芯片光量的装置，光圈越大,进光量越多;反之,进光量越少。光圈大小一般用光圈系数 f 表示。光圈系数 f=镜头的焦距/镜头光圈的直径。最大光圈通常用最大相对口径间接表示。最大相对口径又称有效口径,是镜头入射光瞳最大直径与镜头焦距之比,通常用一比几的字样表示(如 1∶2)。最大相对口径大(即比例后项数值小)的镜头又称快镜头,通光能力强,有利于低照度下手持照相机现场拍摄,能摄得景深小、虚实对比强烈的画面,但设计制造难度大,体积大,价格高。

（四）景深

景深是指在影像上表现出来的聚焦点前后拍摄景物的清晰范围。在聚焦点前面能清晰表现的范围叫前景深,在聚焦点后面能清晰表现的范围称为后景深,前景深总是小于后景深。影响景深的主要因素有镜头焦距、光圈、拍摄距离。镜头焦距越长,景深越小;光圈越大(光圈系数越小),景深越小;拍摄距离越短,景深越小。

（五）感光度

成像芯片对光线作用的敏感程度称为感光度。感光度数值越高,表示对光线作用越敏感,拍摄时所需曝光量越少。目前常用的感光度在 ISO 50～200 之间。过高的感光度会使影像颗粒度变大,但有利于较暗的场合拍摄。

（六）色温

色温是表征热辐射光源颜色特性的物理量。色温值越高,光线中蓝光的成分越多;色温值越低,光线中的红光成分越多。色温的高低,影响所摄影像的冷暖偏色。

表 2-2-1　常见光源的色温表

| 日出日落前后 | 2000—3500 K |
| --- | --- |
| 正午的太阳 | 5000—5500 K |
| 晴朗的天空 | 15000—20000 K |
| 薄云的天空 | 9000—10000 K |
| 阴天 | 6500—7500 K |
| 雨天 | 7500—8000 K |
| 日光灯 | 6000—6500 K |
| 卤钨灯 | 3000—3500 K |
| 白炽灯 | 2500—3000 K |
| 电子闪光灯 | 5500—6000 K |

（七）白平衡

数码照相机和摄像机上的白平衡调整,是通过改变拍摄产生的对应于景物中红、绿、蓝三色电信号的增益,准确记录被摄体的色别。白平衡调整通常有预置白平衡、手动白平衡和自动跟踪白平衡调整。数码摄像机的拍摄尤其要注意白平衡的调整,否则在后期视频处理中难以校正。

### (八) 聚焦

聚焦(也称调焦、对焦),指改变像距、物距从而调整镜头光心到成像芯片的距离,以获得被摄物体清晰影像的调节过程。有自动聚焦和手动聚焦两种方式。

## 二、静态画面拍摄要点

### (一) 符合视觉审美要求

1. 主体突出,层次分明

画面由主体、陪体、前景、背景、空白构成。主体是画面表达内容的主要对象,是画面的视觉表达中心,也是画面结构的中心,更是吸引观赏者视觉的中心,要尽可能采取各种艺术手段来强化、突出。比如置于画面中心或视觉重点,运用虚实、大小、动静、明暗、冷暖等对比手段,使主体形象更充实、更丰满、更鲜明、更生动。

2. 画面稳定均衡

无论是摄影还是摄像,画面水平线(如地平线)应该水平,垂直线(如高楼的直立墙沿)应该直立不倾斜,这是画面稳定的基本要求。同时稳定的画面还可在人的心理上产生习惯、舒服、安定的感觉。均衡一方面是指画面中景物的数量和形体上要对称、均等,这种对称的均衡往往显得单调、呆板;另一方面是指可运用中国画中空白、补白(如小鸟、月亮)等表现手法形成视觉心理的均衡感。

3. 画面简洁明了

简洁就是简明扼要,没有多余的内容。简洁不是简单,只有经过综合、抽象和提炼之后的主体形象,才可能以简洁的形式表达丰富的内容。简洁的最常见形式是画面留有空白。

### (二) 掌握构图方法

构图是指对拍摄范围进行选择与界定,对画面的布局和结构进行安排。常见的画面构图方法有以下几种:

1. 黄金分割法

在摄影构图中,黄金分割法体现在主体位于画幅的宽高比为1∶0.618的交叉点上,这样比较符合人们的视觉习惯,也比较容易突出主体。

2. 九宫格构图

也称井字构图,属于黄金分割法的一种形式。就是把画面平均分成九块,在中心块上四个角的点,用任意一点的位置来安排主体位置。这种构图能呈现变化与动感,画面富有活力。

**3. S字形构图**

在画面中S形的曲线,体现曲线的柔美与动感。如山川、河流、地域等自然的起伏和变化,也可表现众多的人体、动物、物体的曲线排列变化,以及各种自然、人工所形成的形态。

**4. 对角线构图**

对角线构图是指在画面中,让主体物处在对角线上,例如桥、塔、人物、汽车等用来表达动感的造型。这种构图适合运动感的画面,让画面具有穿透力。

**5. 前景框架构图**

用景物的框架做前景,能增加画面的纵向对比和装饰效果,使照片产生深度感。

## 三、动态视频的拍摄要领

动态视频的拍摄讲究四个字"平、稳、匀、准",具体含义如下所述:

平:指所摄画面中的地平线一定要平,不能倾斜。垂直性质的直线如旗杆等应与寻像器的竖边平行。

稳:任何不必要的晃动,会使人心生烦躁和不安,从而破坏画面的气氛和观众的观赏情绪,影响画面内容的表达。因此,拍摄镜头时,尽量利用各种支撑物,控制好呼吸,使用广角摄取画面等,尽可能保持画面稳定。

匀:指运动镜头的速度要匀,无论是推、拉、摇、移等运动镜头,都应当匀速进行,不能时快时慢、断断续续。

准:一方面是指落幅要准。运动镜头的拍摄中,画面的构图、焦点都在不断变化,为了保持构图均衡、画面清晰,常常结合多种技巧,结束时落幅画面中镜头的焦点、构图等应该是最佳的。另一方面,准的意思还包含正确重现彩色,白平衡调整要正确,聚焦要准确,光圈调整要准确等。

## 四、数码照相机与数码摄像机的维护

(1) 使用操作轻拿轻放,谨防震动、碰撞、挤压。
(2) 使用环境注意防潮、防腐蚀性气体、防尘、防磁,雨季定期通电。
(3) 长时间放置应该取下电池,存放在通风良好的地方。
(4) 注意用专用擦镜纸及工具进行镜头的清洁与维护。

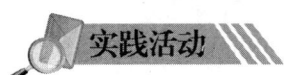

### 活动一 利用数码照相机拍摄幼儿图片

活动目标:

1. 发展学生业余爱好,培养学生对摄影的兴趣,引领学生的个性化全面发展。

2. 通过学习体会各种摄影技术和知识,感受如何利用镜头去体验社会和人生,去发掘自己和他人的内心世界,使学生更进一步认识摄影是真实影像瞬间的定格,从而丰富学生的摄影知识,拓宽视野,激发和培养学生对摄影科技的兴趣。

3. 采用小组活动和个人自主活动相结合的方式,不定期组织专题摄影或摄影采访活动,鼓励会员经常拍摄班级课内外活动并向各校园网站投稿,时刻关注发生在自己身边的事。

4. 在本活动实践中主要是掌握摄影的取景构图及正确使用光圈和快门结合的技巧。

活动准备:

1. 相机:尼康 D600,85 mm 定焦镜头。

2. 后期处理的准备:后期如果是整体的调整可以用美图秀秀或者光影魔术手等软件进行色彩调整、裁剪等操作;如果需要对照片进行局部处理,需要使用 Photoshop 或者 Lightroom 进行。

图 2-2-2 幼儿照片效果

活动过程:

1. 确定拍摄内容。如果你想更有把握地拍出好的照片,或者是想训练自己在摄影上的某些技巧,那么建议在每次拍摄前,想一想当天要拍摄的主题,或者想表达的故事,这样可以让你在脑海中有一个预设画面,之后只要想办法把它拍出来就可以了。一般根据拍摄内容可以分为风景、人像、人文等,它们之间也可以适当交叉。

2. 思考怎么拍。脑海中有了一个好想法,不要去急着立即拍摄,你可以先想一想"去什么地方拍比较好"、"用什么角度会更特别"、"需要包含什么元素"、"要用什么样的前景"等问题,这样对你成功拍出理想的照片会有很大的帮助。再比如我们知道在后期时,过曝或者过暗都不好处理,那么在拍摄时可以避免拍摄过曝或者过暗的照片;又比如大家几乎都知道 RAW 可以在后期时调整白平衡,所以在拍摄时完全有理由使用自动白平衡来拍摄,不用去浪费时间来调整白平衡。

3. 选择器材和合适拍摄地完成拍摄。接下来的任务便是选择合适的镜头去拍摄，一般镜头分为定焦和变焦，定焦镜头光圈更大，虚化背景控制景深更加方便，但是构图稍微烦琐一点，变焦镜头则构图更加方便，同时必须选择合适的拍摄地进行拍摄，当这些因素都定好了就可以拍摄了。大多数时候借助自然光就可以完成拍摄，同一个地点可以多几种曝光组合，同时构图也可以略有差异，以便后期挑选。

本例中是一张儿童摄影的照片，采用的机身是尼康 D600，镜头是 85 mm 1.8 G 的定焦镜头，光圈是 F3.5，快门 1/160 s，ISO 125。

4. 照片的后期处理。后期处理一般包括：裁剪让主题突出；修正照片的变形；人像处理，如磨皮；色阶调整，让对比度和饱和度恰到好处；还可以让照片更通透些；可以调整色彩，让颜色更鲜艳，还能给某人的衣服换个颜色；可以通过锐化或模糊处理改变照片的锐度等，这些需要根据照片的拍摄情况和拍摄主题对原图进行适当的调整。

5. 反思。有时候我们在拍摄时感觉很不错，但回到家中却会发现许多不足，很多新手因此感到失落。其实这并不重要，最重要的是要学会去总结，每次拍照完成之后去总结一下，发现问题并找到解决办法，避免下次犯同样的错误，或者直接再去尝试一下，这样你的摄影功力便会进步了。

## 活动二　利用数码摄像机拍摄幼儿活动场景

一年即将结束，幼儿园里开展以迎新年为主题的亲子游艺活动。在活动的当天，幼儿园特地邀请幼儿家长与孩子一起来到幼儿园，让孩子们和最亲的家人一起收获快乐，共同迎接新的一年的到来。为对此次活动进行记录，方便今后活动时进行场景回放、视频剪辑等，特利用数码摄像机对家长、幼儿在幼儿园的活动场景进行摄录。

活动目标：

1. 了解和掌握数码摄像机使用的基本操作和拍摄流程。
2. 掌握拍摄过程中推、拉等镜头变焦的拍摄技巧。
3. 能利用掌握的数码摄像机操作技能，拍摄简单的活动场景。

活动准备：

1. 硬件准备：数码摄像机、三脚架、充电电池。
2. 拍摄脚本：拍摄脚本是视频拍摄必不可少的前期准备。拍摄者在视频拍摄过程中，对精彩镜头画面的捕捉，机会稍纵即逝，一个镜头的错失，往往无法补救，这就要求拍摄者必须事先对拍摄活动进行规划、设计。在拍摄前，要事先了解拍摄活动的准确流程，构思每一个拍摄项目中，拍摄者站立的位置、镜头的走位，合理运用推、拉、摇、移等拍摄技巧，拍摄出好的视频效果。拍摄脚本同样也是视频进行后期剪辑与制作的依据和蓝图。

活动过程：

1. 数码摄像机视频录制的基本操作

数码摄像机型号：索尼 HXR－MC1500C，如图 2－2－3 所示。

图 2-2-3 摄像机外形

（1）视频的录制

① 按住镜盖两侧的按钮,取下镜盖,并翻起 LED 液晶屏,如图 2-2-4 所示。

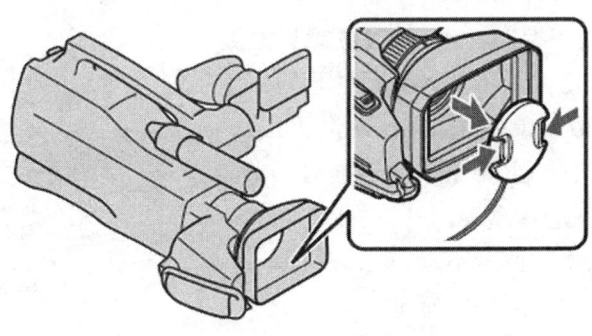

图 2-2-4 液晶屏

② 按住绿色按钮将 POWER 开关移动到 ON 位置,数码摄像机即开机工作,如图 2-2-5 所示。

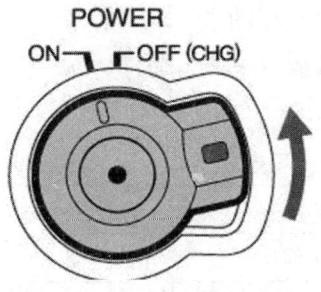

图 2-2-5 POWER 按钮

③ 将镜头对准要拍摄的物体或场景,按一次 START/STOP 按钮(此按钮在索尼 HXR-MC1500C 机型上有 A 或 B 两处位置)即开始视频录制;若要停止视频录制,请

再按一次 START/STOP 按钮,这样即完成了一个视频的拍摄过程,如图 2-2-6 所示。

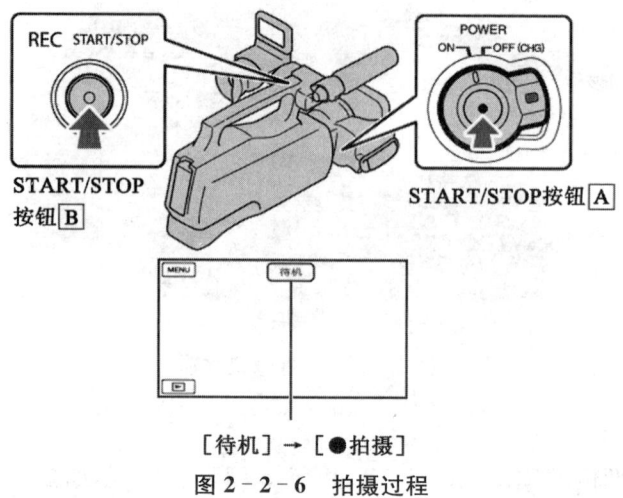

图 2-2-6 拍摄过程

(2) 使用电动变焦控制杆进行推、拉镜头拍摄

推镜头:是指人物位置不动,镜头从全景或别的景位由远及近向被摄对象推进拍摄,逐渐推成人物近景或特写的镜头,它的主要作用在于描写细节、突出主体、刻画人物、制造悬念等。

拉镜头:是指人物的位置不动,摄影机逐渐远离拍摄对象,使人产生宽广舒展的感觉。

拍摄者可尝试按动数码摄像机上的电动变焦控制杆,对拍摄物体或活动场景进行推镜头或拉镜头的拍摄。轻轻移动电动变焦控制杆可进行慢速变焦,较大幅度移动可进行快速变焦。

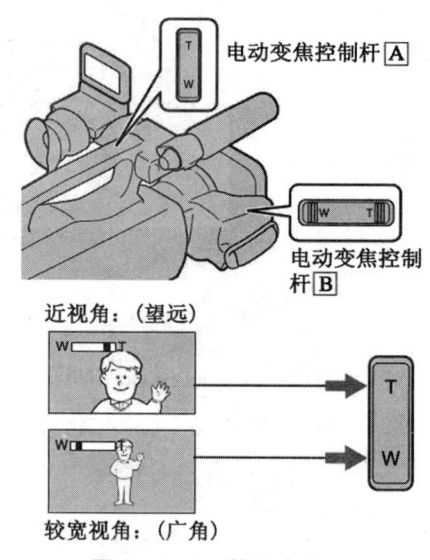

图 2-2-7 镜头变焦

2. 利用数码摄像机拍摄幼儿活动

依据事先编辑好的拍摄脚本,开展拍摄,见表 2-2-2。

表 2-2-2 拍摄脚本

| 镜号 | 画面内容 | 拍摄班级 | 拍摄方式 | 景别 |
| --- | --- | --- | --- | --- |
| 1 | 亲子游艺活动——亲子拔河赛 | 全体 | 移镜头 | 全景 |
| 2 | 亲子游艺活动——亲子长跑 | 全体 | 固定镜头 | 全景 |
| 3 | 新年大餐——包水饺 | 大1班 | 推镜头 | 中景+特写 |
| 4 | 饺子出锅 | 食堂 | 固定镜头 | 中景 |

续 表

| 镜号 | 画面内容 | 拍摄班级 | 拍摄方式 | 景别 |
|---|---|---|---|---|
| 5 | 分享吃水饺 | 大2班 | 推镜头 | 中景＋特写 |
| 6 | 星光大道——燃放新年烟火 | 全体 | 拉镜头 | 全景 |
| 7 | 与家长告别 | 大3班 | 推镜头 | 近景 |
| 8 | 小鬼当家——幼儿分批盥洗 | 大4班 | 推镜头 | 近景 |
| 9 | 家长认真阅读 | 大5班 | 固定镜头 | 中景 |
| 10 | 甜蜜梦乡 | 大6班 | 固定镜头 | 特写 |
| 11 | 喜迎元旦——幼儿参加升旗仪式 | 全体 | 拉镜头 | 全景 |

3. 拍摄完成，导出视频并进行后期编辑

拍摄完成后，应通过数据线，将数码摄像机与计算机连接起来，把拍摄的素材导入计算机保存或进行后期剪辑。视频后期剪辑的具体操作，可参看本书关于视频编辑的有关章节。

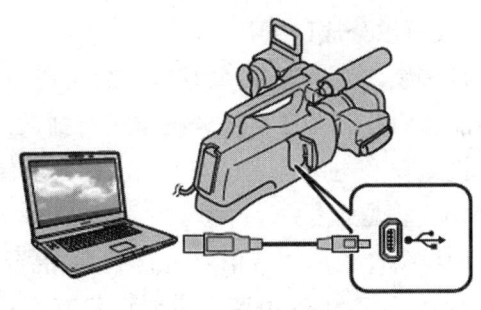

图 2-2-8　导出视频

# 第三讲　综合多媒体教学系统

多媒体教室设备操作视频
电子白板使用教程视频

## 基础知识

### 一、多媒体教室的结构

多媒体教室也称多媒体演示室，是根据现代教育教学的需要，由多媒体计算机、液晶投影仪或一体机、数字视频展示台、中央控制系统、投影屏幕、音响设备等多种现代教学设备组成的综合教学系统。它能使教师方便、灵活地应用多种媒体实施多媒体组合教学，可使教学过程更加符合学生的认知、理解和记忆规律，从而提高教学效率。

目前多媒体教室通常由投影仪、投影幕、多媒体计算机、视频展示台、电子白板、影碟机、录像机、音频卡座、功放、集中控制系统等组成。如图2-3-1所示。

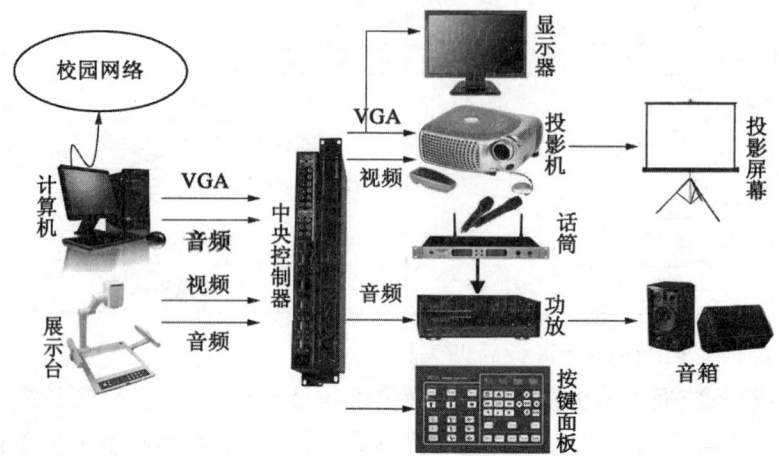

图2-3-1 多媒体教室系统基本结构图

多媒体教室的基本组成可以分成以下几个部分：

一是计算机系统：运行多媒体教学课件，共享数字教学资源。

二是视频图像系统：能够对静态或动态视频图像进行播放展示。组成设备有：影碟机、录像机、视频展示台、投影仪和电动屏幕。其中影碟机、录像机和视频展示台、交互式电子白板可根据具体情况选配。

三是音响系统：对各种设备产生的声音信号进行放大、混合输出。保证室内范围能够通过音箱清晰听到各种媒体所产生的声音。主要设备有音箱、功放机、无线话筒、无线接收器和有线话筒。其中无线话筒、无线接收器和有线话筒可根据情况选配。

四是控制系统：也叫中央控制器（简称中控器），是对多媒体教室的各种设备、环境条件进行集中控制的系统设备。设备包括多媒体中央控制系统和控制操作面板，其功能主要有控制电动屏幕升降、投影仪开关、信号选择、计算机开关和音量大小调节等。

（一）音响系统

1. 音响系统的组成

音响系统是各种集会活动不可少的设备。一般由话筒、调音台（音频处理器）、功放、音箱组成，如果有演出需要的话，还会有均衡器、效果器之类的媒体。话筒、调音台、功放有数字和模拟之分，话筒还有有线和无线之分。其常用设备如图2-3-2所示。

2. 功放的性能及特点

功放俗称"扩音机"，它的作用就是把来自音源或前级放大器的弱信号放大，推动音箱发出声音。功放大体上可分为三大类：专业功放、民用功放、特殊功放。功放外形如图2-3-3所示，详见本讲二维码。

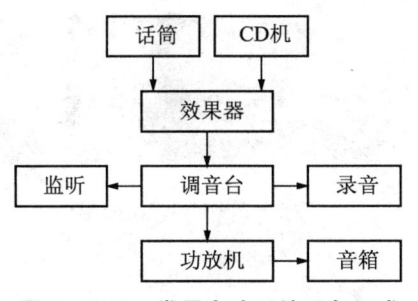

图2-3-2 常用音响系统设备组成

图2-3-3 功放正面外形图

3.功放的使用

功放是有线广播中的常用设备。使用正确与否,直接影响着机器寿命及听音效果。使用功放注意事项:

(1)要求电网电压比较稳定,变动范围不能超过额定电压的±10%。在电网电压变化较大的场合要加装稳压装置。

(2)使用前要按规定接好负载,做好匹配工作。这不仅是影响扩音效果好坏的因素,更是保证功放和扬声器长期安全工作的关键。

(3)按照操作规程操作,以一定顺序开关机器。各音量控制旋钮平时应置于最小位置。开启某一路音量旋钮时,应逐渐由小到大,缓慢均匀,防止机器过载。功放用完后,要把音量旋钮恢复到最小。

(4)在会场布置扩音系统时,要注意扬声器与话筒的距离尽量远一些,不要把扬声器布置在话筒后面,更不能正对着话筒,否则容易产生"声反馈"。扩音系统使用中一定要避免出现声反馈,以免产生啸叫或过载损坏功放和扬声器。

(5)功放的各输入信号源不能插错。话筒插口要求的输入信号约为3 mV～5 mV,而拾音器插口要求输入信号达100 mV以上。如果错把话筒插入拾音器插口,功放会由于输入信号太弱而使音量很小;而如果错把拾音器插入话筒插口,则会由于输入信号太强产生削波失真或使功放超负荷。这两种情况都是要避免的。

(6)功放的放置地点要清洁、无尘、通风、干燥、严禁雨淋。高温环境使用时,要注意散热。

(二)投影仪

投影仪是多媒体教室中计算机、视频展示台、VCD、录像机等设备视频信息号的再现设备。多媒体投影仪的产品从技术角度上分为阴极射线管投影仪(Cathode Ray Tube,CRT)、液晶显示投影仪(Liquid Crystal Display,LCD)和数字光路投影仪(Digital Light Processor,DLP)。

CRT即阴极射线管投影仪,该投影仪显示的图像色彩丰富、还原性好,具有较强的几何失真调整能力;缺点是亮度很低,操作复杂,体积庞大,对安装环境要求较高,并且价格昂贵,目前已经基本退出市场。

LCD即液晶投影仪，是目前投影仪市场上的主要产品。液晶是介于液体和固体之间的物质，本身不发光，工作性质受温度影响很大，其工作温度为-55℃～+77℃。LCD投影仪色彩还原较好，分辨率可达SXGA标准，体积小，质量轻，操作、携带极其方便，并且价格比较低廉，因此成为投影仪市场上的主要产品。图2-3-4是LCD投影仪的实例。

图2-3-4　LCD投影仪

DLP即数码光路处理器技术。DLP投影仪的技术是一种反射式投影技术，其特点是图像灰度等级提高，成像器件的光效率大大提高，对比度非常出色，色彩锐利。DLP投影仪的优点还有：体积小巧，可以胜任长时间连续工作，对散热的要求不高，画面对比度高（可达5000∶1）。图2-3-5是DLP投影仪的实例。

图2-3-5　DLP投影仪

一般说来，在选用投影仪时应注意以下几个方面：

（1）输入信号源。一般的多媒体教室使用的投影仪输入源应有Video、S-Video、Audio及1～2个计算机（VGA）接口。为了节约资源，做到恰到好处，可量力选择，若要求较低时则可选购分辨率为800×600的SVGA；若要求高一些，则要选择XGA（1024×768），或选择SXGA（1920×1080）产品，当显示高分辨率图形信号时，须选择行频在60 kHz以上的投影仪。

（2）使用方式。投影仪使用方式分为桌式正投、吊顶正投、桌式背投、吊顶背投。正投是投影仪在观众的同一侧；背投是投影仪与观众分别在屏幕两端（需背投幕）。如固定使用，可选择吊顶方式。如果有足够的空间，选择背投方式整体效果最好。

（3）使用环境。根据使用环境（房间大小、照明情况），确定机器相应指标（如亮度）。一般情况下可以根据教室面积的大小来确定投影仪的亮度。表2-3-1为使用环境与适用亮度的配置对应表。

表2-3-1　投影仪使用环境与适用亮度的配置

| 投影仪使用环境 | 投影仪的适用亮度 |
| --- | --- |
| 50 m²以下的小会议室 | 1000～1200ANSI流明 |
| 50 m²～300 m²的中型会议室 | 1200～3000ANSI流明 |
| 300 m²以上的大型会议室 | 3000ANSI流明以上 |

在投影仪的安装中必须注意以下几点：

一是投影仪与屏幕之间的距离根据屏幕大小来确定。屏幕吊装的高度及与第一排座位的距离应根据人机工程学原理进行计算，避免学生过分仰视屏幕，而应使屏幕轻松落入学生的视野内，让学生以较舒适的姿势观看屏幕和抄写笔记，减少学生的视觉疲劳，提高学习效果和效率。

二是墙面悬挂的屏幕上边沿应与吊装投影仪镜头在同一水平线。

三是投影仪镜头中心点与投影屏幕中心点在同一垂直线上。

四是选择尺寸合适的安装吊架。

五是安装固定用的螺丝、螺栓拧紧到位。

六是调整安装后投影出的梯形画面。

### （三）数字视频展示台

目前实物展示台已渐渐取代了传统的胶片投影仪和幻灯机的大部分功能。视频展示台不但能将胶片上的内容投到屏幕上，而且可以将各种实物，甚至包括可活动的图像投到屏幕上。但是视频展示台只是一种图像采集设备，最终将图像展示出来，还需通过外部设备的参与，例如电视机或投影仪。图 2-3-6 为视频展示台。

视频展示台的主要技术指标是 CCD（电荷耦合器件）分辨率，目前主流视频展示台的 CCD 分辨率为 150 万像素，750 线左右，像素越高清晰度越高。

图 2-3-6　视频展示台

### （四）中央控制系统

整个多媒体教室中的全部媒体设备都由中央控制系统集中管理控制。该系采用单片机多机通信技术和系统集成技术，将被控设备的各种操作功能按照用户实际操作要求进行组合处理，然后将其具体对每一媒体或设备的操作过程集成一体。目前许多多媒体教室已经采用了"一键开/关机"功能的集中控制系统来管理多媒体教室的设备，操作十分简便。图 2-3-7 为多媒体中央控制器面板示意图。

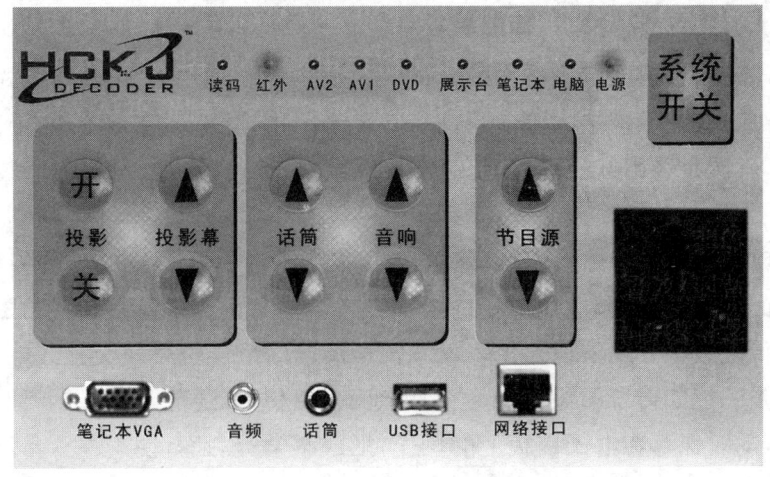

图 2-3-7　多媒体设备中央控制器面板

## (五)交互式电子白板系统

### 1. 交互式电子白板

交互式电子白板又称数码触摸屏、互动白板,是可以操作计算机和进行屏幕标注的投影屏,是具备电子书写板和触控功能的触摸屏。交互式电子白板可以和计算机进行信息通信,如通过USB接口与计算机相连,配合多媒体投影仪使用,以电子笔代替鼠标,以电子白板代替投影幕布,在电子白板控制系统软件支持下,通过触碰电子白板操作计算机,并能在任何计算机界面上直接进行标注操作。交互式电子白板的基本结构如图2-3-8所示。

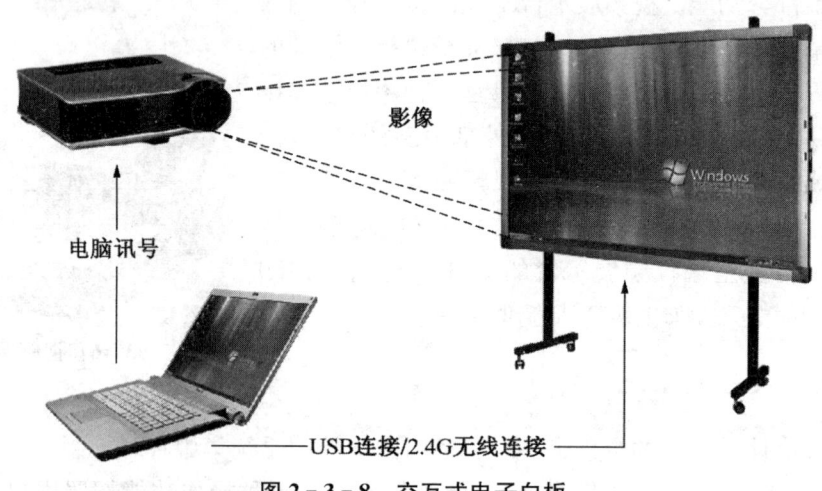

图2-3-8 交互式电子白板

交互式电子白板除交互功能外,还有实时记录、即时标注和资源管理等功能。这些功能具体通过笔迹书写、图形绘制、文字输入、文件调用、删除、复制及保存图像、强调与遮挡、视频回放、直接打印等操作来实现。运行特定的应用程序,配置交互式电子白板及高清摄像头,还可实现远程可视网络会议。

交互式电子白板根据定位技术的不同,分为电磁感应式、红外线感应式、压力感应式、超声波感应式、图像传感式等。目前,市场上采用压力感应技术的电子白板占据市场主导地位,其次是采用红外传感、超声波传感技术。

### 2. 交互式电子白板系统

交互式电子白板系统由多媒体教室、交互式电子白板和相应的软件组成。伴随着多媒体教学的兴起,幼儿园应用电子白板辅助教学的案例越来越多,交互式电子白板系统成为沟通传统教学方式与现代化多媒体教学仪器的最佳桥梁。交互式电子白板系统最大的特色是既能如传统的黑板一样在其上面自由板书,还能随时显示、处理各种数字化教学内容,随时保存在电子白板上的操作,形成教学资源库,便于课后备课、学习和复习,提高教学资源的再利用和优质教学资源的共享。

交互式电子白板系统的主要功能如下：
● 鼠标操作：用手指或电子笔在电子白板上实现鼠标左、右键功能，单击和双击功能。
● 书写笔：有可更改颜色、笔画粗细、透明度等各种效果的铅笔、钢笔、毛笔、排笔、彩虹笔等功能的书写笔工具。
● 板擦：有大小不同的圆形、方形板擦，可实现区域擦除、对象擦除、闭合区间擦除和全部擦除等功能。
● 绘图：各种二维线条、圆、多边形、任意图形的绘制功能和三维几何图形的构造功能。
● 标注：线段的尺寸标注和扇形线段的角度标注。
● 手写识别：将连续混合输入中英文、标点符号和数字的手写内容识别为文本内容。
● 文字编辑：实现文本、表格、图表的输入、编辑和排版等操作。
● 多媒体编辑：支持各类图片、视音频的插入和插播功能。
● 屏幕录制与播放：自动记录电子白板板书的书写过程、对象物件移动的过程等，并可以重现回放出来。
● 文件保存和导出：电子白板可以新建、打开、生成各种图片文件、文本文件、网页文件及相关工程文件。
● 资源管理：提供图形库、模板库、资源库等资源管理功能。图形库包括丰富的基本形状、装饰线、装饰框、各学科符号和常用图形；模板库为工程文件的模板资源；资源库包括矢量图库、背景模板、视音频课件等各种资源，可覆盖各个学科。

典型的交互式电子白板教学系统结构如图 2-3-9 所示。在这一系统中主要包括以下设备：交互式电子白板、投影机、教学计算机、视频展示台、多媒体讲台、中央控制器、DVD、调音台、无线话筒、功放和音箱等。

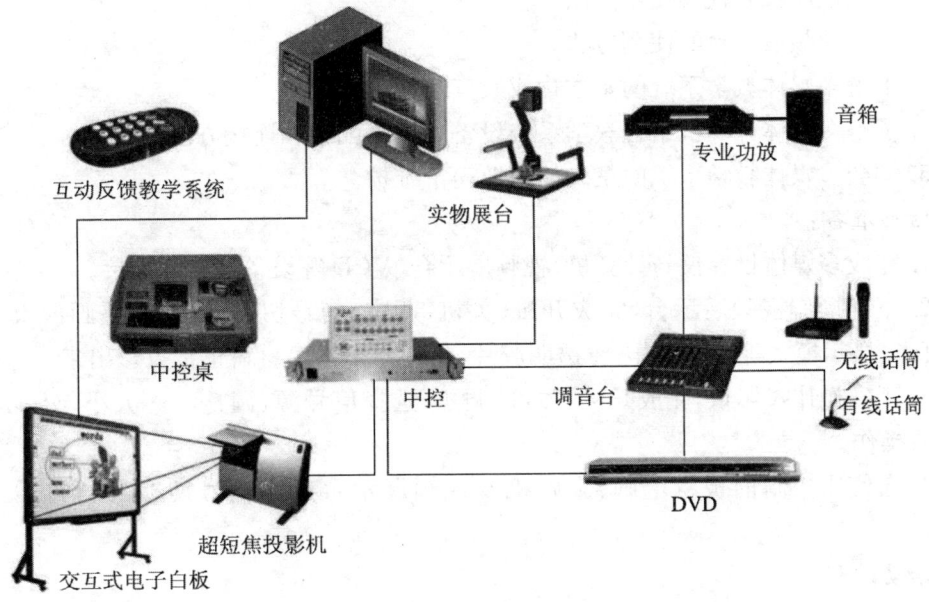

图 2-3-9 交互式电子白板系统

交互式电子白板是系统的主体,将交互式电子白板连接到计算机,并利用投影机将计算机上的内容投影到电子白板屏幕上。在专门的应用程序的支持下,它既是感应笔书写与操作的界面,又是计算机的显示器和投影器的幕布。感应笔具有书写笔和计算机鼠标的双重功能。

## 二、多媒体教室的主要功能

在多媒体教室里,教师可以通过操作计算机和数字视频展示台等设备选择运用文本、图形、图像、声音等媒体进行教学,也可以运用板书、教材、图表、图片等常规教学媒体进行教学,整个教学过程都可以显示在大屏幕上,摆脱了黑板加粉笔的传统教学模式。教师利用多媒体教室可以进行的教学活动一般有:

(1) 利用计算机调用多媒体课件。

(2) 播放 VCD、DVD、录像带等音像教学内容。

(3) 利用校园网或 Internet 网络,调出自己需要的教学资料。

(4) 利用数字视频展示台、交互式电子白板,将书稿、教材、图表、图片、实物及教师即时书写的文字、图画投影到屏幕或白板上。

(5) 利用幻灯片、投影片等常规媒体进行教学。

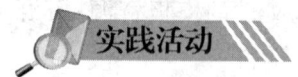

**活动一　多媒体教室的使用**

活动目标:

1. 掌握液晶投影仪的使用方法。
2. 掌握视频展示台的使用方法。
3. 了解多媒体教学系统的基本构成及其功能。
4. 了解多媒体计算机组合教学系统设备的基本配置和连接方法。
5. 学会多媒体教学系统的正确使用及简单维护。

活动准备:

1. 完成多媒体投影仪与计算机、视频展示台、VCD 等设备之间的连接。

2. 正确操作视频展示台,完成开机、关机、调焦、信号切换,以及调整画面大小、颜色、灯光、显示模式等基本操作;将透明胶片、负片及书本等材料正常投影出来。

3. 正确操作投影仪,完成开机、关机、调焦、选择信号源、调整画面大小与显示模式等基本操作。

4. 会使用控制面板将电脑、影碟机及视频展示台三路信号切换,分别投影到屏幕上。

活动过程:

1. 开柜,接通电源。

2. 打开视频展示台、功放、计算机等相关设备,按"屏幕降"按钮降下电动屏幕。

3. 打开投影机。可用控制面板上标注的"投影开"按钮开启,也可使用遥控器控制投影机的各种功能。

4. 使用笔记本电脑,将 VGA 线与笔记本电脑输出接口接好,按控制面板上的"笔记本"进行投影输入信号的切换,音频信号会一并切换过来。

5. 多媒体设备播放。按控制面板上的"展示台"、"影碟机"等按钮进行信号切换。在计算机软件控制下操作,单击计算机上的控制软件图标,打开控制系统窗口,用鼠标激活信号源或播放器的图标,然后用鼠标控制播放媒体的各种操作功能,如停止、播放等,单击信号源或播放器的图标可进行媒体间的切换。如需退出控制系统返回 Windows 系统,可单击"退出"按钮。

6. 关机。按控制面板的电源开关"电源关",指示灯会持续闪烁,机器将进入自动关机状态,中央控制器会自动升起电动屏幕,自动关掉投影机的灯光电源,并使风扇电机延时工作 3 分钟以冷却灯泡。

7. 按正常关机程序关闭计算机及其他多媒体设备。

8. 控制面板上的电源指示灯熄灭后,关闭总电源开关。

注意:

1. 授课过程中,投影机不要频繁开关,可通过投影机的黑屏功能进行投影控制。

2. 使用结束,一定要等投影机灯泡冷却完毕才能切断总电源。

## 活动二 交互式电子白板系统的使用

*活动目标:*

1. 了解交互式电子白板的系统组成及设备的连接,如图 2-3-10 所示。

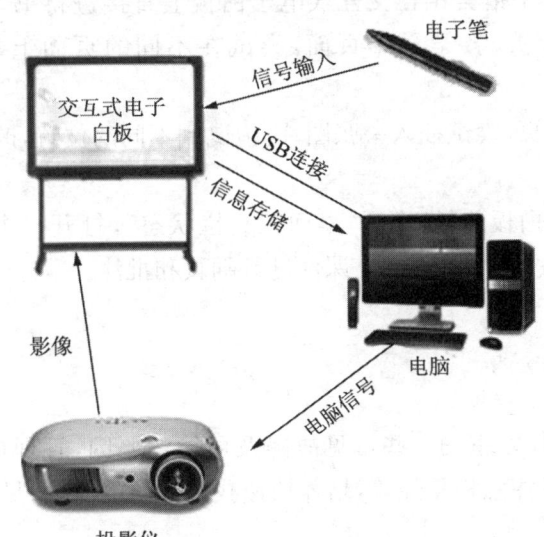

图 2-3-10 交互式白板系统的设备连接图

2. 掌握交互式电子白板的系统的基本操作方法,体会其功能。

3. 掌握交互式电子白板主要功能的使用。

交互式白板的使用方式主要有:书写,批注,交互,触摸,手势识别——可以识别单指、多指模式,双击鼠标左键和右键。

活动准备:

1. 启动驱动。可设置为电脑开启时启动驱动,此步骤正常情况下可忽略。

2. 定位。安装好白板软件后第一次使用时,或者白板及投影仪移位后需进行此操作,根据产品的不同有五点定位、九点定位等。定位点越多,书写定位越准确。

3. 打开白板软件,进行教学课件开发及教学演示。

不同的产品,其工作原理不同,其功能及软件的使用也有差别,使用者必须提前熟悉产品的操作与使用方法,特别是教学中的信息呈现与控制方法,才能发挥电子白板的最大教学作用。本例采用的是 HiteBoard(鸿合)电子白板。

活动过程:

1. 交互式电子白板的基本操作。

(1) 启动白板应用程序,设置系统参数,校验设备。

(2) 熟悉 HiteBoard 工具栏,如图 2-3-11 所示。

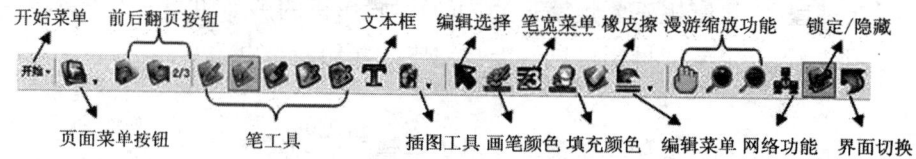

图 2-3-11 HiteBoard 工具栏

2. 用书写笔或者手指尝试在交互式电子白板上直接进行书写、绘图等操作:新建黑板页、白板页、蓝板页、教学页等页面,尝试在不同的页面上书写、翻页并比较其差别。

3. 新建一个空白页,尝试插入一张图片,拖曳到不同的位置,改变大小,为图片注明图片名称。

4. 在交互式电子白板前,切换到"桌面工具栏状态",打开一个 PowerPoint 教学课件并播放,尝试对播放的 PowerPoint 课件进行翻页和批注。

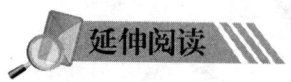

下面列举了多媒体教室的一些常见故障及可能的原因,管理员除认真学习各设备的使用说明书外,还要注意积累经验,培养快速找出故障的能力,见表 2-3-2。

表 2-3-2　多媒体教室常见故障及其排除方法

| 现象 | | 原因 | 排除方法 |
|---|---|---|---|
| 投影仪 | 投影机不工作 | 断电或电源接触不良 | 重新接通电源后再开机 |
| | | 投影仪散热不良 | 清洗空气过滤器 |
| | | 投影灯泡坏了 | 更换灯泡 |
| | 屏幕不显示图像 | 投影仪镜头盖未取下 | 取下投影仪镜头盖 |
| | | 投影仪不支持计算机显示 | 重新设置计算机显示模式,降低分辨率 |
| | | 笔记本电脑 VGA 信号没有输出 | 调整笔记本电脑的 VGA 输出功能 |
| 视频展台 | 屏幕不显示图像 | 视频展台的镜头未取下 | 取下视频展台的镜头盖 |
| | | 中控器切换不正确 | 按正确步骤操作中控器 |
| | 显示图像严重失真 | 视频展台未调整好或灯光不足 | 调整视频展台,开启灯光 |
| 摄像机、DVD 等 | 无法录制视频 | 摄像头没有工作;视频连接线故障或松动,相应软件没有成功开启 | 先检查软件运行情况,再检查摄像头和相关连接 |
| | 工作正常但无画面 | 中控器切换不正确 | 按正确步骤操作中控器 |
| | 录制的噪音太大 | 麦克风音量太大;话筒离音箱太近 | 降低音量;远离音箱 |
| | 无声音 | 功放输入通道不正确 | 检查功放的输入选择开关 |

# 第四讲　计算机网络教室

智慧校园与
智慧教室

计算机网络教室是在普通计算机机房的基础上,利用联网的计算机实现教学以及辅助管理的教学功能。计算机网络教室,可以将单调、乏味的课堂知识运用声音、图像、影视、动画等多媒体技术形象地展现出来,并通过计算机网络技术的运用,使得真正基

于交流、讨论的这种全新的教学方法成为可能，极大地增强了学生的教学参与意识，进一步提高教学质量。

计算机网络教室的功能一般都包含以下几个方面：

1. 屏幕广播

实时传送教师或某个学生的电脑画面到某组或全体学生的电脑屏幕上，教师可以用这个功能进行多媒体课件的教学，演示软件的操作，还可以让某个学生进行示范。

2. 远程遥控

让教师或某个学生对其他学生的电脑进行操作，如同操作自己的电脑一样，教师可以用这个功能对学生进行单独的交互式辅导教学。

3. 屏幕监视

让教师或某个学生对某组或全体学生的电脑画面进行实时观看，教师可以不离开座位就了解学生的学习情况，实现对整个网络上学生机的监控与管理。

4. 双向对讲

指定某两个学生或者教师与某个学生之间进行语音交流。

5. 多人会话

指定多个学生（可包括教师）之间进行语音交流。

6. 网络复读

利用现有音频、视频文件作为教材，对学生进行网络复读、跟读训练。

7. 影音广播

让教师或某个学生对某组或全体学生进行影音文件广播。

8. 屏幕录像与回放

录制上课内容，以便制作课件或教材，并可将录制的画面进行网络回放。

9. 网上聊天

指定多个学生（可包括教师）进行文字交流。

10. 电子画板

把电脑屏幕作为黑板，在上面写写画画，一般与屏幕广播同时使用。

11. 执行命令

让多个学生的电脑同时运行某个程序。

12. 发布与收取文件

教师发送文件到学生的电脑中，也可以把学生电脑中的文件传输到教师的电脑中。

13. 班组管理

可以对班级、小组、学生进行管理，可以安排学生的座位，可以进行分组管理和教学演示等。

## 实践活动

### 计算机网络教室的使用（以极域电子教室为例）

活动目标：

通过对极域电子教室软件教师端的使用，了解一般计算机网络教室软件的功能；熟悉教师端的一般操作；掌握在教学中使用相应计算机网络教室软件的技能。

活动准备：

1. 教师机配置要求

推荐配置：CPU Celeron 400 以上，或其他同等级 CPU，例如 AMD Duron 400；内存 64M 以上；显卡 2M 显存以上；声卡全双工并带输出回录功能（能录制自身播放的 WAV 文件）。如操作系统用 Windows XP，CPU 建议在 CeleronII 500 以上，内存 128M。

2. 学生机配置要求

推荐配置：CPU MMX166 以上，内存 32M 以上，显卡 2M 显存以上，声卡全双工。网络：10/100 兆共享或交换网络均可。

注意：

其一，正式版极域电子教室 V4.1 还需加密狗一只，插入教师机并口处。在 Windows NT 4.0 环境下进行 VCD 广播时，所需显卡配置相对较高。

其二，对于网络影院的 DVD 广播，显卡要支持硬件覆盖层，显存至少要在 8 兆以上，显卡的显存越高，接收效果就越好；对于三维设计软件的广播，机器的配置越高，其广播效果越好。

活动过程：

1. 教师机登录

运行桌面教师机程序 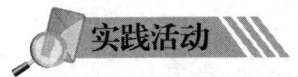 后会出现登录对话框，它要求您输入登录密码与频道号，默认登录密码为空，默认频道号为教师机在系统设置中的频道号或上次登录的频道号，单击"确定"按钮，就可以进入教师机的操作平台。各机房登录频道如下：

| 机房 | 登录频道 |
| --- | --- |
| 3301 | 1 |
| 3302 | 2 |
| 3304 | 4 |
| 3306 | 6 |
| 3308 | 8 |
| 3310 | 10 |

教师机操作平台主界面如图2-4-1所示：

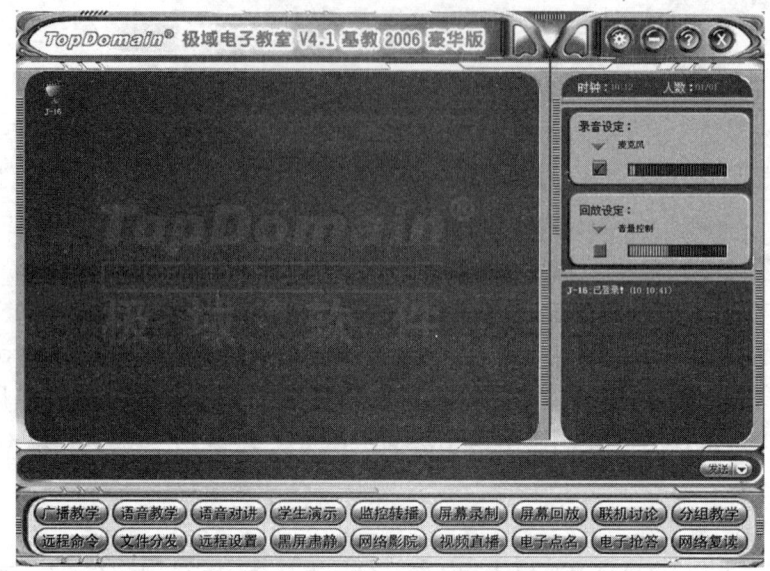

图2-4-1 教师机操作平台主界面

2. 广播教学

广播教学功能可以将教师机屏幕传送至学生机。在班级模型显示区中选择学生，单击图形按钮区的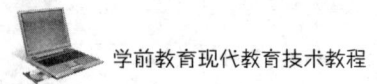按钮，可开始广播教学。若广播教学中学生机接收出现异常（如屏幕显示出现缺失），可按组合键Shift＋F5来刷新学生机屏幕显示的内容。

（1）学生发言。广播教学过程中，在班级模型显示区选中一个已登录的学生机图标，单击右键弹出菜单。在此右键弹出菜单上单击"开始发言"（如图2-4-2所示），可以让被选中的学生进行发言，此时所有接收者在接收到教师广播教学的同时接收该学生发言。

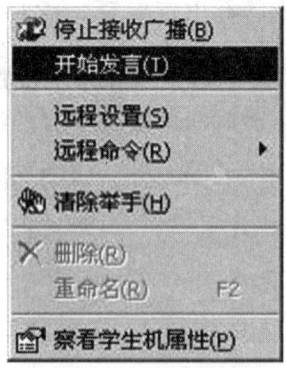

图2-4-2 开始发言

如需动态切换发言学生，对其他已登录学生进行上述操作，先前发言学生自动停止发言。如需停止学生发言，可在弹出菜单中选择"停止发言"即可，如图2-4-3所示。

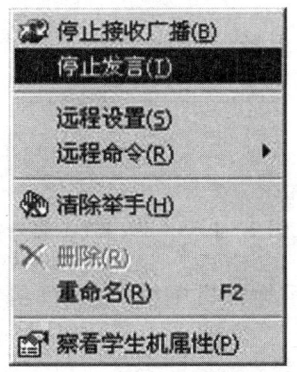

图 2-4-3 停止发言

（2）广播的开始接收与停止接收。广播教学过程中，可以随意控制任意学生机停止或开始接收广播。在正在接收广播的学生机上单击右键，如图 2-4-4 所示。在弹出菜单上选择"停止接收广播"，可以让学生停止接收广播。

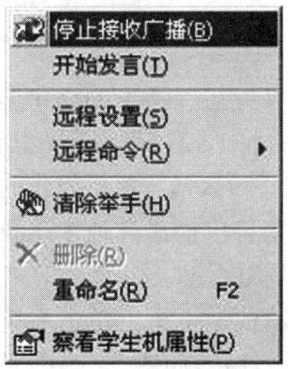

图 2-4-4 停止接收广播

在班级模型区选中被停止接收广播的学生机，单击右键，弹出如图 2-4-5 的菜单。在此弹出菜单上选择"开始接收广播"，该学生机重新开始接收广播。

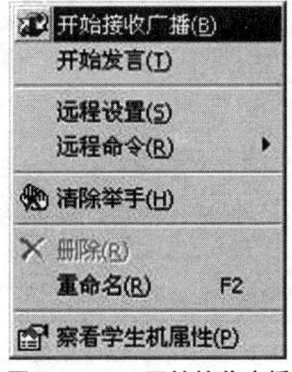

图 2-4-5 开始接收广播

### 3. 弹出式工具条

启动教师机程序后,教师机主接口被最小化时,将鼠标移动到屏幕顶部右半边(黑线处)时,会出现弹出式工具条,如图2-4-6所示。

图2-4-6 弹出式工具条

单击"窗口"按钮可重新显示教师机主接口(教师机主接口出现后,此工具条将不会弹出)。

单击"设置"按钮会弹出系统设置对话框。

单击"复位"按钮可以结束当前教师机已执行的操作。

单击"锁定"按钮可锁定此工具条,使工具条一直显示在屏幕上。

可以利用此工具条方便地进行功能操作,例如在屏幕广播时如需调用电子教鞭,只要将鼠标移动到屏幕顶部右半边(黑线处)使工具条弹出,单击"教鞭"按钮即可调出电子教鞭。

### 4. 学生演示

利用学生演示功能,教师可以将某一学生的操作演示给其他所选定的学生。在演示过程中,教师可以遥控此机器并将遥控过程演示给其他学生。

(1)学生演示。在班级模型显示区选定演示操作的一台学生机,单击图形按钮区的"学生演示"按钮,此学生机的屏幕将广播给其他学生机。如监视过程中监视窗口出现异常(如屏幕显示出现缺失),可按组合键"Shift+F5"来刷新屏幕显示的内容。

某台学生机演示时,教师在其他学生机上单击右键,在弹出菜单中选择"开始学生演示"来动态切换为此学生机进行演示,如图2-4-7所示。

某台学生机演示时,教师在其他学生机上单击右键,在图2-4-7所示弹出菜单中选择"停止接收学生演示"来使学生机停止接收学生演示。

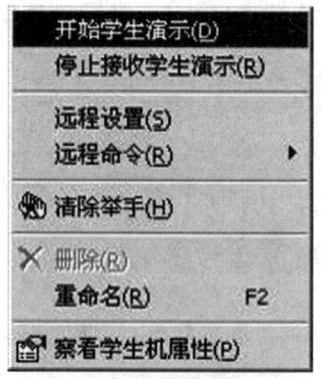

图2-4-7 开始学生演示

在未接收演示的学生机上单击右键,在图2-4-8的弹出菜单中选择"开始接收学生演示"来使学生机开始接收学生演示。

在正在进行演示的学生机上单击右键选择"停止学生演示"来停止该学生机的演示,如图2-4-9所示。

 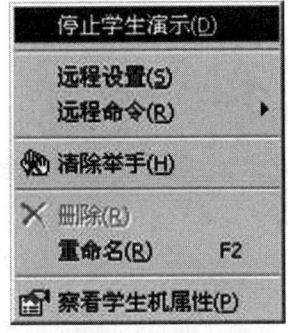

图2-4-8  开始接收学生演示　　　图2-4-9  停止学生演示

(2) 学生演示时的监控转播。学生演示过程中,教师可以在学生演示窗口中单击右键弹出如图2-4-10所示操作菜单。

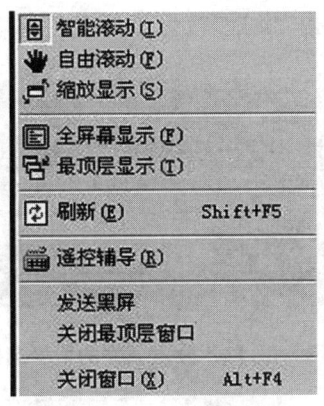

图2-4-10  遥控辅导

在此菜单上可以选择"遥控辅导"接管学生机操作,选择"关闭窗口"可停止学生机演示。

5. 文件分发

文件分发允许教师将教师机的目录或文件指定发送至所选学生机的某目录下,若该目录不存在则自动新建此目录;若盘符不存在或路径非法则不允许分发;若文件已存在则自动覆盖原始文件。

分发文件前请确认学生机磁盘空间足够,磁盘空间不足的学生机将无法接收分发文件。

单击图形按钮区的"文件分发"按钮,弹出如图2-4-11所示的对话框。

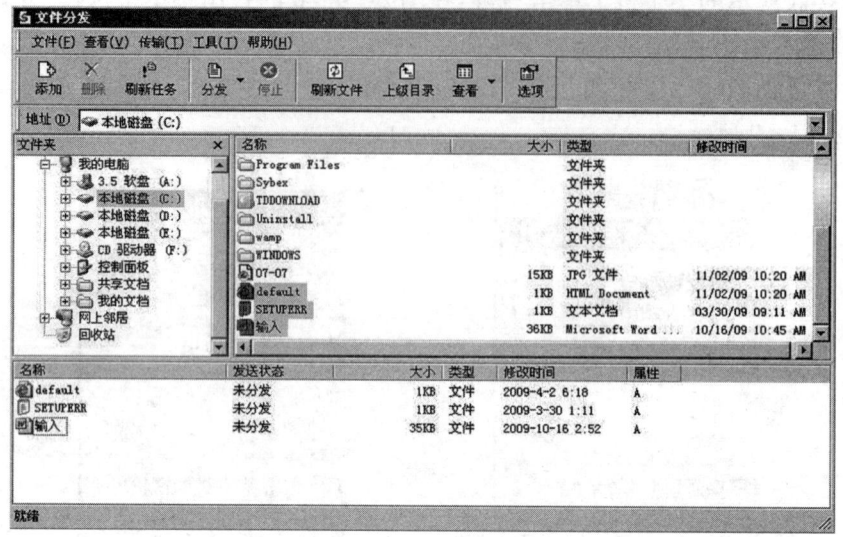

图 2-4-11 文件分发

在活页夹与文件目录栏中选定需要分发的文件,将其拖拽至下面的发送区,此时这些文件状态为未分发,在系统菜单上选择"传输"下拉菜单,选择"分发到…"。在弹出的对话框中输入学生机目录后单击"发送"按钮发送文件,如图 2-4-12 所示。

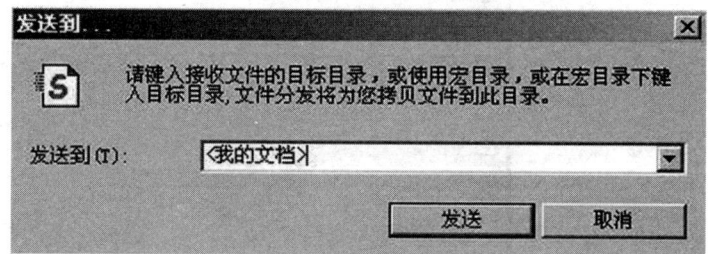

图 2-4-12 分发文件的目录选择

在待发送的文件栏中单击右键,会弹出如图 2-4-13 所示的菜单。

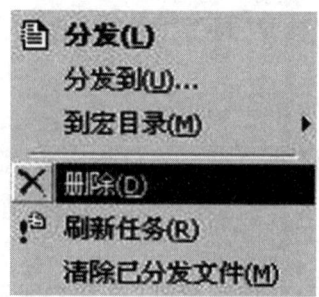

图 2-4-13 待发送快捷菜单

选择"分发",将所选文件发送到上次发送目录(默认);选择"分发到",将所选文件发送到自定义目录;选择"到宏目录",将所选文件发送到宏目录;选择"删除",对任务列表中的文件进行删除;选择"清除已分发文件",清除文件列表中的已分发文件。

6. 远程关机

教师机可以控制学生机的关机,此功能可以避免重复性劳动。

在班级模型显示区选择对应的学生机,在图形按钮区单击"远程命令"按钮,选择"远程关机"会出现如图2-4-14所示的确认框。

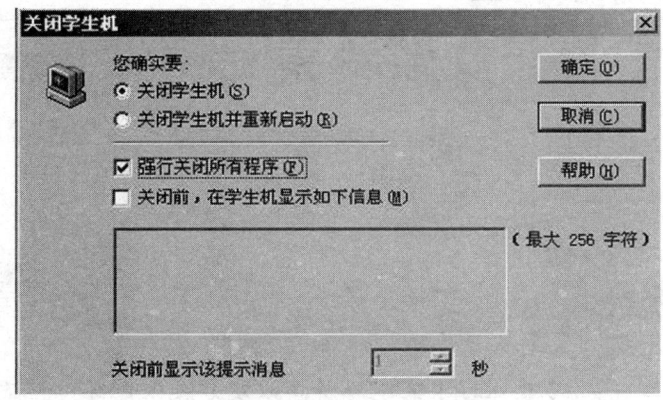

图2-4-14 远程关机

选中"强行关闭所有程序"前的复选框,不会等待学生机退出当前运行程序而立即关闭计算机。

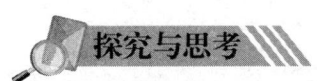

**探究与思考**

1. 查看你校多媒体教室内的多媒体设备的配置与连接情况,并进行实践操作,注意操作的规范性。

2. 试比较在计算机网络教室与多媒体教室中学习有何不同。如何更好地适应不同环境的学习?

3. 参考网上电子白板教学设计案例,探究电子白板在幼儿园教学中的演示方法。

## 模块三 多媒体素材的获取与处理

1. 了解多媒体概念、多媒体技术的主要特点以及多媒体素材的选择原则。
2. 了解文本的格式、类型及特点,掌握光学识别文本以及语音识别文本的方法。
3. 了解声音数字化录制方法及其要求,掌握音频处理软件的使用。
4. 了解图片的格式、类型及特点,学会用 Photoshop 修饰和制作图片素材。
5. 了解视频的格式类型、特点,掌握视频格式的转换方法。
6. 学会利用会声会影视频制作软件开发辅助教学的视频。
7. 学会利用 Flash 动画软件设计制作幼儿教学动画。

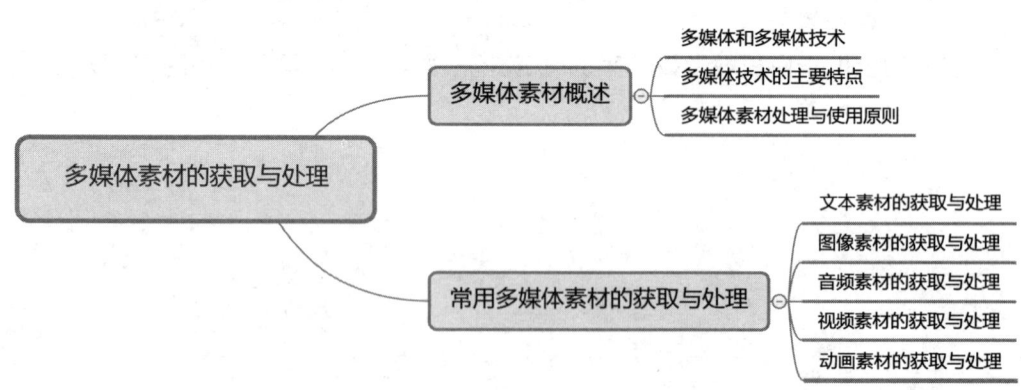

# 第一讲　多媒体素材概述

## 一、多媒体和多媒体技术

多媒体译自英文"Multimedia",它由"multiple"和"media"复合而成,最初是指多种物化的信息传递工具和手段,一般理解为多种媒体的综合。即多种信息载体的表现形式和传递方式,这些信息媒体包括:文字、声音、图形、图像、动画、视频等。

多媒体技术是指把文字、图像、声音、视频、动画等多种媒体的信息通过计算机进行交互式综合处理的技术。即通过计算机,用多种媒体手段来存储、传播和处理信息的技术。多媒体技术涉及计算机硬件、软件和图像处理、信号处理、人工智能、网络和通信等广泛的技术领域。多媒体技术主要有数据压缩与编码技术、数据压缩传输技术,以及以它们为基础的数字图像、数字音频、数字视频、多媒体网络和超媒体技术等。

## 二、多媒体技术的主要特点

(1)多样性。不再是单一的文字信息,可以综合处理多种信息媒体。从视觉角度:提供彩色图形图像、动画和视频;从听觉角度:处理音乐、语言及配乐语言等信息。

(2)集成性。多媒体技术的集成性包括多媒体信息的集成和处理这些媒体的设备与设施的集成两方面。

(3)交互性。交互性是指与使用者进行信息交换。用户不再被动接受信息,可以有选择地获取信息,对事物进行过程的控制,参与信息的组织过程。

(4)实时性。当用户给出操作命令时,相应的多媒体信息都能够得到实时控制。

(5)非线性。多媒体技术借助超文本链接的方法,把知识内容以一种更灵活、更具变化的方式呈现给使用者,改变了传统的读写方式。

## 三、多媒体素材处理与使用原则

在对多媒体课件中的各种素材进行处理和使用时,我们应遵循以下原则:

(1)科学性原则。素材呈现的信息要具有科学性,同时符合知识的内在逻辑体系和学生的认知结构。

(2)创新能力培养原则。多媒体素材的使用不是要使学生处于被动接受知识的状态,而是培养学生的创新能力和信息文化素养。

(3) 教学设计原则。处理和使用多媒体素材要重视教学设计,既要分析学习者特征、学习目标和教学内容结构,又要选择符合学生认知心理的知识表现形式,使其设计能够有力地促进主动建构知识意义的多媒体素材。

(4) 交互性原则。多媒体素材表现的知识应该是可操作的,而不是教材的电子式搬家。

(5) 系统性原则。整体和谐统一,注意与其他媒体的综合使用,注意多种媒体的混合与集成。

(6) 美学原则。色彩的应用可以给课件增加感染力,但运用要适度,以不分散学生的注意力为原则。如色彩搭配要合理,色彩配置要真实,动、静物体颜色要分开,前景、背景颜色要分开,每个画面的颜色不宜过多。

(7) 界面直观友好原则。多种素材在同一界面不应该是简单的堆叠,而要使界面美观,符合学生的视觉心理。

(8) 兼容性原则。素材存储的文件格式一定要是常用的。例如,图像的存储格式应以"JPG"为主,动画的存储格式应以"SWF"为主,视频的存储格式应以"MPG"为主,声音的存储格式应以 MP3 为主。

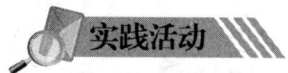

下载多媒体素材:

1. 下载制作"六一"儿童节电子报刊所需图片,要求尺寸:960 mm * 720 mm。
2. 下载"六一"儿童节活动所需的背景音乐。
3. 下载幼儿操相关视频。

## 第二讲 文本素材的获取与处理

尚书 7.0 OCR 微课
讯飞语音输入微课

### 一、文本素材的常见格式

目前用来处理文本的软件非常多,不同的文本处理软件生成的文件格式也不尽相同。每一种文本处理软件通常都有自己的默认文件格式。Windows 操作系统自带的文本处理软件"记事本"默认的文本格式为".TXT"。Microsoft Office 办公软件中的"Word"默认的文本格式为".DOC"或".DOCX",不过该软件还支持其他一些文本文件格式,如".TXT"".RTF"等。常见的文本文件格式如表3-2-1所示。

表3-2-1 文本文件常见格式

| 扩展名 | 编辑工具 | 特　点 | 用　途 |
|---|---|---|---|
| TXT | 记事本 | 也叫纯文本,是无格式的,即文件里没有任何有关字体、大小、颜色、位置等格式信息 | 快速地清除文本的格式 |
| RTF | 写字板 | 拥有字体、大小、颜色等部分格式 | 很好的文件格式转换工具 |
| DOC | Word | 拥有最丰富的格式 | 能满足各类编辑、排版的需求 |
| WPS | WPS Office | 金山公司开发的 Office,能兼容 Microsoft Office | 同上 |
| PDF | Adobe Acrobat | Adobe 公司开发的一种电子文件格式,用于 Internet 上进行电子文档发行和数字化信息传播 | 数字化信息事实上的工业标准,广泛用于电子图书、产品说明、公司文告、电子期刊等 |

## 二、文本素材的获取方式

与其他数字化教学素材相比,文本素材输入方便、容易处理。从操作层面来看,文本素材的采集主要有两类方式:自然输入和键盘编码输入。通过构建 OCR 文字识别系统和语音识别系统,可以实现文字的自然输入,这是文字输入的最理想和快捷的方式,但目前技术上还不够完善,还不能完全满足实际需要。而键盘编码输入则是根据文字的读音或文字的基本结构,将文字编成与之对应的数字代码或字母代码输入计算机。

1. 键盘输入法

键盘输入法是利用键盘,按照一定的编码规则来输入汉字。这是最早采用的文本输入方法,也是现在计算机进行文字输入最普遍的方式。其中,英文字符可以直接从键盘输入,无须编码;汉字输入则必须对汉字编码,可以根据汉字的读音或基本形状用数字或英文字符编码。常见的有"微软拼音输入法""搜狗拼音输入法""五笔字型输入法"等。

2. 手写输入法

手写识别是指将在手写设备上书写时产生的有序轨迹,信息化为汉字内码的过程,实际上是手写轨迹的坐标序列到汉字内码的一个映射过程,是人机交互最自然、最方便的手段之一。随着智能手机、掌上电脑等移动工具的普及,手写识别已进入规模化应用的时代。

手写识别能够使用户按照最自然、最方便的输入方式进行文字输入,易学易用,可以取代键盘或鼠标。用于手写输入的设备有许多种,如电磁感应手写板、压感式手写板、触控板等。图3-2-1是几款比较流行的手写板。

图3-2-1 几款比较流行的手写板

手写识别属于文字识别和模式识别范畴,从文字识别过程来说分成脱机识别和联机识别两大类;从识别对象来说又分为手写体识别和印刷体识别两大类。我们常说的手写识别是指联机识别。

3. 语音输入法

语音输入法,是将声音通过话筒输入计算机后直接转换成文字的一种输入方法。利用语音识别技术,计算机能迅速、自然地把读入计算机的声音信息并转换成计算机中的文本。

语音输入法在硬件方面要求电脑必须配备能正常录音的声卡和录音设备,安装语音识别软件。在调试好麦克风后,即可对着麦克风进行朗读录入。如果普通话不标准,可用语音识别软件提供的语音训练程序进行一段时间的训练,让软件熟悉录入者的口音后,就可以通过讲话来实现文字输入。

语音输入方法的优点是可以快捷、自然地完成文本录入,减轻用户使用键盘输入的疲劳;缺点是错字率比较高,特别是一些未经训练的专业名词及生僻字。因此,语音输入要求录入者发音比较标准,还需要先使系统适应录入者的语音语调。

目前国内的科大讯飞、云知声、盛大、捷通华声、搜狗语音助手、紫冬口译、百度语音等系统都采用了最新的语音识别技术,微软在Office办公软件和Vista系统及以上版本中都应用了自己开发的语音识别引擎。

4. 光学字符识别(OCR)技术

光学字符识别(Optical Character Recognition)简称OCR,就是能从一份文稿的图像里取出每个文本的图像,将其转化为文本的计算机编码,供计算机编辑处理。

OCR利用光学技术对文本和字符进行扫描识别,并将其转化成计算机内码。根据资料记载,第一个OCR软件是在1957年开发的ERA(Electric Reading Automation)。我国在20世纪70年代末开始对汉字识别的研究,到现在,对印刷体汉字的识别率最高达到99%以上,可识别宋体、黑体、仿宋、简体、繁体等多种字体。

用扫描仪将文稿扫描到计算机中后保存为图片,或用清晰度较高的数码相机把文稿中的文字拍成图片,由OCR软件识别成为文本文件。识别软件主要有"尚书OCR"、"汉王OCR"、"紫光OCR"等几种,在微软的Office组件里也有OCR识别软件。

5. 混合输入方法

混合输入法就是以上介绍的各种自然输入法的结合。

### 三、文本素材的处理

录入的文字资料,需要经过编辑和排版,才能处理成数字化教学所需要的文字形式。文字处理软件种类较多,各具特色,下面介绍几款常用的文本处理软件。

1. Microsoft Word

中文 Microsoft Word 是基于 Windows 平台的中文字处理软件,是 MS Office 的重要组成部分,它提供了良好的图形用户操作界面,具有强大的编辑排版功能和图文混排功能,可以方便地编辑文档、生成表格,插入图片、动画和声音,可以生成 Web 文档。其操作实现了"所见即所得"的编辑效果。如图 3-2-2 所示。

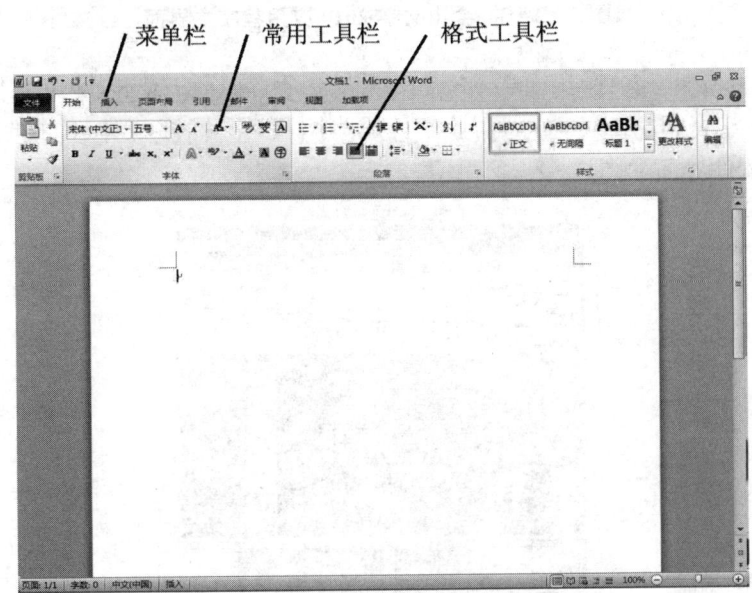

图 3-2-2　Word 2010 应用程序主界面

2. WPS Office 金山文字处理软件

WPS Office 也是深受用户欢迎的中文处理软件,它是金山公司从中国用户特点出发,开发的类似于 MS Office 的国产办公软件。经过多年的不断改进,现在的 WPS Office 已经是一款功能强大、方便实用,并且富有民族特色的文字处理软件,如图 3-2-3 所示。WPS Office 作为 MS Office 的竞争对手,有着与其一一对应的功能。在 WPS Office 中,含有四大功能模块:金山文字、金山表格、金山演示、金山邮件。图 3-2-3 为金山文字 2010 程序的主界面。

3. Ulead COOL 3D 三维文字制作软件

台湾友立(Ulead)公司推出的 COOL 3D 是一款优秀的三维立体文字特效工具,它可以非常方便地将文本素材转变成文字动画,因此被广泛应用于多媒体作品设计和网

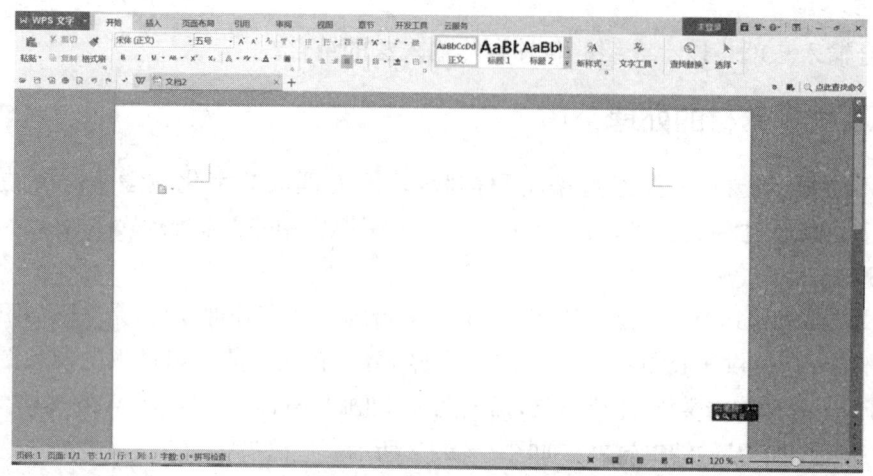

图 3-2-3 金山文字 2010 应用程序主界面

页制作领域。COOL 3D 操作简单，不需要掌握复杂、高深的技术，即可制作出精美、专业的 3D 标题文字和动画特效，因而该软件成为网页、影片、多媒体、简报制作人员所喜爱的工具。软件界面如图 3-2-4 所示。

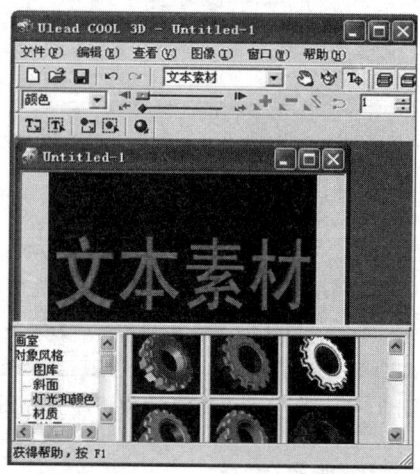

图 3-2-4 利用 Ulead COOL 3D 制作文字动画

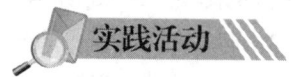

活动一　利用讯飞语音输入软件，输入幼儿故事文本内容，保存为 Word 文件

活动目标：

1. 掌握将话筒声音输入计算机并录制声音的方法。
2. 掌握讯飞语音识别软件的使用方法。

3. 掌握识别文本的编辑、处理的方法。

*活动准备：*

这里以台式电脑为例进行语音识别操作。

将话筒插入计算机前面板话筒输入插孔或后面板相应插孔。鼠标指向任务栏右边的"喇叭"图标，单击鼠标右键，在打开的快捷菜单中选"打开音量控制"菜单，单击"录音控制"中的麦克风，出现录音音量控制对话框，将录音音量滑块推至适当位置，这样保证了话筒的声音进入计算机。如图3－2－5和图3－2－6所示。

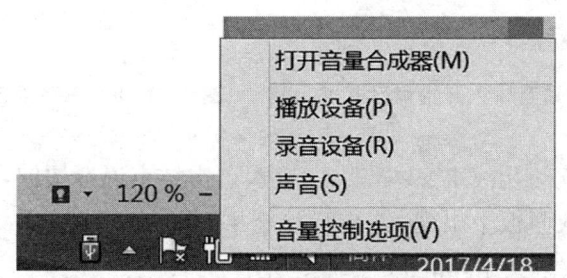

图3－2－5　录音属性设置1

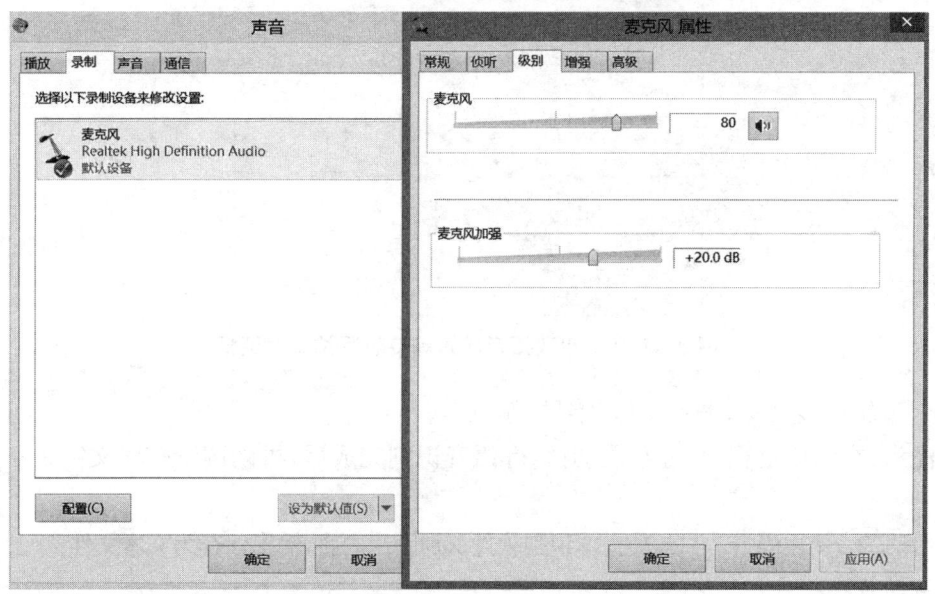

图3－2－6　录音属性设置2

*活动过程：*

1. 打开讯飞语音输入软件，弹出讯飞语音输入使用指南对话框，根据提示点击"下一步"，进入语音输入状态。

2. 打开Word程序，新建一个Word文档。

3. 点击讯飞语音输入面板中的"点击开始说话"按钮，如图3－2－7所示。

图 3-2-7 讯飞语音输入开始对话框　　图 3-2-8 讯飞语音输入结束对话框

4. 对着话筒朗读幼儿故事文本，朗读结束，点击结束说话按钮，如图 3-2-8 所示。

5. 讯飞语音输入面板中出现"等待听写结果"，然后在 Word 文档编辑窗口中会出现刚才朗读的幼儿故事文字，如图 3-2-9 所示。

图 3-2-9 讯飞语音输入等待听写结果对话框

6. 编辑修改文本，设置字体、字号、颜色等。

注意：在朗读过程中，分小段朗读，等语音识别完成后，再朗读下一段文字。

**活动二　使用尚书 7.0 OCR 文本识别软件识别图片内容，输出保存为文本文件**

活动目标：

1. 掌握尚书 7.0 OCR 文本识别的方法。

2. 掌握识别文本重新编辑的方法。

活动准备：

用数码相机拍摄所需要的文稿，形成图片文件，文件格式可以是"TIFF"，也可以是"JPG"。

活动过程：

1. 打开尚书 7.0 OCR 文本识别软件，点击常用工具栏上的"打开文件"按钮或选择

"文件菜单→打开图像",打开一幅预用数码相机拍摄的文本图片,如图 3-2-10 所示。

2. 在打开的图像上框选需要识别的文本区域。

3. 点击"识别→开始识别"。

4. 选中区域的内容被识别成文本,根据提示修改识别结果。

5. 点击"输出→到指定格式文件",保存输出文件。

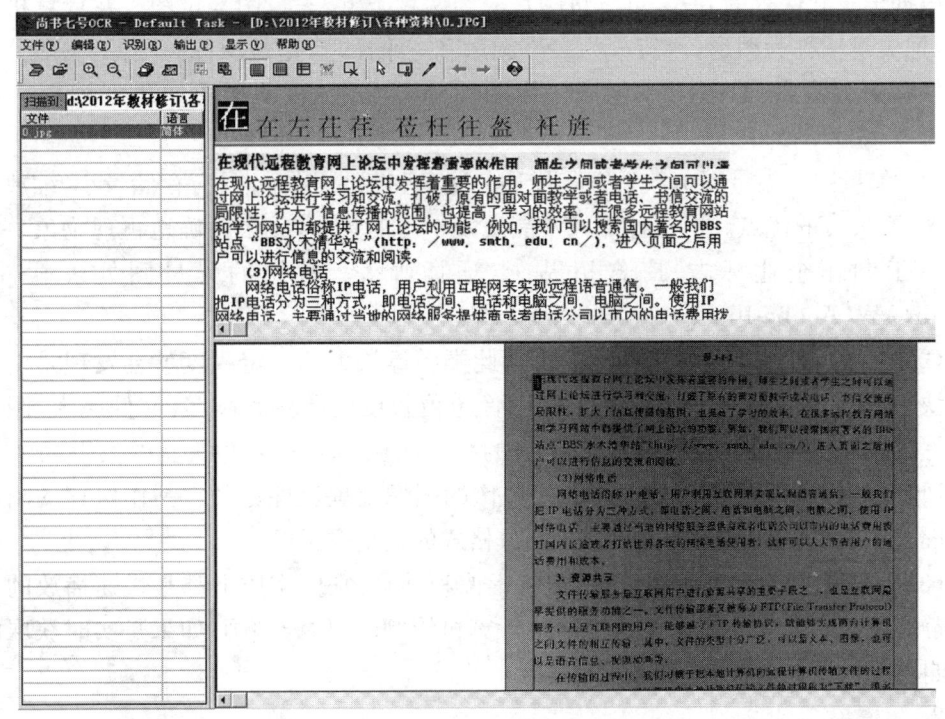

图 3-2-10　尚书 7.0 OCR 文本识别界面

6. 输出的文件是文本文件格式"TXT",可以将文本复制到 Word 中进行编辑。

## 第三讲　图像素材的获取与处理

Photoshop CS5 使用微课
优秀作品展示与 AR 绘本阅读
手机处理图片

图片是数字化教学中应用最多的媒体元素,也是学习者最容易接受的信息形式之一。一幅图片能够生动、直观、形象地表现出大量的信息,可以提供非常有效的感知材料。图片的获取主要有扫描仪扫描、数码相机拍摄、视频单帧捕捉、屏幕拷贝、网络下载、图像素材光盘调用等。这些方法获得的图像一般不能直接应用于数字化教学中,还

必须结合不同的需要对图像的储存格式、像素大小、亮度、色彩等进行适当的处理,才能获得好的表现效果。

## 一、图像素材的基本概念

1. 图片的类型

根据记录和保存的方式,可以将图片分为两种类型:矢量图与位图。在计算机图形学中,把矢量图称为图形,一般分为二维图形和三维图形;把位图称为图像,一般分为静态图像和动态图像,静态图像包括二维图像和三维图像,动态图像包括视频影像和动画。

(1) 矢量图。矢量图由数学方式描述的线条和色块组成。具有存储量小,缩放后边缘平滑、不失真的优点。但这种图像不能表现丰富的色彩,无法精确地再现物象。矢量图适用于制作企业标志、广告招贴、卡通插画等。常用的矢量图处理软件有:CorelDRAW、Adobe Illustrator、Freehand 等。

(2) 位图。位图是由像素组成的。将此类图像放大到一定程度就会发现是由很多小方块组成的,这些小方块就是像素。图像单位长度内的像素越多,文件越大,图像质量越好。位图可以制作出色彩丰富、逼真的物象,但缩放时会产生失真的效果。

Photoshop 是一种可以处理位图式图像的图像处理软件。用它制作保存的图像均为位图式图像,但它也能够识别、导入部分格式的矢量式图像。

(3) 动态图像。动态图像,包括视频影像和动画,它们实质上都是快速播放的一系列的静态图像。当这些图像是人工通过计算机绘制时,称为动画;如果是实时获取的人文和自然景物图时,称为视频影像。

2. 分辨率

分辨率是指在单位尺寸内包含的像素数量。分辨率的单位有 dpi(点/英寸)、lpi(线/英寸)和 ppi(像素/英寸),如图像的分辨率是 1200 ppi 就表示该图像每英寸长度内包含 1200 个像素。同一单位内包含的像素越多,图像分辨率就越高,图像细节就越丰富。图像的分辨率和图像大小之间有着密切的关系,分辨率越高,所包含的像素越多,文件占用空间也就越大,所需的图像处理时间也就越多。

因此在制作图像时,应根据图片不同的用途,合理设置分辨率,用于印刷打印的分辨率须高一些,只是用于屏幕显示的就可以低一些。

3. 颜色深度

颜色深度又称颜色位数,是表示色彩或灰度细腻程度的指标。色彩位数以二进制的位(bit)为单位,用位的多少表示色彩数的多少。如颜色深度为 1 位的像素有两个可能的值:黑色和白色。

在三原色 R(红)、G(绿)、B(蓝)的颜色中,各自分为 256 级色彩梯度,组合出来的 256×256×256=16700 万色,也就是通常说的 24 位。常用的颜色深度有 1 位、8 位、24 位和 32 位等。颜色深度越大意味着图像具有越多颜色信息,可以用来显示或打印像素。

### 4. 常见图像格式

（1）BMP 格式。BMP 格式是 Windows 系统使用的一种标准的位图式图像文件格式。压缩率低，占用空间大，图像色彩极其丰富。

（2）JPEG 格式。JPEG 格式是一种高度压缩率位图式图像格式，文件较小。它是目前所有格式中压缩率最高的，由于其压缩技术先进，对图像质量影响不大。因其占用空间小、图像质量较好，成为目前互联网上的主流图片格式。

（3）GIF 格式。GIF 格式是一种最多可以支持 256 色的压缩图像格式。因其占用空间小、传输速度快，主要运用于互联网上。但该格式可表现的色彩较少，不能表现逼真的物象。

（4）PSD 格式。PSD 格式是 Adobe 公司开发的图像处理软件 Photoshop 专用的标准内定格式。Photoshop 也是唯一可以支持所有图像模式、格式的软件，包括位图、灰度、索引颜色、RGB、CMYK、Lab 等，还可以存储图层、通道、路径等信息。

（5）TIFF 格式。TIFF 格式最初用于扫描仪和桌面出版业，是工业的标准格式。这种格式有利于原稿的复制，几乎为所有绘画、图像编辑和页面排版应用程序所支持。

（6）PNG 格式。PNG 格式具有 32 位色彩深度，采用无损压缩方式来减少文件的大小。另外，PNG 格式也支持透明图像的制作，可以让图像和背景很好地融合在一起，是多媒体作品中常用的素材格式。与 GIF 格式不同，PNG 图像格式不支持动画。

## 二、图像素材的获取

### 1. 从光盘中获取或截取

图形、图像资源的获取，可以购买现成的图形、图像素材光盘。已经出版的各种教学素材光盘已有很多，可以从中直接获取图形图像素材资源，或者将它们拷贝到相应的存储设备中以备用。

影视光盘中的内容，可以借助播放器来截图，并保存为相应格式的图像文件。

### 2. 通过外部设备获取

报刊、书籍中的图形、图像可用扫描仪扫描下来，保存为相应格式的图形、图像文件。用数码照相机和数码摄像机可以直接拍摄数码照片成为图形图像素材，拍摄下来的照片可用相应的连接设备存储到计算机中。此外，还可以用高清晰度的手机进行拍摄。

### 3. 通过互联网获取

互联网提供了大量的图形图像资源，从相关网站上查找和获取图形图像资源已成为获取图形、图像资源的基本途径。例如利用百度中文搜索引擎提供的图片搜索功能，可以搜索查找到大量的图形图像资源。

### 4. 用屏幕抓图软件截取图形、图像

Windows 操作系统为我们提供了两个用来抓取屏幕的快捷键："Print Screen"和"Alt"+"Print Screen"。按键盘上的"Print Screen"键，可以抓取全屏幕到剪贴板；用"Alt"+"Print Screen"可以抓取当前窗口到剪贴板。把抓取到的内容粘贴到 Windows 画图或 Photoshop 中，即可保存成图片文件。

如果需要更多的设置，必须借助于屏幕抓图软件，当前常用的屏幕抓图软件有 HyperSnap、SnagIt、PrintKey 等。

## 三、图像素材的处理

### 1. 用画图软件处理图片

画图软件是 Windows 操作系统自带的绘图软件。利用画图软件可以绘制彩图、卡片、插图等，也可以对图片进行简单的处理加工。画图软件与目前非常流行的平面设计软件 Photoshop 和网页图片制作软件 Fireworks，无论是在界面上还是工具的使用上都非常相似。学习画图软件后再去学这些专业的图片设计与制作软件，将能够达到事半功倍的效果。

### 2. 用 Photoshop 处理图片

Photoshop 是 Adobe 公司旗下最为出名的图像处理软件之一。从功能上看，该软件可分为图像编辑、图像合成、校色调色及特效制作部分等。图像编辑是图像处理的基础，可以对图像做各种变换，如放大、缩小、旋转、倾斜、镜像、透视等，也可进行复制、去除斑点、修补、修饰图像的残损等。

图像合成是将几幅图像通过图层操作、工具应用合成为一幅完整的、传达明确意义的图像。该软件提供的绘图工具可以让图像与创意很好地融合，使不同图像的合成天衣无缝。

校色调色是该软件中深具威力的功能之一，可方便快捷地对图像的颜色进行明暗、色偏的调整和校正，也可在不同颜色之间进行切换，以满足图像在不同领域如网页设计、印刷、多媒体等方面的应用。

特效制作在该软件中主要由滤镜、通道及工具综合应用完成。包括图像的特效创意和特效字的制作，如油画、浮雕、石膏画、素描等常用的传统美术技巧，都可由该软件的特效制作完成（而各种特效字的制作更是很多美术设计师热衷于该软件的研究的原因）。

### 3. 用 ACDSee 处理图片

ACDSee 可以支持 WAV 格式的音频文件播放，可以将图片放大缩小、调整视窗大小与图片大小配合、全屏幕的影像浏览、支持 GIF 动画，还可以将图片转变成 BMP、JPG 和 PCX 格式。

ACDSee 本身也提供了许多影像编辑的功能，包括数种影像格式的转换、简单的影像编辑、复制至剪贴板、旋转或修剪影像、设定桌面，并且可以从数码相机、数字摄像机

输入影像等。

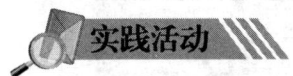

### 活动一　运用 Photoshop CS5 合成"装饰圣诞树"图像

活动目标：

1. 学习使用 Photoshop CS5 图像处理软件中的工具进行抠图，如选框工具、魔棒工具、快速选择工具、多边形套索工具等。

2. 学习使用复制、粘贴等菜单命令合成图像。

活动准备：

1. Photoshop CS5 软件。

2. 图片素材：红球、绿球、小鸭子、圣诞树等。

活动过程：

1. 打开 Photoshop CS5 程序，执行"文件→打开"命令，打开"打开"对话框，打开素材中的"装饰圣诞树"，选择"圣诞树.jpg"，单击"打开"，如图 3-3-1 所示。

图 3-3-1　选择打开的素材

2. 执行"文件→存储为"命令，弹出"存储为"对话框，输入文件名"装饰圣诞树"，保存格式为"Photoshop（*.PSD；*.PDD）"，如图 3-3-2 所示。

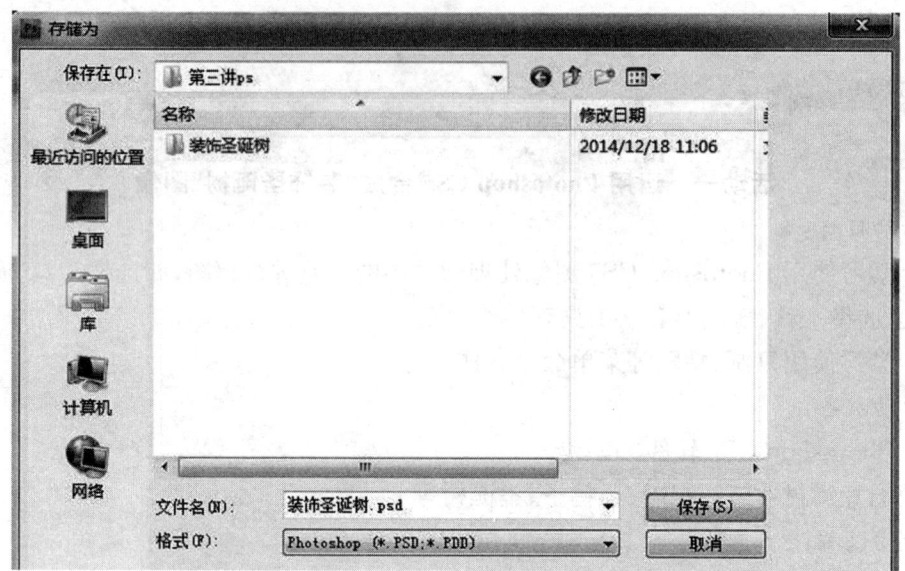

图 3-3-2 保存对话框

3. 执行"文件→打开"命令,打开"打开"对话框,打开素材中的"装饰圣诞树",选择"绿球.jpg",单击"打开",如图 3-3-3 所示。

图 3-3-3 打开素材对话框

4. 用"椭圆选框工具"拖动鼠标不放,配合空格键临时切换移动选区,选中"绿球"后再换用"移动工具"把选中的"绿球"拖入圣诞树上,键盘按下"Ctrl+T"进行自由变换命令,按住 Shift 拖动角落变大小,按回车确认,如图 3-3-4 所示。

图3-3-4 "复制"效果　　　　图3-3-5 "复制"效果

5. 同样,用"椭圆选框工具"把"红球"拖入圣诞树上,并改变大小,如图3-3-5所示。

6. 打开"红袜子.jpg",单击"魔棒工具",设置容差值为20,单击白色背景,单击"Ctrl＋Shift＋I"反选,用"移动工具"把"红袜子"移到圣诞树上,键盘按下"Ctrl＋T"进行自由变换,按住Shift拖动角落变大小,按回车确认,如图3-3-6所示。

图3-3-6 "复制"效果　　　　图3-3-7 "复制"效果

7. 打开"卡片.jpg",单击"矩形选框工具",从卡片左上角开始拖动,拖到卡片的右下角,用"移动工具"把"卡片"移到圣诞树上,再次按"Ctrl＋T"进行自由变换,按住Shift拖动角落变大小,按回车确认,如图3-3-7所示。

8. 打开"礼盒.jpg"图片,单击"多边形套索工具",从"礼盒"的左上角开始不断单击,回到起始点,当鼠标右下角出现圆圈时单击,选中"礼盒",再用"移动工具"把"礼盒"移到圣诞树上,按"Ctrl＋T"进行自由变换,按住Shift拖动角落变大小,按回车确认,如图3-3-8所示。

图 3-3-8 "复制"效果　　　　　　图 3-3-9 "复制"效果

9. 打开"黄星星.jpg"图片，单击"多边形套索工具"，从"黄星星"的顶点开始不断单击，回到起始点，当鼠标右下角出现圆圈时单击，选中"黄星星"，再用"移动工具"把"黄星星"移到圣诞树上，按"Ctrl＋T"进行自由变换，按住 Shift 拖动角落变大小，按回车确认，如图 3-3-9 所示。

10. 打开"小鸭.jpg"图片，单击"快速选择工具"，从"小鸭"的头部开始往下拖动，选中"小鸭"，再用"移动工具"把"小鸭"移到圣诞树上，按"Ctrl＋T"进行自由变换，按住 Shift 拖动角落变大小，按回车确认，如图 3-3-10 所示。

图 3-3-10 "复制"效果　　图 3-3-11 "添加到选区"设置选项　　图 3-3-12 "复制"效果

11. 打开"小鼓.jpg"，单击"魔棒工具"，设置容差值为 20，单击白色背景，单击"魔棒工具"功能区中的"添加到选区"，如图 3-3-11 所示。单击"小鼓"内的白色部分，按住"Ctrl＋Shift＋I"反选，用"移动工具"把"小鼓"移到圣诞树上，按"Ctrl＋T"自由变换，按住 Shift 拖动角落变大小，按回车确认，如图 3-3-12 所示。

12. 执行"文件→存储"命令。整体效果如图 3-3-13 所示。

图 3－3－13　最终整体效果图

## 活动二　运用 Photoshop CS5 绘制"小兔的家"图像

活动目标：

1. 学习使用 Photoshop CS5 图像处理软件中的工具绘制图形，如钢笔工具、自定义形状工具和画笔工具等。

2. 学习用移动工具，按住 Alt 键拖动对象，实现复制功能。

3. 通过综合实例"小兔的家"的学习，体验创作的乐趣。

活动准备：

1. 事先构思"小兔的家"形象。

2. 写出"绘制小兔的家图像"的文字稿本，创设一个意境：蓝天白云，翠绿的山坡上有房子，有小兔自由自在地走动，有花，有树，有草；可搜集相关素材，也可以手动绘制图形。

活动过程：

1. 执行"文件→新建"命令，弹出"新建"对话框，输入名称"小兔的家"，设置宽为 800，高为 600 像素的文件，如图 3－3－14 所示。

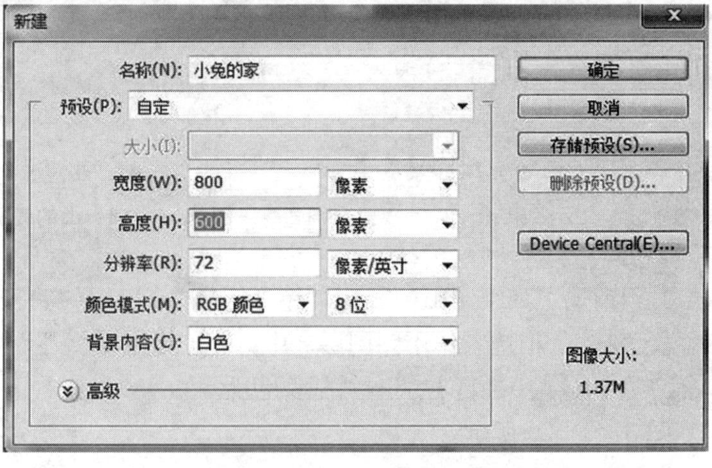

图 3－3－14　"新建"对话框

2. 新建图层1,单击"渐变工具",打开"渐变编辑器",设置左端的颜料桶颜色为♯0909d9,右端的颜料桶为白色,如图3-3-15所示。在图片中按住Shift从上往下拖动,如图3-3-16所示。

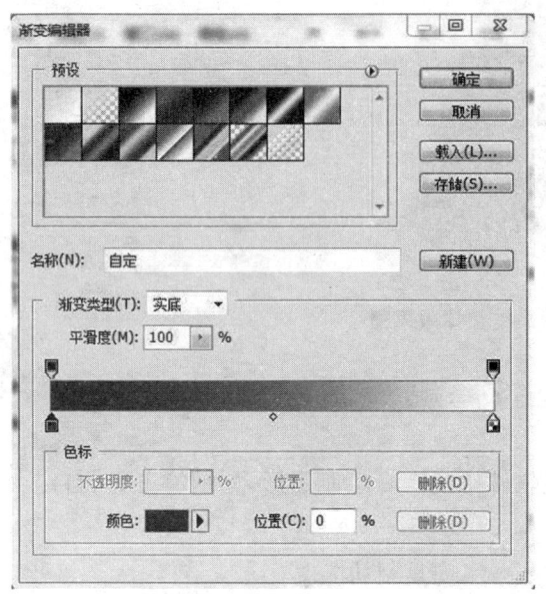

图3-3-15 "渐变编辑器"对话框　　　　图3-3-16 背景效果图

3. 新建图层2,用画笔工具,前景色为白色,绘制白云,选中白云,按住Alt键拖动复制白云,如图3-3-17所示。

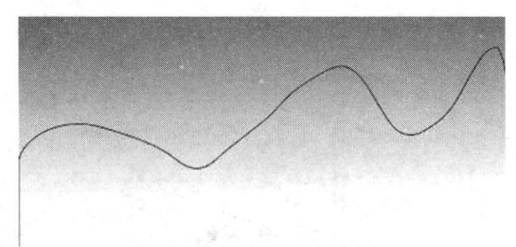

图3-3-17 白云效果　　　　图3-3-18 山的轮廓路径

4. 新建图层3,用钢笔工具绘制山的轮廓如图3-3-18所示的路径,按住Alt键,再按回车,把路径变为选区,把选区作用到图层3中,打开"渐变编辑器",如图3-3-19所示,左端颜料桶颜色为♯015401,右端颜料桶颜色为♯0ad600,从右下往左上角拖动鼠标,填充效果如图3-3-20所示。

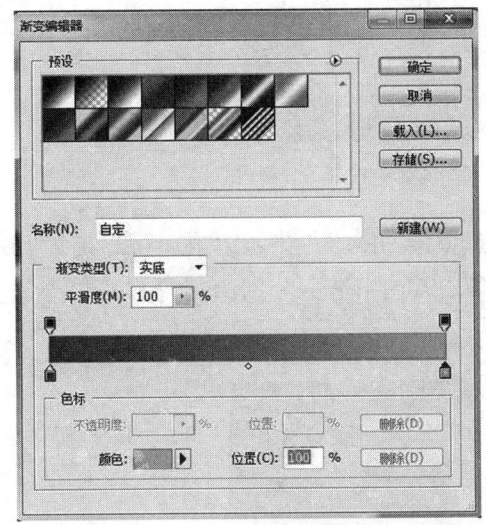

图3-3-19 "渐变编辑器"对话框

图3-3-20 填充效果

5. 新建图层4,单击"自定义形状工具",单击属性选项中的"填充像素",单击形状右边的向下箭头,打开"自定义形状拾色器",单击"向右"箭头,点击全部,在弹出如图3-3-21所示的对话框中,单击"追加"。分别单击如图3-3-22所示的"草1"、"草2"和"草3",分别对应前景色♯aef2c4、♯097e2f 和♯16681b,依次在山坡上绘制草,如图3-3-23所示。

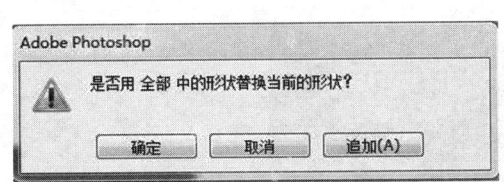

图3-3-21 "追加"对话框

图3-3-22 草的形状

图3-3-23 已填色的草

图3-3-24 树的形状

6. 新建图层5,打开"自定义形状"拾色器,单击"树",如图3-3-24所示。设置前景色为♯115a29,在山坡上绘制树如图3-3-25所示。

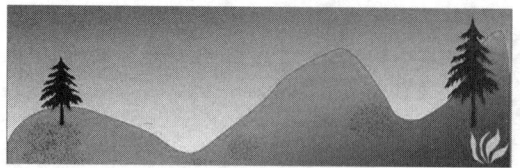

图 3-3-25 树的效果

7. 新建图层 6,打开"自定义形状"拾色器,单击"花 1"、"花 2"、"花 3"和"花 6",颜色分别对应♯b027c0、♯e016aa、♯cf83d8 和♯ffff00,在山坡上分别绘制花,如图 3-3-26 所示。

图 3-3-26 花的效果

8. 新建图层 7,打开"自定义形状"拾色器,单击"兔",前景色设置为白色,绘制"小兔子",用移动工具,按住 Alt 拖动"小兔子"实现复制功能,利用"Ctrl+T"的组合键变换图片的大小和变方向,效果如图 3-3-27 所示。

图 3-3-27 兔的效果

9. 新建图层 8,打开"自定义形状"拾色器,单击"主页",在山坡上绘制"房子",颜色自定,如图 3-3-28 所示。

图 3-3-28 房子的效果

10. 新建图层9，单击文字工具 T，设置文字属性，字体"华文新魏"，大小"60"，颜色♯450438，输入文字"小兔的家"，如图3-3-29所示。

图3-3-29 "小兔的家"文字效果

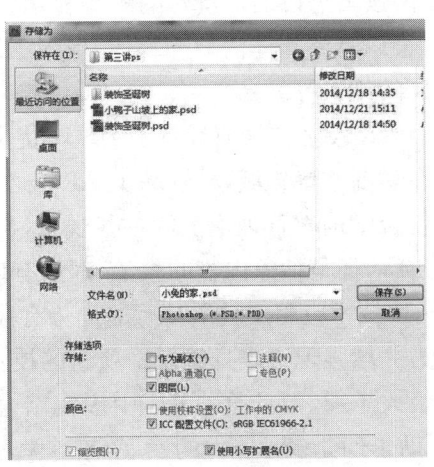

图3-3-30 存储对话框

11. 执行"文件→存储为"命令，输入名称"小兔的家"，格式为"*.psd"，存储选项中勾选"图层"，这样就能保存图片处理信息，便于今后修改，如图3-3-30所示。

**活动三　AR技术在学前教育专业中的应用**

近年来，随着现代科学技术的不断发展，新颖的科技产品大量涌现，许多新兴的技术与产品不断被教育人所发掘和引入现代学前教育的课堂之中，丰富着学前教育的教育方式和教学手段，为学龄前儿童的学习和发展提供丰富多彩的教育环境和有力的学习工具。AR技术即当前涌现的一种较为流行，且较为新颖的科学技术，在当下部分幼教机构的儿童学习中得到应用。

1. 什么是AR技术

AR(Augmented Reality，增强现实)技术，是一种将真实世界信息和虚拟世界信息"无缝"集成的技术，它通过光电显示技术、交互技术、传感器技术、图形技术、多媒体技术等，把原本在现实世界的一定时间空间范围内很难体验到的实体信息，通过模拟仿真后，产生实时的虚拟信息，再叠加到现实世界被人类感官所感知，从而达到增强人对真实世界的感知的感官体验。通俗地讲，就是利用计算机，在显示实际场景时，添加一些由计算机生成的东西，使人们能更生动直观地去感受事物。AR技术具备以下三个特点：① 真实世界和虚拟世界的信息集成；② 具有实时交互性；③ 在三维空间中增添定位虚拟物体。该技术涉及计算机图形学、人机交互技术、传感技术、人工智能等多个领域，是在虚拟现实技术基础上发展起来的一种新兴人机交互技术。

利用这样的一种技术，可以模拟真实的现场景观，使用者不仅能够通过虚拟现实系统感受到在客观物理世界中所经历的"身临其境"的逼真性，而且能够突破空间、时间及其他客观限制,感受到在真实世界中无法亲身经历的体验。举个例子:图书阅读对幼儿来说有时是很枯燥单调的,即使图文并茂也是平面呆板的,而使用AR技术开发制作的图书,阅读者可以通过特殊的图像显示设备,看到、听到书本上相关知识的动态画面及声音,可以看到立体活动的物体、虚拟三维画面,真实感受人物所处的场景、感觉物体不同角度的细节等。

2. AR技术在学前教育中的教学优势

在学前教育领域,尽管基于AR技术的教学是一个新生事物,但它的一些应用特征还是符合学前教育理论上的一些观点,当将它应用于学前教育教学,不管是对于具象物体的讲解,还是抽象内容的教学,都具有启发意义。

AR技术应用于教学具有的优势有:① 教学内容直观、新颖、高效,能够吸引幼儿的注意力。增强现实本身就是一项新的技术,它通过计算机呈现多样性的内容,不但带给幼儿极大乐趣,而且通过AR中虚实结合的交互,可以进一步激发学习者的学习动机。② 有助于幼儿多种能力的发展,培养学习者的空间智能,增强学习者认识环境的能力和方向感。通过AR进行的学习过程在完全的三维环境下完成,能准确表述视觉世界的色彩、形状、空间的感觉,能提升幼儿的空间理解能力,并且实现了部分教学内容中抽象概念的完整表示。③ 学习过程中的交互性强,有助于提高幼儿动手实践的能力。增强现实技术的教学过程中,可以为幼儿提供更直接、更接近自然的交互学习环境,学习者在与虚拟信息的交互中获得知识和经验,超越传统以知识接受为主的间接获取学习经验的方式。这有助于培养幼儿动手实践的能力和幼儿自主探索问题的能力,且学习环境具有沉浸感。

这种基于现实世界、由虚拟数据增强的交互手段,给学前教育的教育者提供了全新的方式表达给儿童,也用最贴近自然的交互方式为儿童搭建一个自主探索的空间。正是由于增强现实的这些特点,使得它在学前教育领域具有很大的发展潜力与应用空间。

3. AR技术在学期教育中的应用形式

AR技术应用于学前教育教学所呈现的精彩绚丽,是由其背后所涉及的多种软件制作、编程开发、平台应用共同努力的结果,需要花费大量的时间、精力进行开发制作,一般教师在软件知识的掌握、编程能力上,还很少能独立制作AR技术产品,大多选择教育产品公司制作的硬件、软件产品进行教学实践。许多教育软件公司,也积极与教育机构合作,开发新颖、符合幼儿兴趣的AR产品。

现在常见、主流的AR技术在学前教育中的应用形式有:

(1) AR卡牌

AR卡牌是AR技术最常见、简单的一种应用形式。用户可以通过下载相应的手机APP或专用软件,扫描AR卡牌,让平面图片或卡牌"立体动起来"。

此类AR应用包括儿童立体智能早教卡片、AR涂涂乐等,此类型的应用简单直接,对于刚开始接触并认识事物的儿童,通过这些AR卡牌不仅可以对动物的立体形象进行认识,同时观察这些逼真、绚丽的事物,也能极大地提高幼儿学习与探索的热情与能力。

(2) AR 图书

AR 图书,较单页的 AR 卡牌来说,所包含的内容来得更为丰富,相互之间的关系更为密切,且有一定的交互功能。以较常见的 AR 绘本为例,绘本故事不单单是一个有故事有情节的图画书,通过扫描 AR 图书相应的页面,可以触发和展现不同的三维故事场景,让阅读更加身临其境,有些三维场景里还可以包含多种互动小游戏,如图 3-3-31 所示(更多 AR 绘本阅读可扫一扫本讲二维码)。这样边阅读边操作的体验,使幼儿的读书不再是单纯地用眼睛去看图片、文字,而是犹如身临其境,亲身体验一般,可以使孩子产生更强的阅读兴趣,对阅读内容有更深刻的理解。

图 3-3-31 绘本封面

(3) AR 互动游戏

AR 虚实结合实时互动产生的教育游戏为幼儿创造了一个宽松和谐的学习环境,让参与游戏的儿童真正置身于游戏世界:房子后面躲着一只小动物,大街上有汽车穿梭,飞鸟从头顶飞过,这些原本与操作者间隔一个屏幕的游戏一下子立体起来了,而游戏者的一个手势动作、语音甚至是意识就能对这些虚拟的形象进行对应的操控,真正将"虚拟与现实结合起来"。

活动练习:

1. 通过网络,了解 AR 技术的发展历程,知道有哪些软件可以用来开发、制作 AR 产品。

2. 了解市场上流行的 AR 教育产品,并为这些 AR 产品归类,说一说不同产品的功能、需要什么样的设备支持。

## 第四讲 音频素材的获取与处理

Audition 使用微课

### 基础知识

#### 一、音频素材的常见格式

数字音频,是指一个用来表示声音强弱的数据序列,是由模拟声音经抽样、量化和编码后得到的。简单地说,数字音频的编码方式就是数字音频格式,我们所使用的不同的数字音频设备一般都对应着不同的音频文件格式。常见的数字音频格式有:

(1) WAV 格式。标准 Windows 声音文件,是微软公司开发的一种声音文件格式,也叫波形声音文件,是最早的数字音频格式,被 Windows 平台及其应用程序广泛支持。WAV 格式支持许多压缩算法,支持多种音频位数、采样频率和声道,采用 44.1 kHz 的采样频率,16 位量化位数,跟 CD 一样,对存储空间需求太大,不便于交流和传播。

(2) MIDI 格式。MIDI 是 Musical Instrument Digital Interface 的缩写,又称为乐器数字接口,是数字音乐/电子合成乐器的统一国际标准。它定义了计算机音乐程序、数字合成器及其他电子设备交换音乐信号的方式,规定了不同厂家的电子乐器与计算机连接的电缆和硬件及设备间数据传输的协议,可以模拟多种乐器的声音。MIDI 文件就是 MIDI 格式的文件,在 MIDI 文件中存储的是一些指令,把这些指令发送给声卡,由声卡按照指令将声音合成出来。

(3) CDA 格式。这是大家熟悉的 CD 音乐格式,扩展名是 CDA,其取样频率为 44.1 kHz,16 位量化位数,跟 WAV 一样,但 CD 存储采用了音轨的形式,又叫"红皮书"格式,记录的是波形流,是一种近似无损的格式。

(4) MP3 格式。MP3 全称是 MPEG-1 Audio Layer 3,它在 1992 年合并至 MPEG 规范中。MP3 能够以高音质、低采样率对数字音频文件进行压缩。换句话说,音频文件(主要是大型文件,比如 WAV 文件)能够在音质丢失很小的情况下(人耳根本无法察觉这种音质损失)把文件压缩到更小的程度。

(5) WMA 格式。WMA(Windows Media Audio)是微软在互联网音频、视频领域的力作。WMA 格式是以减少数据流量但保持音质的方法来达到更高的压缩率目的,其压缩率一般可以达到 1∶18。此外,WMA 还可以通过 DRM(Digital Rights Management)方案加入防止拷贝,或者加入限制播放时间和播放次数,甚至是播放机器的限制,可有力地防止盗版。

## 二、音频素材的获取

（1）从已有的素材库（如光盘音效库、网上音乐站点等）中获取。这些大都是 WAV 或 MIDI 格式的声音文件。

（2）利用声卡及软件进行录制和编辑。利用 Windows 系统中的"附件"自带的"录音机"，只要连接话筒就可以进行简单的录制和编辑了，但录制时要注意时间的限制，因为此录音机一次最多只能录制一分钟。若要长时间地录制和较复杂地编辑，可选用专业声音软件如 Goldwave、Cool Edit 等。

（3）从 CD 唱片中抽取声音和分离电影文件中的声音，如用超级解霸等，也可到网络上下载软件。

（4）通过录音笔等设备进行录音。

## 三、音频素材的处理

（1）用 Windows 自带的"录音机"软件进行录音和编辑处理

（2）利用 Audition 3.0 处理数字音频。Adobe Audition 软件提供了专业化音频编辑环境。Adobe Audition 是专门为音频和视频专业人员设计，可提供音频混音、编辑和效果处理功能。Adobe Audition 具有灵活的工作流程，使用非常简单并配有绝佳的工具，可以制作出音质饱满、细致入微的最高品质音效。

### 实践活动

#### 活动一　利用 Adobe Audition 3.0 对音频编辑处理

活动目标：

1. 掌握 Adobe Audition 的录音功能。
2. 了解和熟悉 Adobe Audition 基本工具和使用方法。
3. 掌握 Adobe Audition 声音编辑和处理的常用技术。
4. 掌握对数字声音进行合成、转换等操作。

活动准备：

1. Adobe Audition 3.0 软件。
2. 声音素材。

活动过程：

一、利用 Adobe Audition 3.0 制作配乐朗诵 MP3

（一）录制幼儿故事

1. 利用 Adobe Audition 3.0 录制一段幼儿故事数字音频，确保计算机上安装了声卡和录音话筒（麦克风），调整好音量。

2. 启动 Adobe Audition 3.0，双击电脑桌面上的"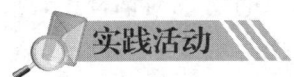"图标，进入 Audition 3.0 工作

窗口,选择"文件→新建"命令,出现新建波形对话框,选择默认值(采样率44100;通道立体声;分辨率16位),单击"确定"按钮,如图3-4-1所示。

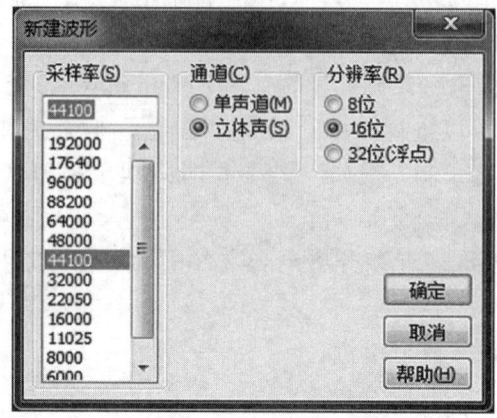

图 3-4-1　新建波形对话框

3. 单击音轨1右侧的"R"按钮,如图 ,单击窗口左下角传送器中的"录音"按钮,开始录音(注意:开始半分钟不要说话,录一段环境噪音,以备后面降噪音时提供噪音样本),接着说话,录下你想录的语音内容,单击"停止"按钮,结束录音。单击窗口左下角的"播放"按钮,试听录音效果。如果对录音满意,那就保存该录音。如果操作不满意,执行"文件"菜单中的"关闭"命令,在出现"是否保存文件?"的对话框中,见图3-4-2,单击"否"按钮,不保存文件退出录音。

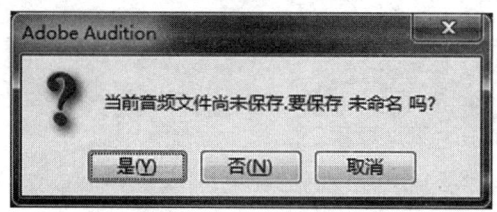

图 3-4-2　保存文件对话框

(二) 数字音频的简单编辑

Adobe Audition 对声音的编辑比较简单,如同 Word 对文字的编辑一样:首先选中要编辑的部分,然后进行编辑操作(如分离、插入、剪切、复制、删除等),操作后即可在窗口看到编辑效果。

例如,将声音文件的某一段删除,操作步骤:

1. 将播放头放置在要删除的声音段上,选择"剪辑"菜单中的"分离"命令(或者右键选择"分离"命令)。

2. 在音频1轨道上单击分离好的声音段,选择"剪辑"菜单中的"移除"命令(或者按快捷键"Delete")。

（三）降噪

1. 首先选择录制的噪音区，如图3-4-3所示。

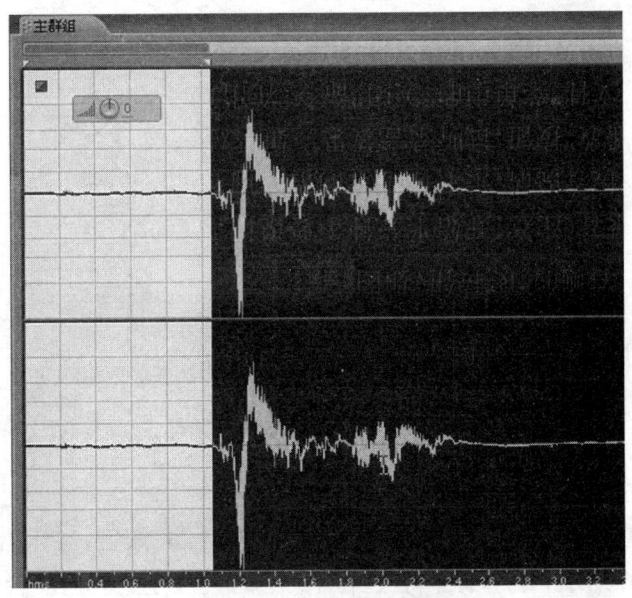

图3-4-3 噪音选择区

2. 选择"效果→修复→采集降噪预置噪声"菜单命令，单击"确定"按钮。

3. 选择要去噪音的声波区，选择"效果→修复→降噪器"菜单命令，在"降噪器"对话框中单击"确定"按钮，如图3-4-4所示。

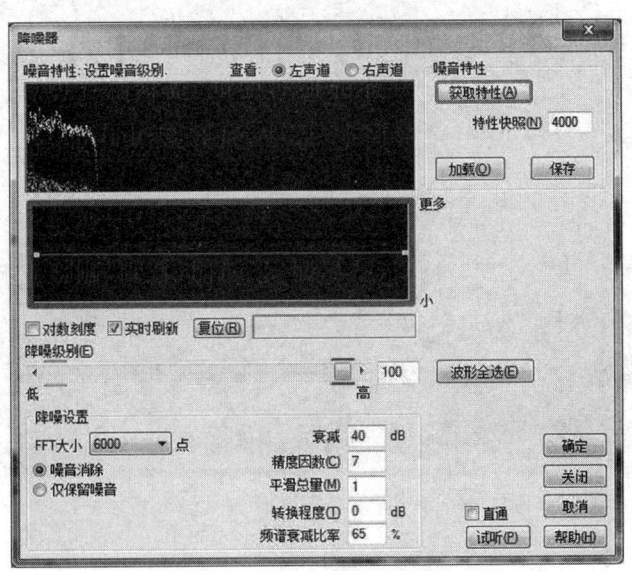

图3-4-4 降噪器对话框

4. 保存录音文件。执行"文件"菜单中的"另存为（E）…"命令，在出现的"另存为"对话框中选择好文件保存路径、文件格式及文件名,单击"保存"按钮。如图3-4-5所示,执行文件中的"关闭"命令,结束录音操作。

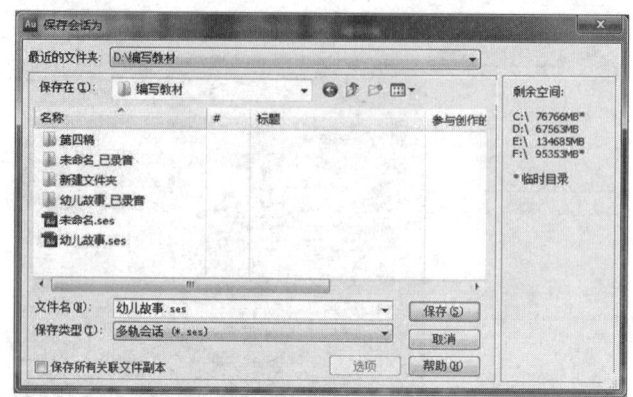

图3-4-5 保存文件对话框

二、对声音进行混响处理、均衡处理

1. 启动 Audition 3.0,在文件面板中单击"导入文件"按钮,导入音乐文件到文件面板中,如图3-4-6所示,并用鼠标将文件面板中的文件拖到右边的音轨中,用移动工具可以将音轨中的音频块上下音轨移动,也可以左右时间前后移动。

图3-4-6 导入音乐文件到文件面板中

2. 选择"效果→混响→完美混响"菜单,进入"完美混响"参数设置窗口,如图3-4-7所示,根据环境和个人爱好设置各项参数,边设置边试听,直到自己觉得满意为止,单击"确定"按钮返回编辑视图界面。

选择"效果→滤波和均衡→图示均衡器"菜单,出现图示均衡器窗口,单击图示均衡器窗口上方的"20 频段"选项卡,如图 3-4-8 所示。

单击图示均衡器窗口下的"播放"按钮,再适当调节各频段的值,直到自己觉得满意为止,单击"确定"按钮返回编辑视图界面。

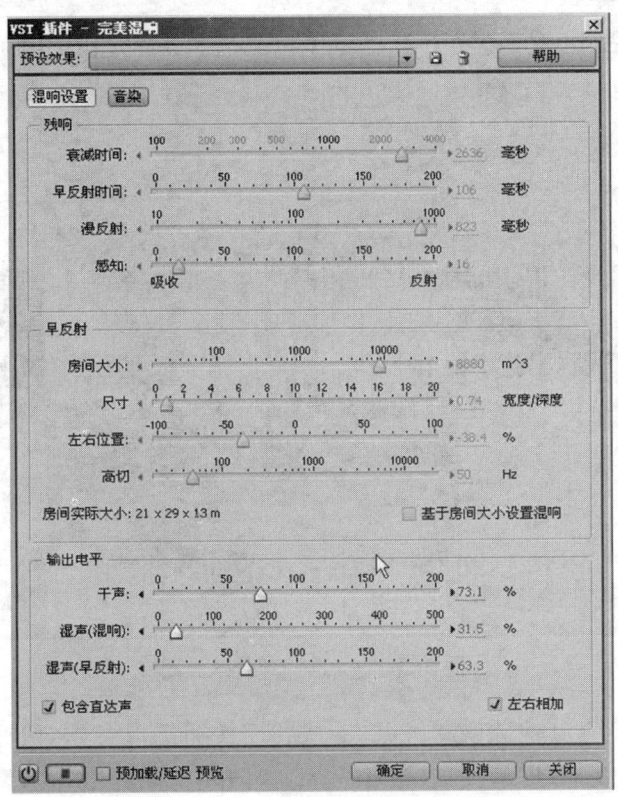

图 3-4-7 完美混响设置窗口

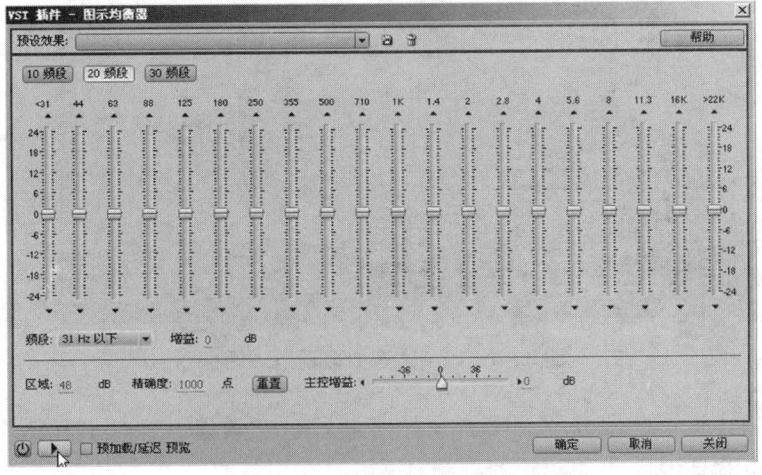

图 3-4-8 "20 频段"图示均衡器窗口

三、对声音进行变速处理和调整音量

1. 在音轨中选择一段需要变速的声波，选择"效果→时间和间距→变速（进程）"，出现变速设置对话框，如图3-4-9所示，变速模式勾选"变速不变调"。

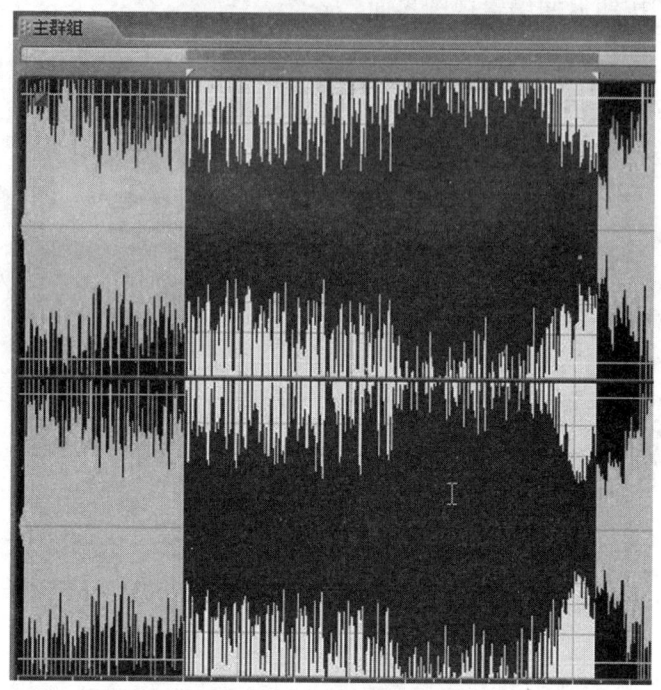

图3-4-9　选择部分声波图

精度选"高精度"，其他选项默认，单击"试听"按钮播放音乐，鼠标拖动变速栏中的变速滑块调节声音变速（提示：向右拖动为加速，向左拖动为减速），调节到一个合理的变速值后，单击"确定"返回编辑视图界面，如图3-4-10所示。

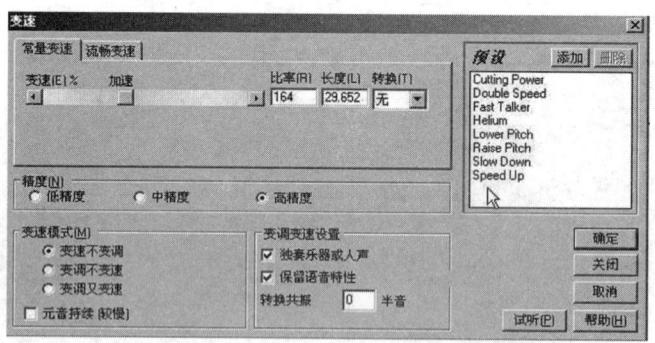

图3-4-10　声音变速调节对话框

2. 在音轨中选择一段需要调整音量的声波段，在"效果→振幅和压限"菜单里选择"标准化"。声波是由周期、振幅、频率组成的，标准化就是让声波的振幅达到一个标准值。如图3-4-11所示，单击"确定"返回编辑视图界面。

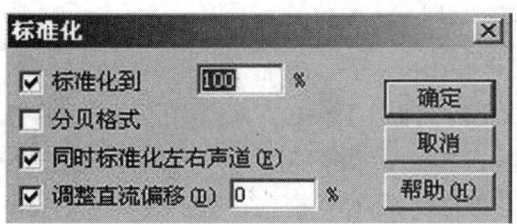

图 3-4-11 标准化对话框

提示：若一段波形的某一部分已经达到最大值，这时再标准化到100%，其他部分也不会有变化。若超过100%，达到最大值的那部分就会消波，产生硬拐，影响音质(消波和硬拐)，这里"标准化到"输入栏中，一般输入100，不要超过120，否则会影响声音质量。

3. 如果上面音量调整不满意，还可直接调节音轨选区波段中的音量控制按钮，如图 3-4-12 所示。

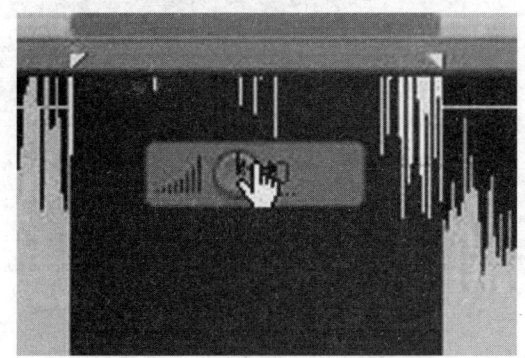

图 3-4-12 音轨选区中的音量控制按钮

四、消除原声带中的人声

1. 将 MP3 音乐导入到音频轨中，选择"编辑→转换采样类型(V)"菜单(编辑状态)，出现图 3-4-13 所示"转换采样类型"对话框，通道选"单声道"，左混音输入"-100"，右混音输入"100"，其他选项选默认值，单击"确定"按钮。

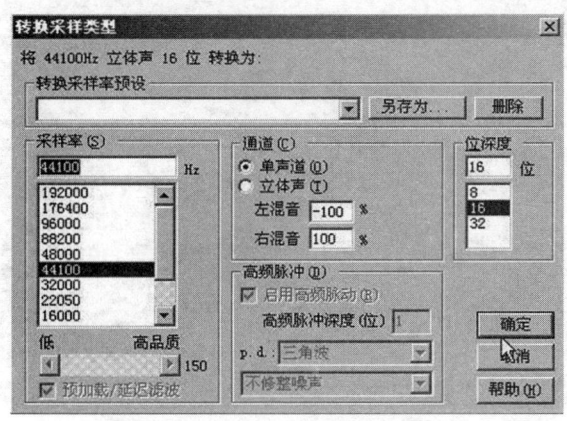

图 3-4-13 转换采样类型对话框

2. 保存文件(文件名为：背景音乐.wav)。

五、将录制的朗诵录音(yp1.wma)添加背景音乐

1. 在 Audition 3.0 文件面板中，单击工具栏中的"多轨"按钮，切换窗口到多轨视图界面，再双击鼠标左键，在"导入"对话框中打开文件"幼儿故事.wav"和"背景音乐.wav"，将文件面板中的"幼儿故事.wav"拖到音轨 1，另一文件拖到音轨 2，分别移动音轨 1 和 2 中的声音文件到起始位置，如图 3-4-14 所示。

图 3-4-14　多轨视图界面

2. 单击缩放工具栏中的"水平缩小"按钮，缩小水平方向的声波图→选择音轨 2，将播放头放置在音轨 1 的结尾→选择"剪辑"菜单下的"分离"命令→选择音轨 2 中多余的声波段→按键盘上的"Delete"键删除多余的波段，如图 3-4-15 所示。

图 3-4-15　删除音轨 2 中多余的声波段

3. 完成剪辑后的多轨视图如图3－4－16，先试听调节好各轨道的音量大小，再选择"文件→导出→混缩音频"菜单命令，在"导出音频混缩"对话框中选"输出"，范围为整个会话，保存文件到文件夹"d:\编写教材\素材"中，文件名为"幼儿故事混缩.mp3"，如图3－4－17所示。

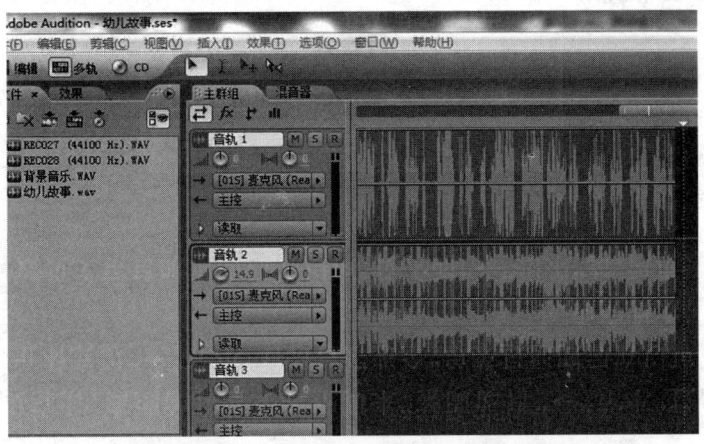

图3－4－16　完成剪辑后的多轨视图

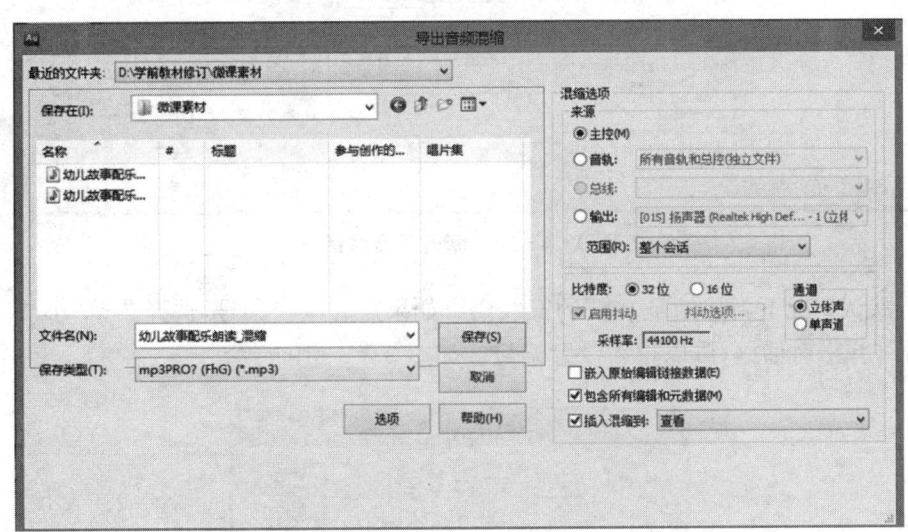

图3－4－17　导出音频混缩对话框

## 活动二　应用Overture打谱软件制作乐谱

Overture 4.0是GenieSoft公司出品的专业打谱软件，它能在五线谱中输入和编辑音符和各种记号，按照较高规范度和整洁度调整谱面等，在写谱的时候也可以边听边修改。

**活动目标：**

1. 掌握Overture乐谱制作的过程。

2. 了解和熟悉 Overture 的基本功能和使用方法。

**活动准备：**

Overture 4.0 软件

**活动过程：**

**一、新建乐谱文件**

1. 启动 Overture 4.0，双击电脑上的 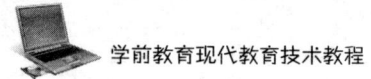 图标，进入 Overture 4.0 工作窗口，选择"文件"→"新建"命令，新建一个五线谱窗口，出现新建琴谱对话框，在此可以选择琴谱风格、节拍、标题、作者、版权等选项，如图 3-4-18 所示。

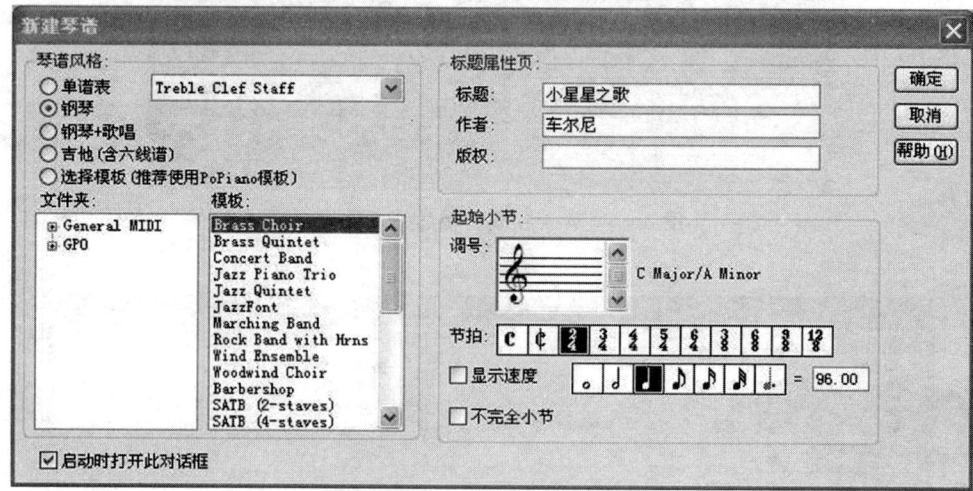

图 3-4-18  新建乐谱对话框

2. 默认情况下新建的是 C 调的五线谱。如果需要改变调号，选择菜单"小节"→"设置调号"，弹出对话框，可以重新设置调号。如图 3-4-19 所示。

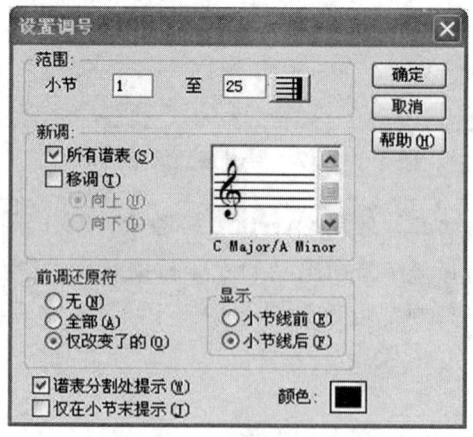

图 3-4-19  设置调号对话框

3. 根据需要可以选择"小节"→"设置节拍"设置节拍数。如图 3-4-20 所示。

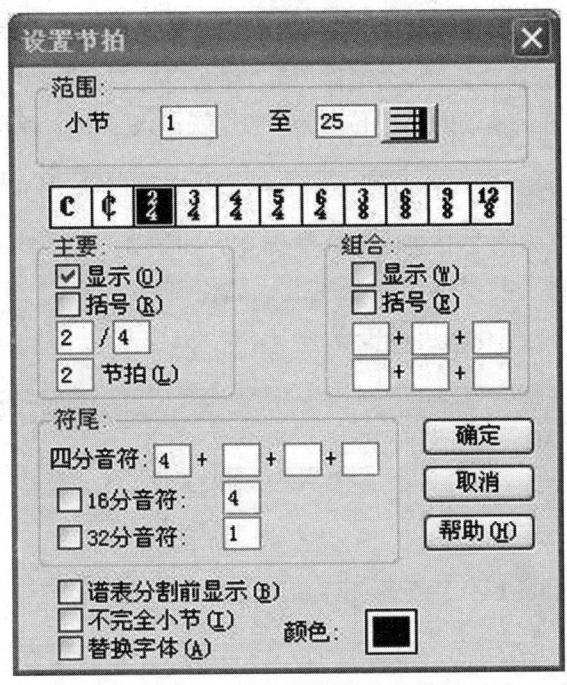

图 3-4-20　设置节拍对话框

4. 如果有必要,还可以设置曲谱的速度,选"小节"→"设置速度"可以改变速度。如图 3-4-21 所示。

图 3-4-21　设置速度对话框

二、输入五线谱

1. 在工具栏的"音符"按钮 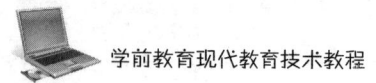 上按下鼠标左键,停留片刻即弹出各种音符记号和休止符,以及切分音、三连音记号,选定你所需要的音符。三连音也可以这样设置。

2. 选定音符后,在五线谱的相应位置点一下,就输入了一个音符,这时,音箱会发出相应的声音。如果需要改变音高,先点击"选择工具"按钮 ,再用鼠标点一下音符,音符变成红色,再用鼠标或上下键移动调整音高。如图 3-4-22 所示。在输入五线谱的过程中,Windows 的一些基本功能快捷键比如复制(Ctrl+C)、剪切(Ctrl+X)、粘贴(Ctrl+V)、撤销(Ctrl+Z)在这里都可以使用。

图 3-4-22　输入《小星星之歌》五线谱

3. 输入完一个小节后,可以通过菜单"小节"→"填充休止符"在这个小节内添加休止符,也可以通过"小节"→"自动调整"来调整各个音符的距离,让它更整齐整洁。当然,这些工作也可以在后期通过菜单"全选"后,选择"小节"→"填充休止符"或是"小节"→"自动调整"一次性完成。

4. 在输完一页后,选"乐谱"→"插入页"可以在后面添加自定义页数。如图3-4-23所示。

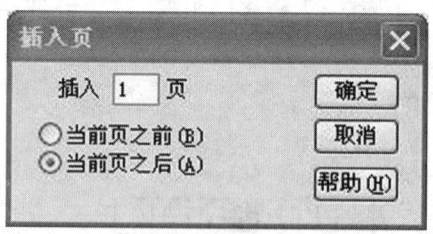

图 3-4-23　插入页对话框

三、输入文字

1. 选择"乐谱"→"标题属性页"或在标题位置双击鼠标可以为五线谱添加标题、作者、版权信息等,单击"字体"可以修改以上信息的字体字号等,如图 3-4-24 所示。在谱面中可以通过单击相应文字拖动鼠标的方式,改变文字的位置。

模块三 多媒体素材的获取与处理

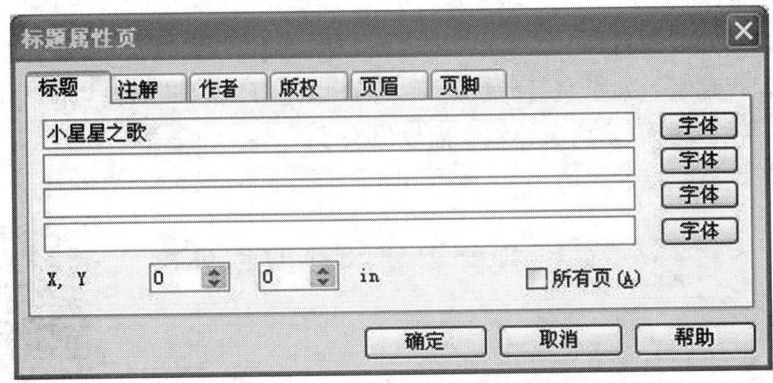

图 3-4-24 标题属性页对话框

2. 如果需要添加歌词或者钢琴谱中的指法,就在工具栏中选择"文字"图标 ,然后在相应位置拉动鼠标,移开鼠标后自动弹出文字属性对话框,可以修改文字风格属性。如图 3-4-25、图 3-4-26 所示。

图 3-4-25 文字格式对话框

图 3-4-26 带指法的《小星星之歌》

四、排版

在输入完乐谱以后,可以对整个页面进行排版,选择"乐谱"→"调整谱表"可以调整每一行之间的距离。通过选择"小节"→"缩排/扩排"改变一行小节数。

83

### 五、保存与打印

完成了上面的步骤后，一个专业的乐谱就制作完毕了，通过菜单"文件"→"保存"就可以把乐谱保存起来。如果有打印机的话，也可以选择"文件"→"打印"打印出来。按工具栏上的"播放"图标，乐谱旋律就会播放出来了。

## 第五讲 视频素材的获取与处理

会声会影使用微课
爱剪辑经典教程
优秀作品展示

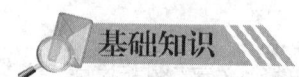

在多媒体作品中，动画和视频是最具有吸引力的素材，具有表现力丰富、直观、清晰、易于理解、吸引注意力等特点。视频素材是一种既有声音又有动画的素材，一般是真实事物的实录。许多多媒体集成工具软件都可以支持视频素材的播放。视频素材经常用于真实情境的展示和真实事物的介绍，可以使人犹如身临其境，增加真实感，认识更多的事物。

### 一、数字视频概述

#### （一）视频制式标准

不同国家由于对电视信号细节的处理不同，产生了不同的视频制式标准。现在常用的视频信号制式有 PAL、NTSC 和 SECAM 制式，其中 PAL 和 NTSC 是应用最广泛的，PAL 是逐行倒像正交平衡调幅制，NTSC 是正交平衡调幅制。我国电视采用的是 PAL 制式。

NTSC 电视标准是，每秒 30 帧，电视扫描线为 525 线，偶场在前，奇场在后，24 比特的色彩位深，NTSC 电视标准用于美、日等国家和地区。PAL 电视标准为，每秒 25 帧，电视扫描线为 625 线，奇场在前，偶场在后，PAL 电视标准用于中国、欧洲等国家和地区。SECAM 制式的特点是不怕干扰，彩色效果好，但兼容性差。帧频每秒 25 帧，扫描线 625 行，隔行扫描，采用 SECAM 制的国家主要为俄罗斯、法国、埃及等。

#### （二）视频文件格式

视频文件可以有多种格式，其中常用的视频文件分为影像文件和流式文件两大类。前者如 VCD、动画 CD 等，它们包含了大量的图像和声音信息；后者主要指那些随着现代网络技术发展而出现的"即时播放"视频文件。伴随这两种类型文件存在的是相应的文件格式，分别称为影像格式和流格式，它们各自又都包含多种类型的文件格式，简单介绍如下：

1. 影像格式

（1）AVI

AVI 英文全称为 Audio Video Interleaved，即音频视频交叉存取格式，它是 Microsoft 公司开发的一种符合 RIFF 文件规范的数字音频与视频文件格式。AVI 采用的是帧内压缩的方式，每一帧图像之间没有必然的关联，也因此方便了后期的画面剪辑可以精确到帧。AVI 格式允许视频和音频交织在一起同步播放，这是因为在 AVI 里音频和视频文件是分开存储的，因此我们可以把一个视频中的图像与另一个或者几个 AVI 格式视频文件中的声音或图像结合在一起，产生新的 AVI 视频文件。它的优点是图像质量好，可以跨多个平台使用，缺点是体积过于庞大，不便于传输。

（2）MOV

MOV 即 QuickTime 影片格式，它是 Apple 公司开发的一种音频、视频文件格式，用于存储常用数字媒体类型。MOV 格式视频文件的压缩方式同 AVI 一样有两种（压缩和不压缩），而且它的压缩编码方式与 AVI 类似，不过得到的画面质量要高于 AVI。这是因为这种编码支持 16 位图像深度的帧内压缩和帧间压缩，帧率可达 10 帧/秒。QuickTime 文件格式支持 25 位彩色，支持 RLE、JPEG 等先进的集成压缩技术，在一些远程教育网站中，经常会提供这种格式的教学视频。到目前为止，MOV 共有 4 个版本，其中，以 4.0 版本的压缩率最高。MOV 格式最大的特点是跨平台性，不仅支持 Macintosh 操作系统，还支持 Windows 操作系统。

（3）MPEG

MPEG 文件格式是运动图像压缩算法的国际标准，它采用有损压缩方法减少运动图像中的冗余信息，同时保证每秒 30 帧的图像动态刷新率，已被几乎所有的计算机平台共同支持。目前 MPEG 格式有五个压缩标准，分别是 MPEG - 1、MPEG - 2、MPEG - 4、MPEG - 7、MPEG - 21。常见的 VCD 和 DVD 即分别采用 MPEG - 1 和 MPEG - 2 的标准。它具有压缩率高，画面质量好的优点。

（4）DivX

DivX 是一种数字视频格式，支持 MPEG - 4、H.264 和最新的 H.265 标准的视频，分辨率可高达 4K 超高清。DivX 已于 2013 年 9 月推出全球第一款支持 H.265 标准，可进行 4K 超高清视频编解码的软件。DivX 格式的画质直逼 DVD，而体积只有 DVD 的几分之一，对机器的要求也不高，号称 DVD 杀手。

2. 流格式

流格式的出现主要是为了适应 Internet 网络实时传输视频文件的需要。它以"边传送边播放"为鲜明特点，支持视频流缓冲区播放，也支持文件即时连续下载。

（1）RM

RM 是 Real Networks 公司所定制的音频视频压缩规范，称之为 Real Media，用户可以使用 RealPlayer 或 RealOne Player 对符合技术规范的网络音频、视频资源进行实况转播。RM 格式主要用来在低速率的广域网上实时传输活动视频影像,可以根据网络数据传输速率的不同而采用不同的压缩比率,从而实现影像数据的实时传送和实时播放。目前 Internet 上已有不少网站利用 Real Video 技术进行重大事件的实况转播。

（2）ASF

ASF 是（Advanced Streaming Format,高级串流格式）的缩写,是 Microsoft 为 Windows 98 所开发的串流多媒体文件格式,由于它使用了 MPEG－4 的压缩算法,所以压缩率和图像质量都很高。ASF 是微软公司 Windows Media 的核心,这是一种包含音频、视频、图像及控制命令脚本的数据格式。Windows Media Play 支持 ASF 在 Internet 网上的流文件格式,可以一边下载一边实时播放,无需下载完再听。

（3）WMV

WMV 格式（Windows Media Video）是微软推出的一种流媒体格式,它是由同门的 ASF 格式升级延伸而来。WMV（Windows Media Video）不是仅基于微软公司的自有技术开发的。从第七版（WMV1）开始,微软公司开始使用它自己的非标准 MPEG－4 Part 2。但是,由于 WMV 第九版是 SMPTE 的一个独立标准（421M,也称为 VC－1）,所以 WMV 的发展已经不像 MPEG－4 那样是一个它自己专有的编解码技术。VC－1 专利共享的企业有 16 家（2006 年 4 月）,微软公司也是 MPEG－4AVC/H.264 专利共享企业中的一家。微软的 WMV 还是很有影响力的。可是由于微软本身的局限性,其 WMV 的应用发展并不顺利。第一,WMV 是微软的产品,必定要依赖着 Windows,这就意味着解码部分也要有 PC,起码要有 PC 机的主板。这就增加了机顶盒的造价,从而影响了视频广播点播的普及。第二,WMV 技术的视频传输延迟要 10 多秒钟。WMV 视频格式的主要优点有：本地或网络回放、可扩充的媒体类型、可伸缩的媒体类型、多语言支持、环境独立性、丰富的流间关系及扩展性等。

（4）GIF

GIF（Graphics Interchange Format）的原意是"图像互换格式",文件是由 CompuServe 公司在 1987 年开发的图形文件格式。GIF 图像是基于颜色列表的（存储的数据是该点的颜色对应于颜色列表的索引值）,最多只支持 8 位（256 色）图像深度。GIF 文件通过 LZW（Variable-Length Code LZW Compression）压缩算法压缩图像数据来减少图像尺寸。这种格式的文件多用于网络传输。目前几乎所有相关软件都支持它,公共领域有大量的软件在使用 GIF 图像文件。GIF 格式的优点是适合于网络,数据量大大减少,传输速度快,缺点是颜色容易失真。

（5）RMVB

RMVB 格式是一种由 RM 格式升级延伸出的新视频格式,RMVB 中的 VB 指 VBR,Variable Bit Rate（可改变之比特率）,较上一代 RM 格式画面要清晰很多,原因是降低了静态画面下的比特率,可以用 RealPlayer、暴风影音、QQ 影音等播放软件来播放。它的先进之处在于打破了原先 RM 格式平均压缩采样的方式,在保证平均压缩比的基础上合理利用比特率资源,也就是说静止和动作场面少的画面场景采用较低的编码速率，这样可以留出更多的带宽空间，而这些带宽会在出现快速运动的画面场景时被利用。这样在保证了静止画面质量的前提下，大幅地提高了运动图像的画面质量，从而使图像质量和文件大小之间达到了微妙的平衡。另外，这种视频格式还具有内置字幕和无需外挂插件支持等独特优点。

## 二、视频素材的获取

### （一）利用摄像机获取视频素材

随着个人计算机的普及和家用数码产品日渐低廉的售价，家用数码摄像机走进了千家万户，教师利用数码摄像机自制视频教学材料成为一种新的趋势。利用数码摄像机可以在户外采集视频素材，再将存储卡卸下，放入计算机的读卡器中，计算机就可以像读 U 盘中的数据一样将其中的视频素材复制或移动到计算机中，也可通过数码摄像机的专用数据线直接将视频文件复制或移动到计算机中。

### （二）因特网上获取视频素材

互联网上有丰富的视频素材，可以到专门的视频网站上去直接下载视频。但是有些网页中的视频是不能直接下载的，可以根据不同情况选择合适的方法获取在线视频素材。

1. 从 Internet 临时文件中获取

有些网页中的视频素材是不能直接下载的，可以通过在网页中播放视频，然后在本机中查找到该视频文件。具体方法：

首先，在 Internet 上打开视频网站，观看视频。播放完后，打开 IE 浏览器菜单栏"工具→Internet 选项"，如图 3-5-1 所示。

图 3-5-1　IE 浏览器 Internet 选项

其次，在 Internet 属性菜单栏中，在"常规"选项卡窗口下的"浏览历史记录"选项中，单击"设置"按钮。在弹出的"设置"面板中，单击"查看文件"按钮，即可在临时文件夹中进行查找并复制出所需视频素材，如图 3-5-2 所示。

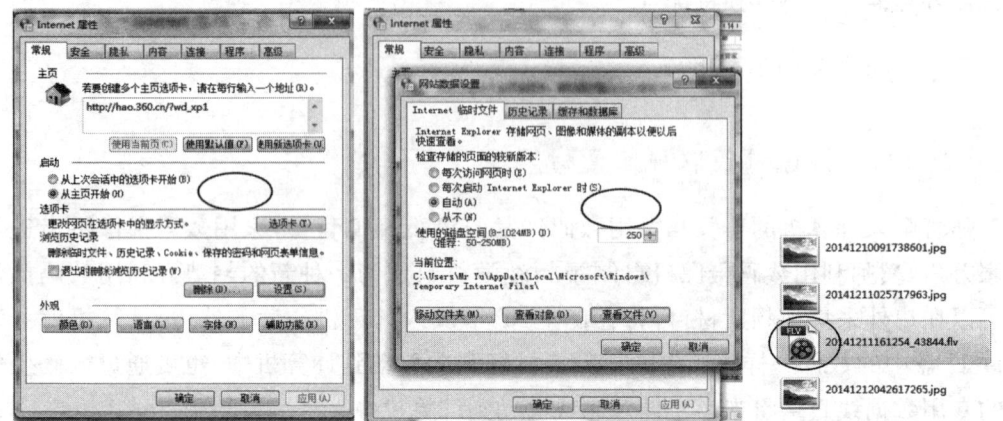

图 3-5-2　查看临时文件夹

2. 从专门的视频下载软件中获取

网上有大量的视频资源，但是许多网站的视频往往只提供在线观看，不提供下载，有些虽然可下载，但需要注册和收取一定费用，这些都给我们收集视频资源带来了一定的困难。这里给大家推荐一个比较好用的视频下载软件——硕鼠 FLV 视频下载器。它提供了土豆、优酷、我乐、酷 6、新浪、搜狐、CCTV 等 55 家主流视频网站的视频下载。用户可以通过下载安装硕鼠下载器，也可以使用硕鼠官方网站直接下载视频。

（三）从 VCD 或 DVD 光碟中获取视频素材

从 VCD、DVD 视频光盘中截取需要的视频片段，已成为获得视频资源的重要途径和方法。最简便的方法就是用超级解霸进行 VCD/DVD 视频的截取。图 3-5-3 为豪杰超级解霸界面。

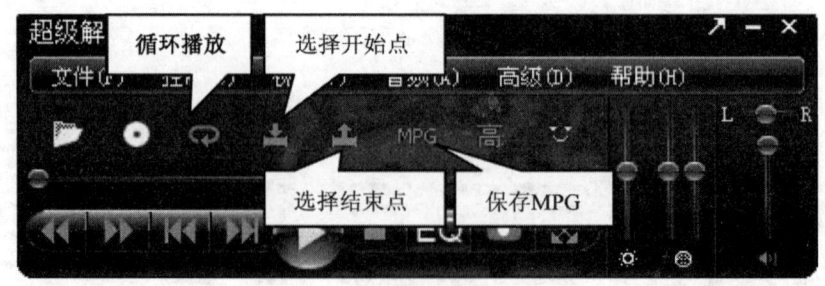

图 3-5-3　豪杰超级解霸界面

截取视频的具体方法是：用解霸播放 VCD、DVD，点击工具栏中的"循环/选择录取区域"使之激活，并在适当位置确定开始点和结束点，单击"录像指定区域为 MPG 或

MPV 文件"按钮,打开保存数据流对话框,键入文件名,设置好保存位置、文件类型,单击保存按钮,开始转换。另外用超级解霸实用工具中的常用工具,可以把 MPG 文件转换为 AVI 文件,或把 AVI 文件转换为 MPG 文件,MPG 转换为 GIF 文件,还可以把多个 MPG 文件合并为一个 MPG 文件。

(四)屏幕抓图软件 Snagit、屏幕录像专家

在制作多媒体课件时,常常需要添加一些记录计算机屏幕中操作过程的视频文件。比如网络中许多软件类的视频教程,这些大多是对软件操作步骤的演示视频。想要录制类似的视频文件,可以使用一些屏幕录像类的软件进行制作。下面以屏幕录像专家软件为例介绍此类视频文件的录制方法。

第一步:打开已经注册或者购买了的屏幕录像专家。点击基本设置,设置需要的选项,如图 3-5-4 所示。

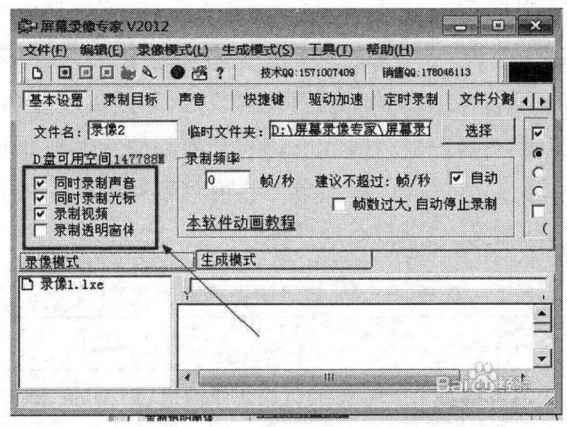

图 3-5-4　屏幕录像专家

第二步:录制目标设置及声音设置,如图 3-5-5 所示。

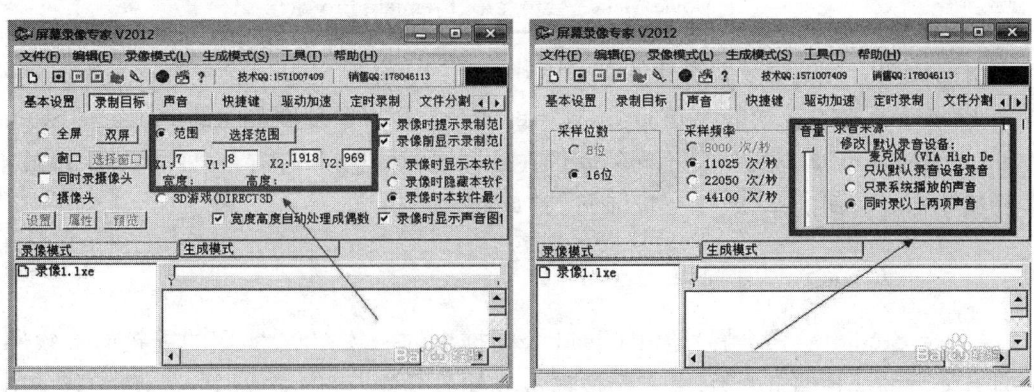

图 3-5-5　声音设置

第三步:开始录制视频(点击红色按钮),如图 3-5-6 所示。

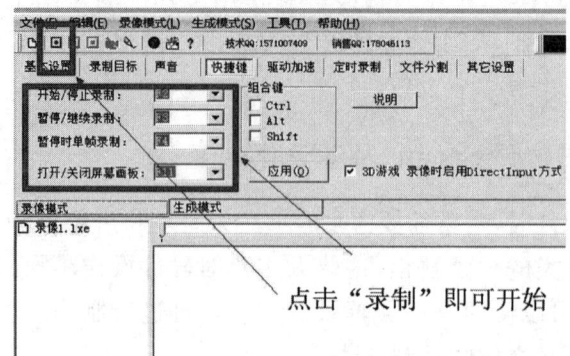

图 3-5-6 录制视频

### 三、视频素材的编辑

对于多媒体课件制作来说,将模拟视频信号进行数字化后,或者获取数字视频数据后,还应对视频文件进行加工处理,编辑成理想的视频节目,才能集成在多媒体课件中使用。家用数码摄像机配套的编辑软件,以及一些低价位的影视制作软件都能胜任视频节目的编辑。相关的视频处理软件有很多,表 3-5-1 列举一些视频素材处理的任务,提供了相应处理软件的选择思路,可以结合实际任务进行合理选择。

表 3-5-1 常见的视频编辑软件

| 视频处理任务 | 可选软件 |
| --- | --- |
| 录制屏幕操作步骤 | 屏幕录制专家、QQ 视频录像机、ViewletCam 等 |
| 视频截取 | QQ 影音、超级解霸、视频截取专家等 |
| 视频格式转换 | 超级解霸、视频转换大师、格式工厂等 |
| 视频拼合、特效 | Movie Maker、会声会影、Premiere Pro 等 |

目前比较流行的视频编辑软件有 Ulead 公司的 Video Studio(会声会影)、Adobe 公司的 Premiere、微软公司的 Windows Movie Maker,以及品尼高公司的 Pinnacle Studio 8 和 Pinnacle Edition 4.5 等。不同的软件在处理视频信息时,各有自己的特性。本节主要介绍 Ulead 公司的 Video Studio Pro X5 软件。

(一) Video Studio 简述

Video Studio(会声会影)是由 Ulead 公司推出的一款方便、实用的视频剪辑软件。它具有强大的视频编辑能力,具有图像抓取和编修功能,可以抓取、转换 MV、DV、V8、TV 和实时记录抓取画面文件,可导出多种常见的视频格式,甚至可以直接制作成 DVD 和 VCD 光盘。

会声会影不仅符合家庭或个人所需的影片剪辑功能,甚至可以挑战专业级的影片剪辑软件。目前的版本主要有 Corel VideoStudio Pro X5、X6、X7 等。X5 的工作界面如图 3-5-7 所示。

图 3-5-7　Video Studio Pro X5 工作界面

（二）视频编辑

利用会声会影编辑视频,简单方便快捷。在视频编辑的初期,使用比较多的是对视频素材的剪辑,可以保留需要的视频部分,删除无用的视频部分。

（1）导入视频素材。在编辑界面中,单击 ▢ 按钮导入视频素材,并拖入时间轴中,如图 3-5-8 所示。

（2）浏览视频,找出需要删除的视频部分的开始和结束位置,并分别点击 ✂ 按钮,将视频素材分开,如图 3-5-9 所示。

（3）选中需要删除的视频段,被选中的视频段将以灰色显示,按 Del 键即可删除。

图 3-5-8　导入视频素材

图 3-5-9　截取视频

（三）视频生成

视频修剪完成以后,就要将视频进行渲染生成,以得到指定格式的目标文件。

（1）点击分享选项卡进入生成界面，如图3-5-10所示。
（2）点击创建视频文件，如图3-5-11所示。

图3-5-10　生成视频文件界面

图3-5-11　创建视频文件

（3）选择需要的视频格式。在网络上传输，按照多媒体课件创作的要求可生成WMV 320*240规格的视频文件。

## 实践活动

### 制作幼儿活动视频短片

活动目标：

1. 熟练掌握Video Studio Pro X5视频编辑等操作。
2. 灵活应用视频软件制作视频短片。
3. 学习利用视频软件制作个性化作品。

活动准备：

Video Studio Pro X5安装程序，《快乐洗衣》教学视频，相关文字、图片、音频、视频素材。

活动过程：

在视频素材编辑过程中，对截取出的图像或视频片段往往需要进行拆分、合并、添加特效、转场、制作片头片尾、加入背景音乐等进一步处理，形成渲染生成的视频作品。下面以Video Studio Pro X5软件为例介绍视频短片的制作方法。

制作视频短片《快乐洗衣》的操作步骤：

1. 导入视频素材。打开会声会影X5软件，在编辑界面，选择"媒体"选项，点击"添加"，新建一个文件夹，命名为"快乐洗衣"。选择"快乐洗衣"选项，导入本地文件中收集的素材。通过单击 按钮，弹出"浏览媒体文件"对话框，在对话框的文件类型选项中可以选择多种文件类型，包括图片、音频、视频、动画等类型素材。如图3-5-12所示。

2. 视频轨道素材及转场效果的制作。视频轨道共使用了如下6个素材，按时间顺

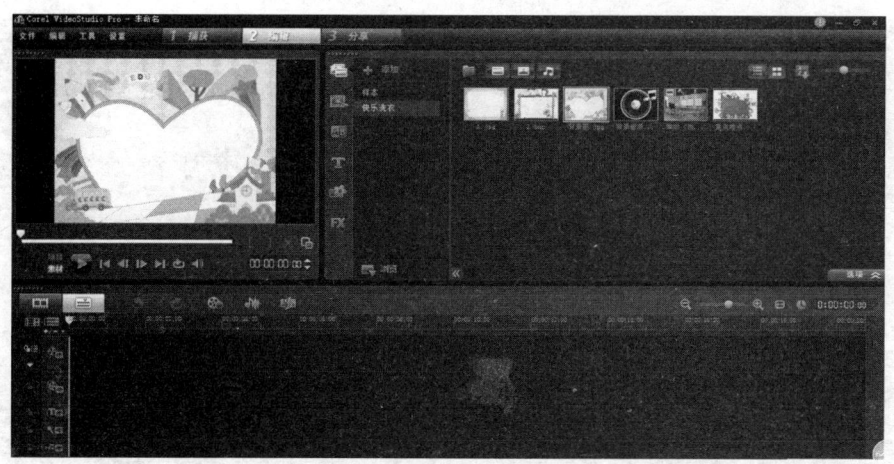

图 3-5-12 导入视频素材

序它们是：背景图.jpg(0：00—05：20)、2.bmp(0：00—08：00)、1.jpg(0：00—06：00)、重点难点背景.jpg(0：00—05：00)、黑色背景.bmp(0：00—04：00)、视频边框.jpg(0：28—40：09)。按以上顺序在素材库中把这些素材依次拖放到视频轨道，在时间轴窗格中把鼠标移至素材的右侧边缘处，当鼠标变成双向剪头时，拖动鼠标可以调整素材在项目中的时间长度，把素材的时间长度调整到以上所标的时间长度。

具体素材与素材之间的转场效果设置如下：

背景图.jpg $\xrightarrow{\text{过滤溶解}}$ 2.bmp $\xrightarrow{\text{滑动网孔}}$ 1.jpg $\xrightarrow{\text{伸展单向}}$ 重点难点背景.jpg $\xrightarrow{\text{无}}$ 黑色背景.bmp $\xrightarrow{\text{无}}$ 视频边框.jpg

点击素材库中的转场效果，按以上所列转场效果的顺序，选择转场效果，并将选中的转场效果拖至视频轨道上相邻素材之间，拖动转场效果柄可以调整转场的速度，右击时间轴标尺，可以放大和缩小时间的显示，完成后时间轴如图3-5-13所示。

图 3-5-13 时间轴

3. 覆叠轨道中素材及效果的制作。利用覆叠轨道可以制作出画中画效果。将素材库中"律动《快乐洗衣》.mp4"视频拖至覆叠轨道，开始位置与"视频边框.jpg"的起始位置对齐(26分钟开始)，选中覆叠轨道上的"律动《快乐洗衣》.mp4"，点击选项中的"属性"按钮，可以对动画的进入和退出效果进行设置，如图3-5-14所示。

图 3-5-14 覆盖轨动画效果设置

选中覆叠轨道上的"律动《快乐洗衣》.mp4",在预览窗口,可以通过拖动四周的 8 个控制点,来改变画面大小。如图 3-5-15 所示。

图 3-5-15 覆盖轨画面大小设置

4. 添加字幕,给字幕设置动画效果。选择素材面板中的"标题"选项,选择合适的标题样式,拖动到标题轨道。界面如图 3-5-16 所示。

双击修改文字,并在弹出的选项菜单中,选择文字"编辑"菜单,设置字幕的字体、大小、颜色以及文字背景,如图 3-5-17 所示,如有多行字,则选择多个标题。

模块三 多媒体素材的获取与处理

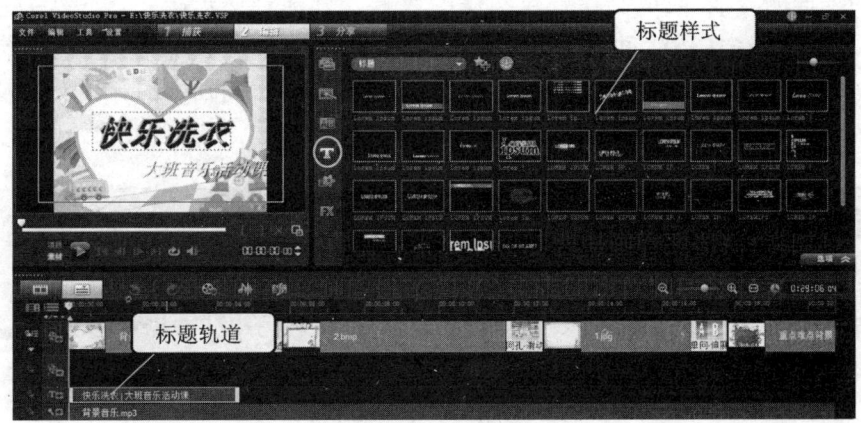

图3-5-16 添加标题

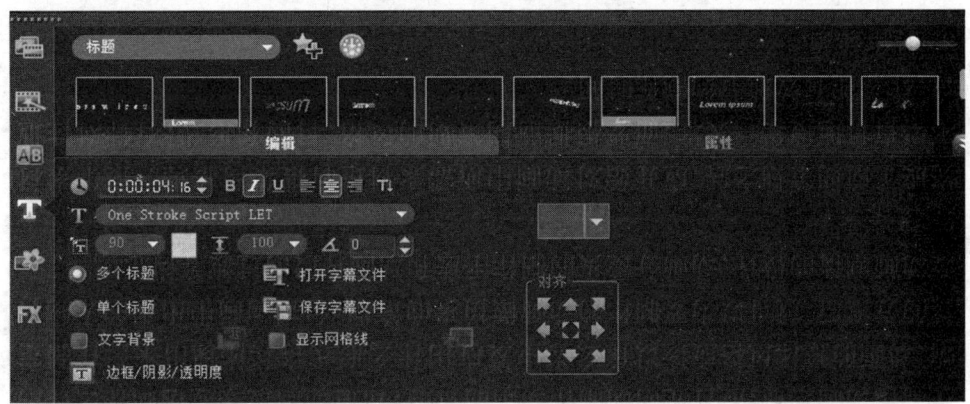

图3-5-17 字幕字体编辑

设置字幕动画。在预览窗口里选中字幕,点击选项区中的"属性",出现如图3-5-18所示的内容,选中"动画",在"应用"处打钩,并选择一种动画效果,其余字幕制作方法类同。

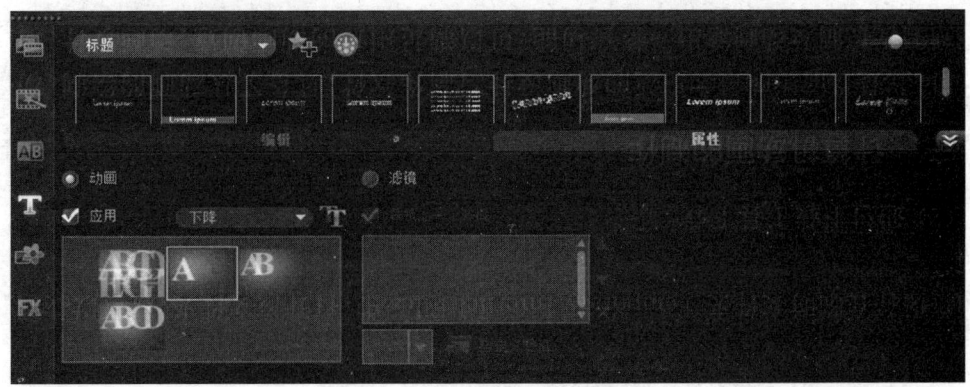

图3-5-18 字幕动画设置

依照上面的方法,完成制作各段文字的设置。分别是快乐洗衣(0:00—05:09)、设计意图(0:00—06:14)、活动目标(0:00—04:04)、活动难点(0:00—03:23)、韵律活动(0:00—03:21)等。注意根据短片样例中情节位置,拖动时间轴中的穿梭头定位需要字幕的位置,如图3-5-19所示。

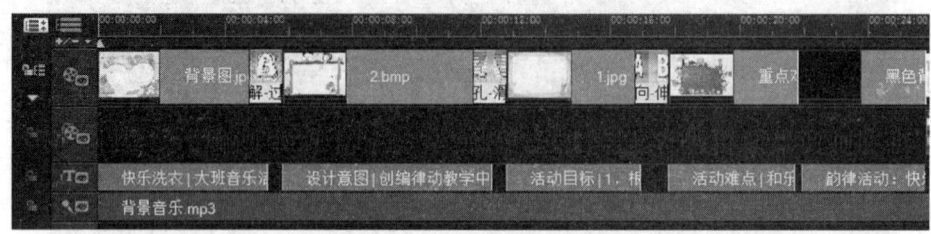

图3-5-19 标题轨道时间轴

5. 添加背景音乐,并给音乐以淡入淡出的效果。选择素材库中的音频,将背景音乐.mp3拖至音乐轨道,音乐长度设置为0:01:55:16。会声会影有两个音频轨道,声音轨道一般放置配音,音乐轨道放置配乐。选中音乐轨道的背景音乐,在选项中的"音乐和声音"属性中,选择淡出按钮,使得配乐在片尾处慢慢地消失,如图3-5-20所示。

图3-5-20 背景音乐设置

6. 视频素材的渲染输出。点击操作面板中的分享按钮,选择属性面板中的"创建视频文件",选择需要的视频格式,视频剪辑完成后,点击播放,在预览窗口预览视频结果,编辑无误后,点击操作面板的"分享"按钮。

会声会影可以将项目输出为视频文件格式或单独输出声音文件,也可以将项目影片刻录成DVD、SVCD或VCD光盘,或者将影片录制到DV/HDV上。

活动练习:

1. 用自己所拍摄的照片制作一个2分钟左右的电子相册,配上适当的音乐。片头要有相册名称和制作者,片尾标明制作者所在的系、班级、制作日期等信息。要有滤镜效果、缩放效果、变形效果、遮罩效果、覆叠效果,输出成MP4格式。

2. 制作电视散文(诗),时间不少于2分钟。要求同上。

模块三　多媒体素材的获取与处理

## 第六讲　动画素材的获取与处理

Flash 动画制作微课
Flash 动画样例

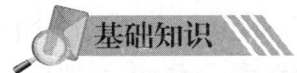

### 一、计算机动画概述

计算机动画是指采用图形与图像的处理技术,借助编程或动画制作软件生成的一系列可连续播放的运动图像的集合。

计算机动画分为二维动画和三维动画。二维动画是平面上的画面,可以在二维空间上模拟真实的三维空间效果;而三维动画则是具有正面、侧面和反面效果的动画,通过调整三维空间的视点(主视图、侧视图、俯视图),能够看到不同的内容。

二维动画通常通过输入和编辑关键帧,计算和生成中间帧,定义和显示运动路径,画面上色,产生特技效果,实现画面与声音同步,控制运动系列的记录等方法来生成。

三维动画是根据数据在计算机内部生成的。制作三维动画首先要创建物体模型,然后让这些物体在三维空间产生运动,如移动、旋转、变形、变色等,再通过灯光效果设置等,生成栩栩如生的画面。

常用二维动画制作软件有 Adobe ImageReady、Gif Animator、Adobe Flash CS4 Professional 等。常用三维动画制作软件有 3ds Max、Maya、Softimage 等。

Flash 动画由矢量图形组成,通过这些图形的运动,产生运动变化效果。

### 二、计算机动画素材的获取

1. 从本地光盘、硬盘获取计算机动画

直接获取计算机动画资源的方法是从多媒体素材光盘中获取。一般的多媒体素材光盘、课件光盘中都包含一定数量的计算机动画素材,它们以一定格式的文件存放,可以将需要的计算机动画文件直接复制下来。

从计算机硬盘中也能找到一些动画资源。因为在安装各种计算机软件时,会有一些相应的计算机动画被安装在计算机硬盘中,通过操作系统的搜索功能,可以在计算机中找到这些计算机动画(例如:查找".GIF",可以通过"开始"菜单→"搜索"→动画的文件类型"＊.GIF"→"开始搜索")。

2. 从互联网获取

(1) IE 浏览器浏览过一些带有计算机动画的网页,那么网页中的 GIF 动画、Flash

动画将保存在临时文件夹 Temporary Internet Files 中,打开该文件夹,就可以找到这些动画。

(2) 通过下载工具下载。

### 三、计算机动画的制作

Flash 是目前影响最为广泛的动画设计与制作软件,具备了从动画的绘制、动作的实现到编程控制及动画输出一整套功能,可以满足用户的动画创意、动画设计、动画制作及动画发布等所有要求。Flash 动画是矢量动画,其特点是制作简单、快捷、文件小、形式活泼,比较适合在网上使用,能实现网络互动功能,非常适用于网络传输和课件制作。

Flash 动画制作的基本步骤:

1. 前期策划

在制作动画之前,应首先明确制作动画的目的,知道动画最终应达到什么样的效果和反响、动画的整体风格应该以什么为主及应用什么形式将其体现出来。在制定了一套完整的方案后,就可以为要制作的动画做初步的策划,包括动画中出现的人物、背景、音乐及动画剧情的设计、动画分镜头的制作手法和动画片段的过渡等构思。

2. 搜集素材

完成了前期策划之后,应开始对动画中所需素材进行搜集与整理。搜集素材时应注意不要盲目地搜集一大堆,而要根据前期策划的风格、目的和形式,有针对性地搜集素材,这样才能有效地节约制作时间。

3. 制作动画

创作动画中比较关键的步骤就是制作 Flash 动画,前期策划和素材的搜集都是为制作动画而做的准备。要将之前的想法完美地表现出来,需要作者细致地制作。动画的最终效果很大程度上取决于动画的制作过程。

4. 后期调试与优化

动画制作完毕后,为了使整个动画看起来更加流畅、紧凑,必须对动画进行调试。调试动画主要是针对动画对象的细节、分镜头和动画片段的衔接、声音与动画播放是否同步等进行调整,以保证动画作品的最终效果与质量。

5. 测试动画

制作与调试完动画后,应对动画的效果、品质等进行检测,即测试动画。因为每个用户的计算机软硬件配置都不尽相同,而 Flash 动画的播放是通过计算机对动画中的各矢量图形、元件等进行实时运算来实现的,所以应尽量在不同配置的计算机上测试动画。然后根据测试后的结果对动画进行调整和修改,使其在不同配置的计算机上均有很好的播放效果。

6. 发布动画

Flash 动画制作的最后一步就是发布动画,用户可以对动画的格式、画面品质和声音等进行设置。在进行动画发布设置时,应根据动画的用途和使用环境等进行设置,以免改变文件的大小而影响动画的传输。

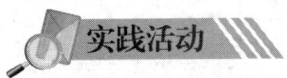

**活动一 利用 Flash CS5 制作用于学前教育的"电影播放器"**

活动目标:

1. 学习创建按钮元件、图形元件和影片剪辑元件。
2. 学习给影片剪辑元件加实例名称。
3. 学习创建补间形状动画、传统补间动画、引导路径动画。
4. 学习给按钮加动作脚本语句。
5. 通过"电影播放器"项目学习,会处理动画素材,编辑简单的幼儿教育的动画,为今后的教学做准备。

活动准备:

写出"电影播放器"学习项目的文字稿本,也可以绘制简单的图形加以说明;找素材,或者手绘;能操作 Flash CS5 动画软件。

活动过程:

案例画面效果如图 3-6-1 所示。

图 3-6-1 案例最终画面效果

案例制作的大致步骤如图3-6-2所示。

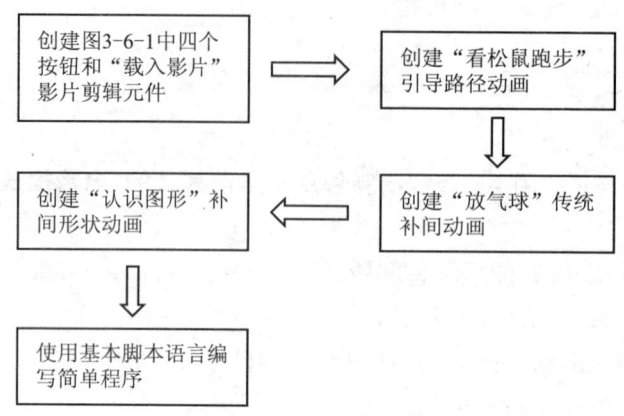

图3-6-2 案例制作流程

活动过程：

1. 打开Flash CS5程序，执行"文件→新建"命令，在"新建文档"对话框的"常规"面板中选择"Flash文件（Actionscript2.0）"，按"确定"，再选择菜单"修改→文档"，设置动画大小为600×400、帧频为12，如图3-6-3所示。

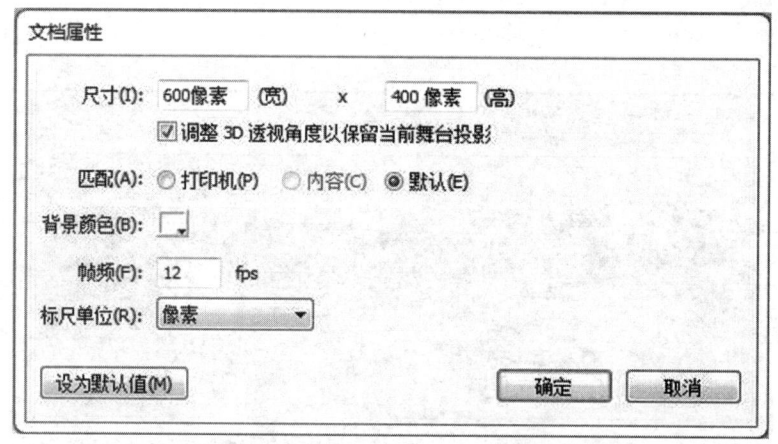

图3-6-3 新建文件对话框

2. 选中矩形工具，打开颜色面板，设置填充颜色，类型为线性，左端颜料桶如图3-6-4所示，右端颜料桶为白色。绘制一个与舞台大小一样的矩形，用"渐变变形工具"调渐变方向，效果如图3-6-5所示。

3. 执行"插入→新建元件"命令，在弹出的"创建新元件"对话框中，输入名称"看松鼠"，类型选择为"按钮"，如图3-6-6所示。进入"看松鼠"编辑环境，编辑"弹起帧"，选中椭圆工具，绘制椭圆，颜色如图3-6-7所示。

模块三 多媒体素材的获取与处理

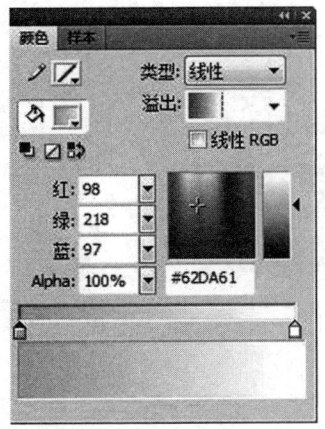

图 3-6-4 颜料桶面板

图 3-6-5 背景颜色效果

图 3-6-6 创建元件对话框

图 3-6-7 椭圆填色效果

复制椭圆，填充颜色，如图 3-6-8 所示，用"渐变变形工具"把渐变中心点上移，用"任意变形工具"缩小，移到复制前的椭圆上，用"文字工具"输入文字"看松鼠"，大小"35"，颜色"黑色"，字体"华文新魏"。按钮效果如图 3-6-8。

101

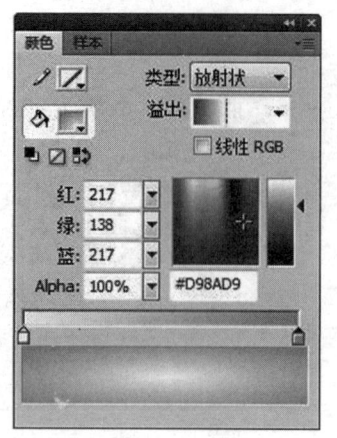

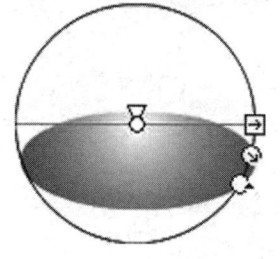

图 3-6-8　按钮效果

4. 在库中右击"看松鼠"按钮,把文字改为"放气球"按钮,如图 3-6-9 所示。

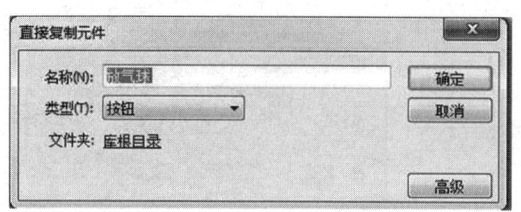

图 3-6-9　放气球按钮效果

5. 在库中再次右击"看松鼠"按钮,把文字改为"识图形"按钮,如图 3-6-10 所示。
6. 在库中再次右击"看松鼠"按钮,把文字改为"stop"按钮,如图 3-6-11 所示。

图 3-6-10　识图形按钮效果　　　　图 3-6-11　stop 按钮效果

7. 执行"插入→新建元件"命令,在弹出的"创建新元件"对话框中,输入名称"载入影片",类型选择为"影片剪辑",用"矩形工具"绘制 400×300 的矩形,在上面用"文字工具"输入"载入影片",如图 3-6-12 所示。

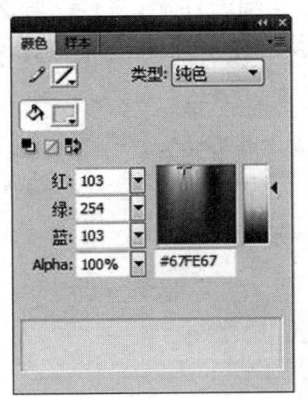 

图 3-6-12　载入影片效果

8. 返回场景，执行"文件→保存"，名称"电影播放器"，类型"*.fla"。

9. 执行"文件→新建"命令，在"新建文档"对话框的"常规"面板中选择"Flash 文件（Actionscript 2.0）"，按"确定"，再选择菜单"修改→文档"，设置动画大小为 400×300、帧频为 12，如图 3-6-13 所示。

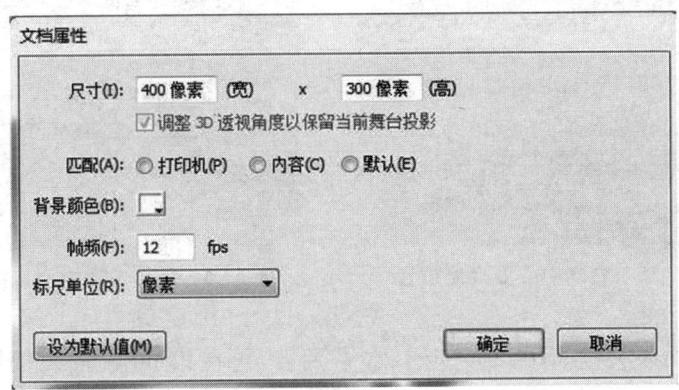

图 3-6-13　新建文档对话框

10. 执行"文件→导入→导入到舞台"，把素材中的"ss.jpg"导入到舞台。

11. 新建图层 2，并改名"题目"，输入文字"看松鼠跑步"，颜色"白色"，大小"35"，字体"华文新魏"。

12. 新建图层 3，并改名"显示路径"；新建图层 4，并改名"松鼠"；新建图层 5，并改名"路径"。把"路径图层"的属性改为"引导层"，把"松鼠"图层拖入引导层下变成"被引导层"。

13. 在"路径"图层上用钢笔工具绘制一条曲线，把这一曲线复制到"显示路径图层"，位置重叠，给"路径"图层上锁。选中"显示路径图层"上的路径，改颜色为＃6b9801，笔触 20，上锁该图层。

14. 执行"插入→新建元件"命令，在弹出的"创建新元件"对话框中，输入名称"松鼠",类型选择为"影片剪辑"。进入"松鼠影片剪辑元件"编辑环境,文件→导入→导入到舞台,打开"导入"对话框,选中"ss1.png",单击"打开",弹出如图 3-6-14 所示的对话框,单击"是",含逐帧动画的"松鼠"影片剪辑元件创建成功。

图 3-6-14 导入对话框

15. 返回场景中,把"松鼠"影片剪辑元件拖入"松鼠"图层中,用"任意变形工具"把"松鼠"元件的中心变换点的位置移到脚下,并把中心变换点对应"路径"图层上的路径,如图 3-6-15 所示。在第 30 帧插入关键帧,把对象移到引导线的左端,如图 3-6-16 所示。

图 3-6-15 右端中心变换点位置　　图 3-6-16 左端中心变换点位置

在第 31 帧插入关键帧,修改,变形,水平翻转,再在第 60 帧插入关键帧,把松鼠移到右端,如图 3-6-17 所示,注意中心变换点一定要在路径上。

图 3-6-17 左右端中心变换点位置

16. 时间轴如图 3-6-18 所示,保存"1.fla"文件,发布,生成"1.swf"文件。

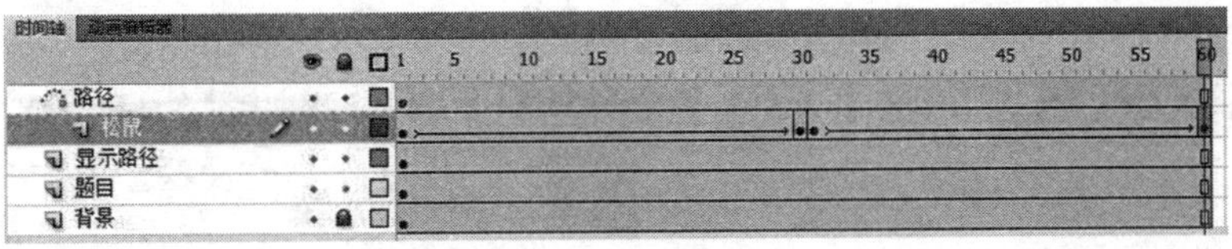

模块三 多媒体素材的获取与处理

图 3-6-18 时间轴

17. 执行"文件→新建"命令,在"新建文档"对话框的"常规"面板中选择"Flash 文件(Actionscript 2.0)",按"确定",再选择菜单"修改→文档",设置动画大小为 400×300、帧频为 12,如图 3-6-19 所示。

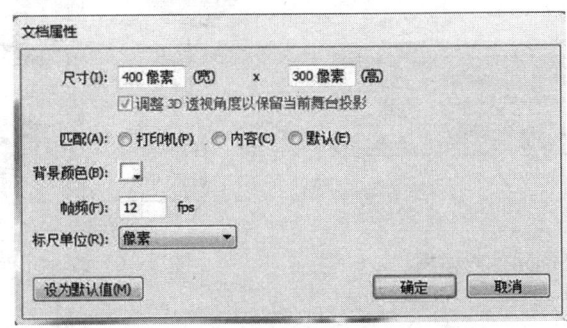

图 3-6-19 新建文件对话框

18. 把素材中的"放气球背景.png"图片导入舞台,新建图层 2,并改名为"小朋友"。把素材中的"小朋友.gif"导入到库,在库中自动生成"元件 1"影片剪辑,改名"小朋友"影片剪辑元件,并把它拖入"小朋友"图层中。

19. 执行"插入→新建元件"命令,在弹出的"创建新元件"对话框中,输入名称"气球1",类型选择为"图形"。进入"气球 1 图形元件"编辑环境,选中"椭圆工具",打开颜色面板,类型"放射状",颜料桶从左到右,分别是白色到♯32ce31,绘制椭圆,用"渐变变形工具"把变换中心点移到左上角,如图 3-6-20 所示。

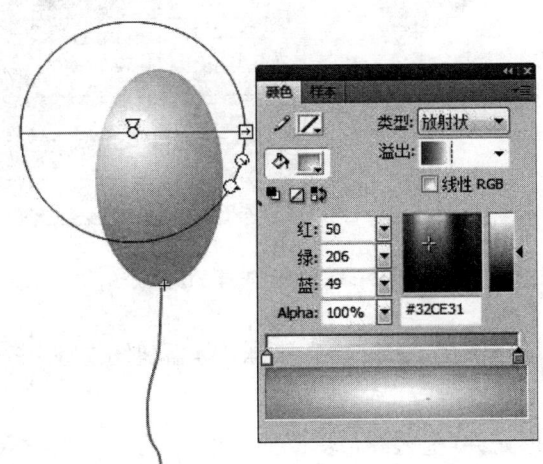

图 3-6-20 渐变颜色及变换中心点位置

105

20. 在库中右击"气球1",单击"直接复制",名称"气球2",如图3-6-21所示。进入"气球2"图形元件编辑环境,把颜色改为白色到#441ee1,如图3-6-22所示。

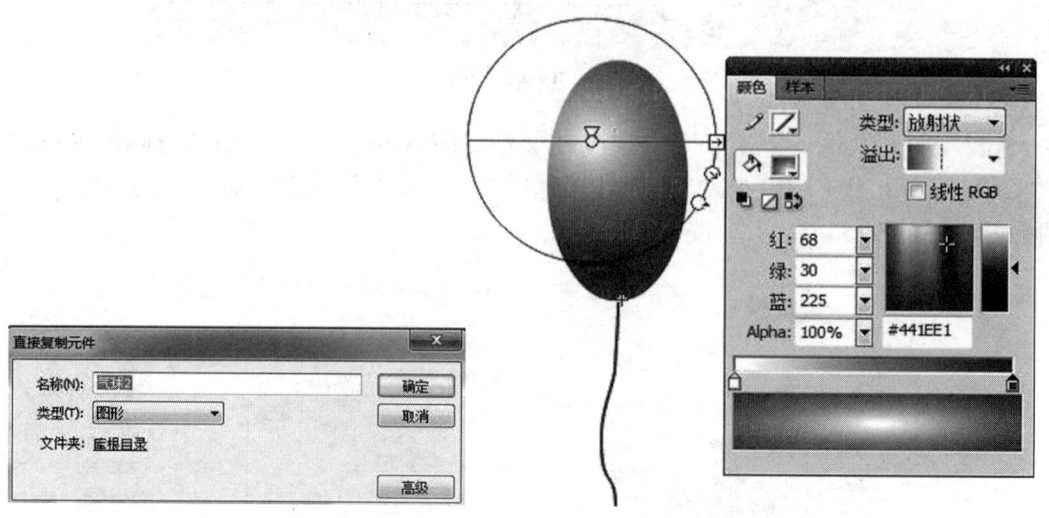

图3-6-21 复制元件对话框　　图3-6-22 元件的编辑

21. 再次在库中右击"气球1",单击"直接复制",名称"气球3",进入"气球3"图形元件编辑环境,把颜色改为白色到#ff48ac,如图3-6-23所示。

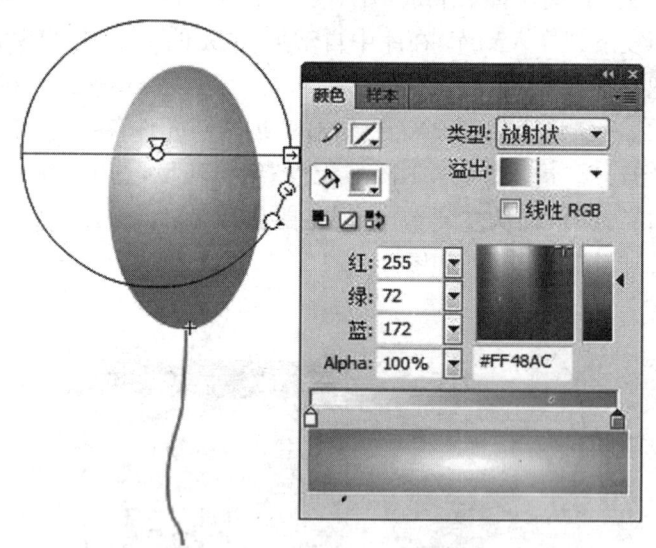

图3-6-23 元件的编辑

22. 返回场景中,新建图层3,并改名"气球1";新建图层4,并改名"气球2";新建图层5,并改名"气球3"。

23. 把"气球1图形元件"拖入"气球1"图层中,在第20帧插入关键帧,把气球往上移动一段距离,用"任意变形工具"把"气球1"略缩小;在第40帧插入关键帧,把气球再往上移动一段距离，用"任意变形工具"把"气球 1"略缩小；在第 60 帧插入关键帧，把气球再往上移动一段距离，用"任意变形工具"把"气球 1"略缩小，打开库面板，把元件的 Alpha 值设置为 0，在第 1～20 帧，第 20～40 帧，第 40～60 帧之间分别创建传统补间动画。

24. 编辑"气球 2"图层和"气球 3"图层，同步"23"。

25. 整个动画的时间轴如图 3－6－24 所示。

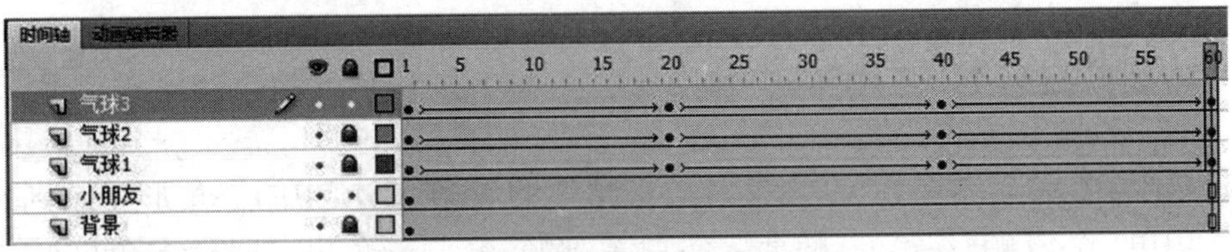

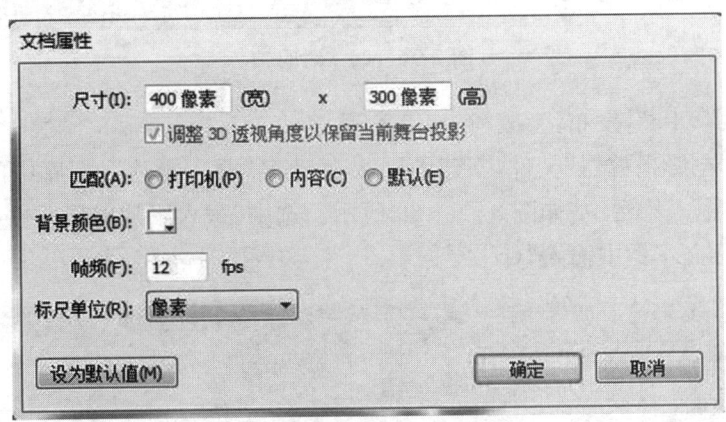

图 3－6－24　时间轴

26. 保存"2.fla"，文件，发布，生成"2.swf"文件。

27. 执行"文件→新建"命令，在"新建文档"对话框的"常规"面板中选择"Flash 文件（Actionscript 2.0）"，按"确定"，再选择菜单"修改→文档"，设置动画大小为 400×300、帧频为 12，如图 3－6－25 所示。

图 3－6－25　新建文件对话框

28. 把素材中的"认识图形背景.jpg"导入到舞台。

29. 新建图层 2，并改名"长方形"，用椭圆工具绘制长方形，笔触无，填充颜色任选。

30. 新建图层 3，并改名"椭圆"，把"长方形"图层中的长方形复制到椭圆图层中的第 4 帧，在第 20 帧插入空白关键帧，绘制椭圆，笔触无，填充颜色任选。在第 4～20 帧之间任一帧，创建补间形状。

31. 新建图层 4，并改名"三角形"，把椭圆图层中的第 20 帧中的椭圆复制到三角形图层中的第 20 帧，在第 40 帧插入空白关键帧，绘制三角形，选择"多角星形工具→属性→选项"，打开工具设置对话框，如图 3－6－26 所示。

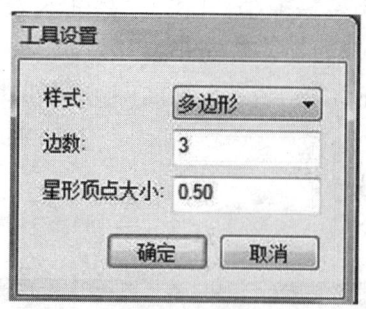
图 3-6-26　工具设置对话框

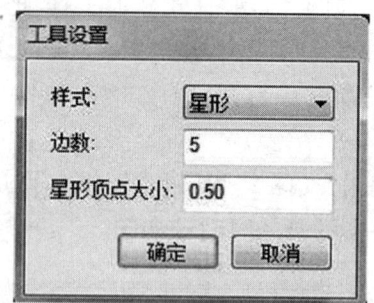
图 3-6-27　工具设置对话框

32. 新建图层5，并改名"五角星"，把三角形图层第 40 帧中的三角形复制到"五角星图层"中的第 40 帧，在第 60 帧插入空白关键帧，绘制五角星，选择"多角星形工具→属性→选项"，打开工具设置对话框，如图 3-6-27 所示。

33. 整个动画的时间轴如图 3-6-28 所示。

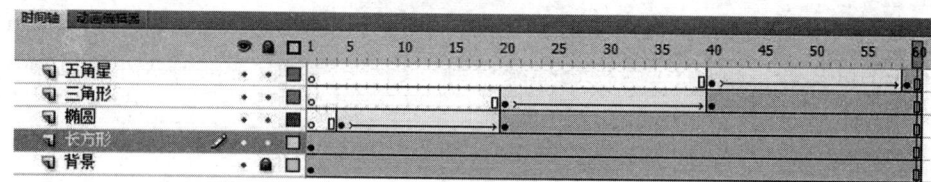

图 3-6-28　时间轴

34. 保存："3.fla"，发布，生成"3.swf"文件。

35. 打开"电影播放器"文件，新建图层2，并改名"载入影片"，把库中的"载入影片"影片剪辑元件拖入舞台中，如图 3-6-29 所示。选中"载入影片剪辑元件"，打开属性面板，在实例名称文本框中输入"yp"。

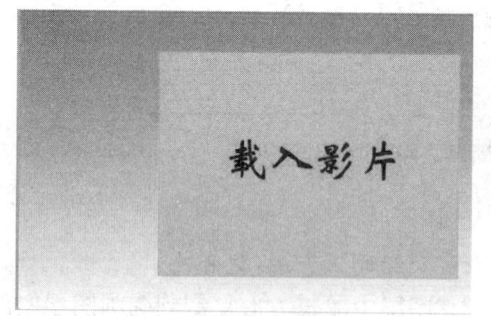

图 3-6-29　载入影片元件在舞台中的位置

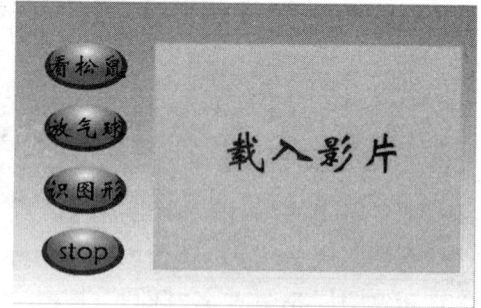

图 3-6-30　四个按钮在舞台中的位置

36. 新建图层3，并改名"按钮"，把库中的四个按钮，分别拖入舞台中，如图3-6-30 所示。选中"看松鼠"按钮，单击"窗口"菜单，单击"动作"，打开"动作面板"，输入脚本语句，如图 3-6-31 所示。

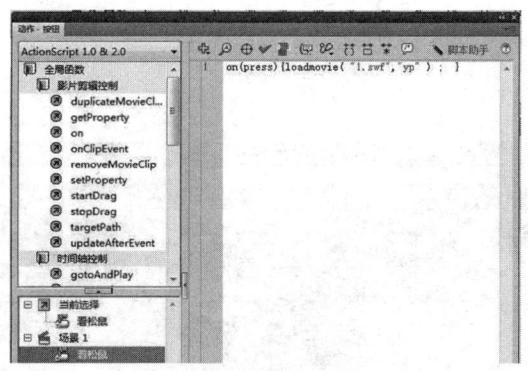

图 3-6-31　动作面板窗口

37. 选中"放气球"按钮，单击"窗口"菜单，单击"动作"，打开"动作面板"，输入脚本语句"On(press){loadmovie("y2.swf","yp");}"。

38. 选中"识图形"按钮，打开"动作面板"，输入脚本语句"On(press){loadmovie("y3.swf","yp");}"。

39. 选中"stop"按钮，打开"动作面板"，输入脚本语句"On(press){unloadmovie("yp");}"。

40. 整个动画的时间轴如图 3-6-32 所示。

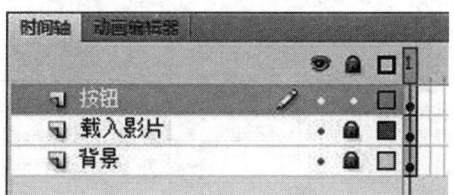

图 3-6-32　时间轴效果

41. 单击"文件"，保存，文件名还是"电影播放器.fla"。
42. 测试动画。

**活动二　利用 Flash CS5 制作"阳光幼儿园网站片头"**

活动目标：

1. 学会使用"矩形工具"、"任意变形工具"和"渐变变形工具"等。
2. 学会创建遮罩动画、逐帧动画等。
3. 学会给"关键帧"和"重播按钮"加动作脚本语句。
4. 通过"阳光幼儿园网站片头"项目学习，会处理动画素材，编辑适合幼儿园教育的简单的动画，为今后的教学做准备。

活动准备：

1. 写出"阳光幼儿园网站片头"学习项目的文字稿本，也可以绘制简单的图形加以说明。

2. 找素材,或者手绘草图;会操作 Flash CS5 动画软件。
3. 案例画面效果如图 3-6-33 所示。

图 3-6-33 最终画面效果

案例制作的大致步骤如图 3-6-34 所示。

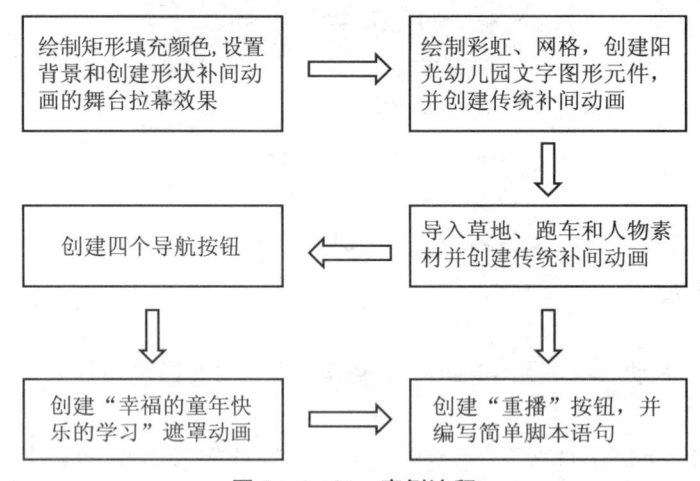

图 3-6-34 案例流程

活动过程:

1. 打开 Flash CS5 程序,执行"文件→新建"命令,在"新建文档"对话框的"常规"面板中选择"Flash 文件(Actionscript 2.0)",按"确定",再选择菜单"修改→文档",设置动画大小为 800×600、帧频为 12,背景"白色"。

2. 使用工具箱中的"矩形工具",在舞台上绘制一个具有渐变色的矩形(颜色:线性渐变从♯0099ff 到♯ffffff),用渐变变形工具转渐变方向,上蓝下白,如图 3-6-35 所示。

图 3-6-35　渐变矩形效果

3. 新建图层 2,并改名"2 左幕布",使用工具箱中的"矩形工具",在舞台上绘制一个"散件"矩形(无边框,填充颜色:♯0099ff),按住 Alt 单击,弹出对话框,设置 400 像素×600 像素,靠左对齐。在第 25 帧处插入关键帧,用任意变形将矩形向左变窄,并在第 1~25 帧之间创建形状补间动画,形成往左拉幕的效果。

4. 新建图层 3,并改名"3 右幕布",同步 2,绘制 400 像素×600 像素散件矩形,靠右对齐,在第 25 帧处插入关键帧,用任意变形将矩形向右变窄,并在第 1~25 帧之间创建形状补间动画,形成往右拉幕的效果。

5. 插入"彩虹"图形元件,绘制如图 3-6-36 所示的彩虹,边框白色,填充分别是红:♯ff6600,黄:♯0ccbff,蓝:♯ffcc00,先绘制矩形再用"选择工具"调弧度,如图 3-6-36所示。

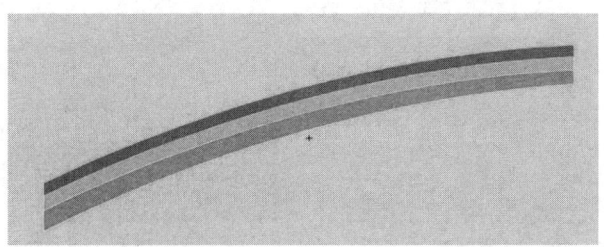

图 3-6-36　彩虹效果

6. 返回场景中,新建图层 4,并改名为"4 彩虹",在第 26 帧插入空白关键帧,把"彩虹"图形元件拖入舞台中,在第 45 帧处插入关键帧,在第 26~45 帧之间创建传统补间动画,把第 26 帧中元件的 Alpha 值改为 0,使它产生慢慢出现的效果。

7. 新建图层5,并改名为"5 网格",在第 30 帧插入空白关键帧,用虚线创建五个网格,如图 3-6-37 所示。

图 3-6-37　网格效果

8. 新建图形元件,输入"古",大小 50 点,颜色♯660066,复制"古"图形元件,改名为"方",内容也改为"方",同理建"幼"图形元件、"儿"图形元件、"园"图形元件。

9. 返回场景,新建图层6,并改名为"6 古",在第 30 帧插入空白关键帧,把"古"图形元件拖入舞台左侧,在第 45 帧插入关键帧,把"古"字移到最左端的网格上,在第 30～45 帧间创建传统补间动画。

10. 依次新建图层7,并改名为"7 方",在第 33 帧插入空白关键帧,把"方"图形元件拖入舞台左侧,在第 48 帧插入关键帧,把"方"字移到对应网格上,在第 33～48 帧之间创建"方"图形元件的传统补间动画。

11. 依次新建图层8,并改名为"8 幼",仿照第 10 步,在第 36 帧～51 帧创建"幼"图形元件的传统补间动画。

12. 依次新建图层9,并改名为"9 儿",仿照第 10 步,在第 39 帧～54 帧创建"方"图形元件的传统补间动画。

13. 依次新建图层10,并改名为"10 园",仿照第 10 步,在第 42 帧～57 帧创建"园"图形元件的传统补间动画。

14. 新建图层11,并改名"11 草地",执行"插入→新建元件"命令,打开"创建新元件"对话框,名称"草地",类型"图形",进入元件编辑环境,把素材中的图片"s.gif"导入到舞台。返回场景,在第 30 帧插入关键帧,把"草地图形元件"拖入舞台中,在第 50 帧插入关键帧,再改第 30 帧的元件的属性 Alpha 值为 0,在第 30～50 帧之间任一帧创建传统补间动画。第 30 帧如图 3-6-38 所示,第 50 帧如图 3-6-39 所示。

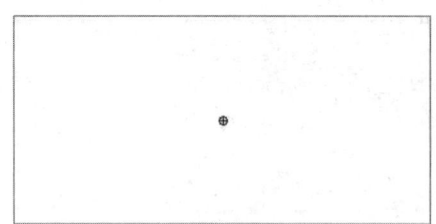 

图 3-6-38　元件效果 1　　　　图 3-6-39　元件效果 2

15. 新建图层12,并改名"12 跑车",执行"插入→新建元件"命令,打开"创建新元件"对话框,名称"跑车",类型"图形",进入元件编辑环境,把素材中的图片"22.gif"导入到舞台。返回场景,在第 50 帧插入关键帧,把"跑车图形元件"拖入舞台中,放在舞台的右侧,在第 70 帧插入关键帧,把元件移到左侧,在第 50～70 帧之间任一帧创建传统补间动画。

16. 新建图层 13,并改名"13 人物",执行"插入→新建元件"命令,打开"创建新元件"对话框,名称"人物",类型"图形",进入元件编辑环境,把素材中的图片"006.gif"导入到舞台。返回场景,在第 35 帧插入关键帧,把"人物图形元件"拖入舞台中,放在舞台的中间,在第 70 帧插入关键帧,再改第 35 帧中元件的属性 Alpha 值为 0,在第 50～70 帧之间任一帧创建传统补间动画。创建人物慢慢出现的效果。

17. 新建图层 14,并改名"14 导航",创建一个名称为"简介"的按钮元件,使用"刷子"工具,绘制一个白云图案。使用"文本"工具,在图像上输入文字"简介",在"指针经过"帧按 F6 键插入关键帧,将白云和文字适当放大,如图 3-6-40 所示。

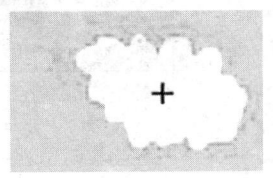  

图 3-6-40　元件效果

18. 返回场景,按照第 17 步分别制作"园务管理"、"家园互动"和"教师介绍"按钮。
19. 返回场景,把在"14 导航"图层的第 57 帧按 F6 插入关键帧,将库中的"简介"、"教师介绍"、"家园互动"和"园务管理"元件移动到舞台上,如图 3-6-41 所示。

图 3-6-41　元件在舞台上的位置

20. 新建"幸福的童年快乐的学习"图形元件,大小和颜色自定。如图 3-6-42 所示。

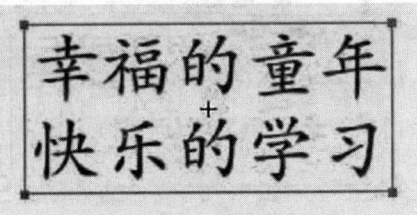

图 3-6-42　元件效果

21. 新建"文字组"影片剪辑元件,进入元件编辑环境,把"幸福的童年快乐的学习"

图形元件拖入图层1的舞台中。

新建图层2,用"矩形工具"绘制矩形,填充颜色为线性渐变的白色,三个颜料桶的Alpha值分别是0%,100%,0%,如图3-6-43所示。在第30帧插入关键帧,把矩形移到文字的右端,如图3-6-44所示。在第1～30之间创建补间动画。

新建图层3,把图层1中文字复制到图层3中,与图层1中的文字对齐。把图层3的属性改为"遮罩层",图层2的属性改为"被遮罩层"。如图3-6-45所示。

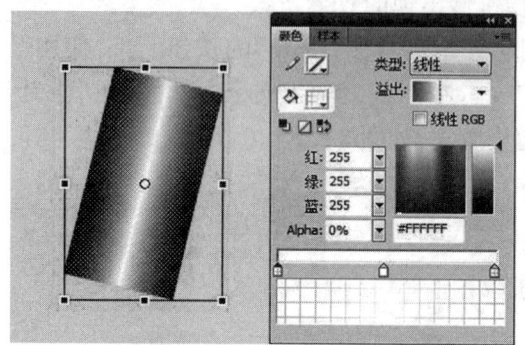
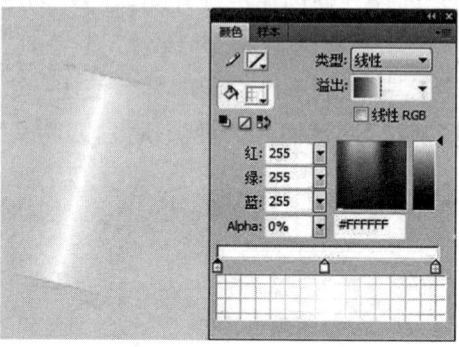

图3-6-43 元件编辑及效果

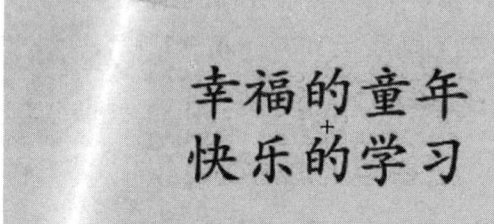
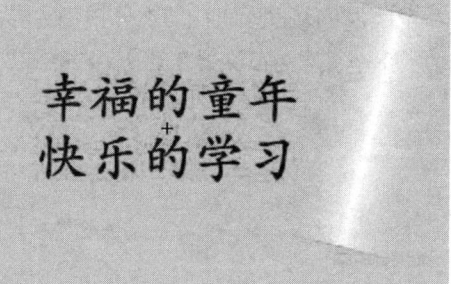

图3-6-44 元件位置

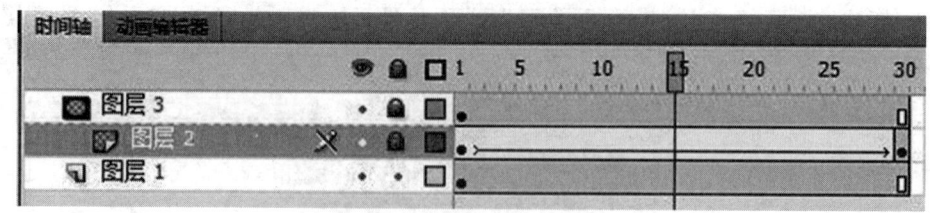

图3-6-45 时间轴

22. 新建图层15,并改名"15文字组",在第70帧处插入关键帧,把"文字组"影片剪辑元件拖入舞台中,如图3-6-46所示。

23. 新建图层16,并改名"16停止帧",在第80帧处插入关键帧,打开"动作"面板,输入"stop();"关闭,在关键帧上出现"a"标志。

图 3-6-46　文字元件在舞台中的位置

24. 新建图层 17，并改名"17 重播按钮"，在第 70 帧处插入关键帧，把"重播"按钮拖入舞台的右下方。

25. 整个动画的时间轴如图 3-6-47 所示。

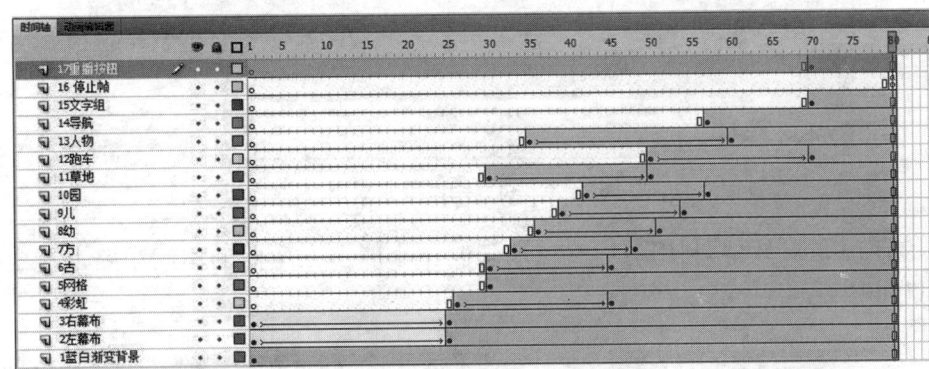

图 3-6-47　时间轴

26. 保存文件名为"阳光幼儿园网站片头.fla"。

27. 选择"控制→测试影片"命令，测试影片效果。

### 探究与思考

1. 使用尚书 7.0 将手机拍摄的一段文字图片转为文本文件。

2. 常见的音频格式有哪些？如何进行格式转换？

3. 常见的视频格式有哪些？如何进行格式转换？

4. 上网探究音频、视频编辑软件的种类，并就其音频、视频的处理功能进行恰当的比较。

5. 录制一段不少于 1 分钟的幼儿故事或者儿歌，运用 Audition 编辑音频，给音频降噪，配上背景音乐。

6. 拍摄校园视频，应用视频处理技术在会声会影中合成一段完整的视频。

7. 运用PS,仿照"圣诞节雪景"图(如图3-6-48)自己动手设计一幅"圣诞节雪景图"。

图3-6-48　圣诞节雪景图

8. 运用Flash软件,利用引导路径动画制作小朋友在弯曲的田间小路上行走的动画,效果如图3-6-49。

图3-6-49　小朋友在弯曲的田间小路上行走

9. 能结合一种AR教育产品,设计一节幼儿园的教育活动并撰写教学方案。

## 模块四 多媒体课件设计与开发

1. 了解课件的类型、特点，掌握多媒体课件设计与开发的原则和制作流程。

2. 了解 PowerPoint 2010 的特点，掌握 PowerPoint 2010 的基本操作，掌握个性化课堂演示型课件开发的要素与方法。

3. 学会利用 Smart Notebook 软件设计制作交互式电子白板演示课件。

4. 学会利用 Dreamweaver 制作表格样式的网页。

5. 掌握微课的特点以及微课的制作方法，学会利用 Camtsia Recorder 8 制作幼儿教学微课。

6. 掌握移动学习基本概念及特点，掌握移动学习常见的应用。

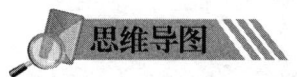

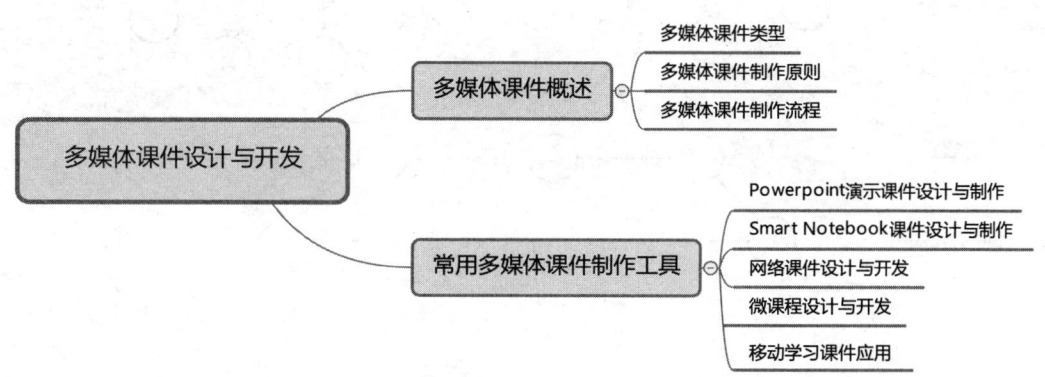

## 第一讲 多媒体课件概述

### 基础知识

多媒体课件是多种媒体元素通过相应集成平台组合制作而成的教学软件，具有集成性、交互性、实时性、数字化和多样化等特点。多媒体课件在教学中改变了教师信息的传递形式和方法，有效提高了教学效率和教学质量，同时促进了学生学习方式的变革，因此受到了广大教师的普遍关注，学会并开发高质量的多媒体课件已经成为合格教师的必备技能。

### 一、多媒体课件的类型

教学设计的理念不同，学科的特点不同，课件的开发平台不同，多媒体课件的类型也不一样。根据课件的使用目的可以划分为个别指导型、练习训练型、问题解决型、问答型、模拟游戏型等类型；根据实现的功能可以划分为演示型、资料工具型、自主学习型、模拟实验型、训练复习型和教学游戏型等类型；根据制作的结构不同可以划分为线性结构、树状结构、网络结构和复合结构，如图 4-1-1 所示。

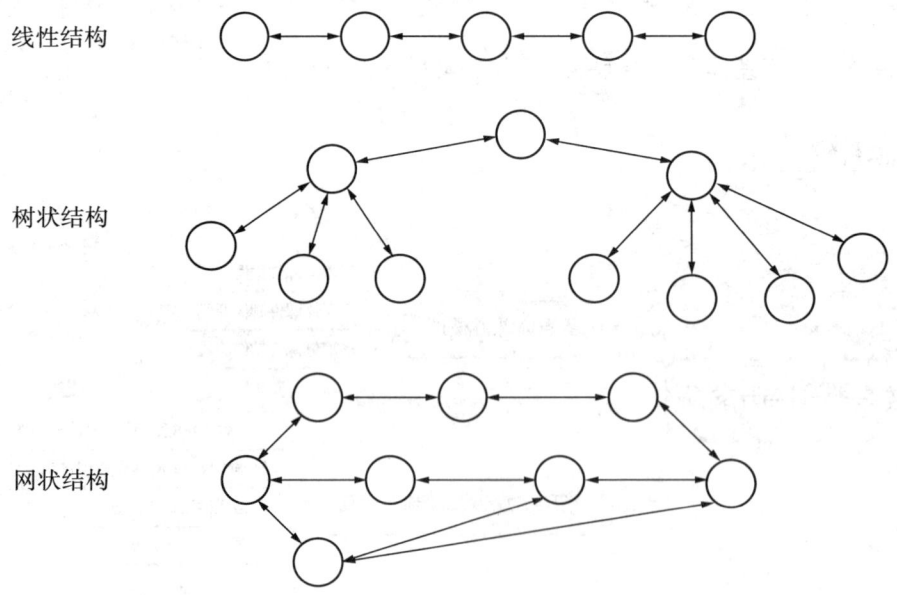

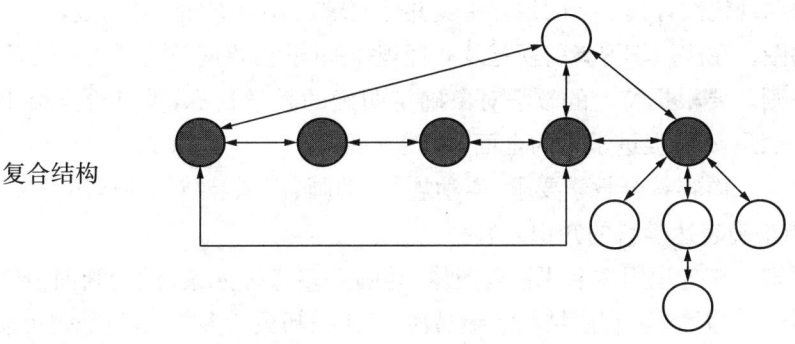

复合结构

图 4-1-1　多媒体课件结构示意图

1. 演示型

演示型课件是展示事实性材料或反映问题解决的全过程,主要用于课堂教学、学术交流、企业产品展示等。在教学中根据教师的教学思路,运用多媒体形式展现教学信息,在直线式基础上进行简单的跳转和链接,逐步深入地呈现教学内容,可利用微软的 PowerPoint、金山的 WPS 演示、Adobe 的 Flash 演示文稿等自行编制。

2. 自主学习型

自主学习型课件在功能上扮演一个类似于教师的角色,通过友好的界面、丰富的学习内容、清晰的导航、系统的学习测量(前测、后测)以及完备的学习行为记录等,为学生的个别化学习提供指导。

3. 模拟实验型

模拟实验型课件是借助计算机仿真技术,模拟教学相关现象、实验过程、操作程序、问题情境等,供学习者进行模拟实验或探究发现学习使用。

4. 教学游戏型

教学游戏型课件是通过游戏的形式,将学科的知识内容、技能贯穿于游戏,寓教于乐,从而激发学生的学习兴趣,调动学生的学习积极性,促进学科知识、能力的提高,促进学生多元智能的发展。

5. 资料工具型

资料工具型课件一般是按主题(而不是学科)进行规划和建设的课件,同时包括各种电子工具书、电子字典以及各类图形库、动画库、声音库等,为学习者提供丰富的学习资料供课余时间查阅,教师也可以根据教学需要在课堂上进行辅助教学。

目前多媒体课件有广义与狭义之分,广义的课件包括网络课件和网络课程。狭义的课件是除了网络课件和网络课程之外的课件,如 PowerPoint 演示文稿、Flash 动画、电子书等。

## 二、多媒体课件设计制作原则

多媒体课件从放映的过程来看,最终是通过静态的画面展现教学内容的,因此画面的设计总体上必须遵循现代教育技术下的视觉审美共性要求,利用九宫格、对角线、S形等构图方法进行画面构图。在注意学习者的视觉及心理规律的同时,要遵循以下几个原则:

（1）教育性原则。要根据特定的教学对象确定明确的教学目标,重点难点突出,教学形式、教学方法灵活,要能促进学生的全面、个性发展。

（2）科学性原则。内容符合教学要求,科学规范,动画、模拟等技术的运用与展示要规范化、标准化,能正确表达学科的知识内容。

（3）技术性原则。充分运用文字、图形、图像、动画等多媒体元素,做到画面清晰,重点内容表达方法多样,数据结构、程序结构清晰易懂,控制技巧灵活多变,运行稳定可靠。

（4）艺术性原则。充分发挥线条、图形、色彩等的造型作用与艺术感染力,各章节的画面色彩、构图、人机交互等风格和谐统一,画面美观大方。

除此以外,多媒体课件的设计制作还必须考虑经济性、价值性、集成性、易用性、可扩展性等原则。

### 三、多媒体课件制作流程

多媒体课件制作是个系统工程,是团队集体智慧的结晶,涉及人员广泛,有教师、技术人员以及学科专家,同时还需要恰当的硬件环境和一定的经费支持。因此在多媒体课件开发过程中,要遵循课件开发的流程,在现代教育思想和教育理论的指导下,做好项目计划、系统教学设计、系统结构设计、导航与交互设计等。多媒体课件制作的一般过程,如图4-1-2所示。

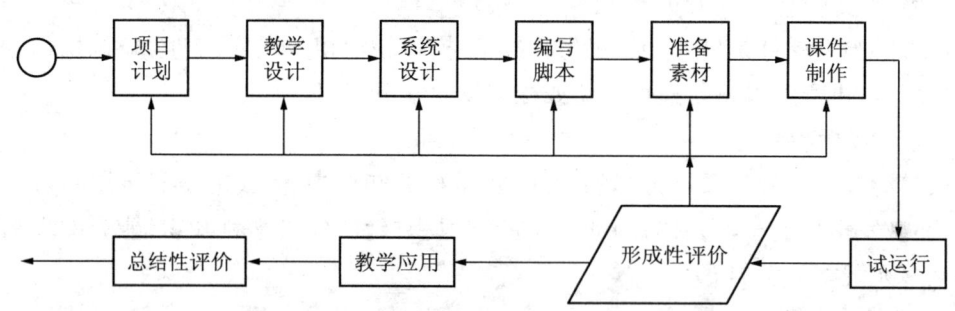

图4-1-2 多媒体教学课件开发的一般过程

1. 项目计划

项目计划主要是确定选题,选择能发挥多媒体课件作用及优势、突出教学重点和难点的题材,同时对课题的需求以及可行性进行分析。包括开发课件的目的、需要解决的问题、预期的效果以及软硬件条件、技术储备、难易程度、投入成本与产出的综合效益等。

2. 教学设计

课件质量的高低主要取决于系统教学设计。现代教育思想、理念与方法通过课件的结构体系加以体现。系统教学设计包括学习者特征分析、教学目标与教学内容分析、媒体的选择、教学策略的制定和教学评价等。

3. 系统设计

系统设计的主要工作包括结构与功能的设计、屏幕画面的设计、导航策略的设计及交互界面的设计。多媒体课件制作中的教学策略是对教学内容及其组织形式、教学方法、教学程序及教学媒体的总体设计,导航以及链接交互是教学策略的外在体现和实现手段。

系统知识的组织结构是知识内容及其相互关系逻辑体系的呈现方式,是教学课件设计的框架,一般由封面、主界面、次界面(单元界面)和内容等部分组成。

屏幕画面设计包括屏幕版面、颜色搭配、字体形象和修饰美化等,要求美观,风格统一,视觉冲击力较强,个性风格明显;颜色搭配要遵循色彩规律,如背景与图文主体色的对比度、主色调的一致性、搭配色的和谐关系等;文字要少而精,重点突出,均衡分布,文字大小要考虑课件的放映环境,不能太小,内页段落字体用 20 号黑体可满足大多数放映环境需求。

导航是系统知识体系的规律展示,是信息传播方式的具体体现。清晰的链接结构是学生知识建构的基础和关键,主界面和次界面(单元界面)均有导航作用。

4. 编写脚本

脚本是课件设计的文字描述,是课件设计制作的依据,对提高课件质量水平和制作效率有着重要的影响。脚本有文字脚本和制作脚本之分。

文字脚本用于描述教学内容及其呈现方式,包括教学目标分析、教学内容和知识点的确定、学习者特征分析、学习模式选择、教学策略制定以及媒体的选择等。

文字脚本可通过表格的方式进行设计,包括:序号、课件的教学对象、课件的功能与特点、课件的使用方法、内容、媒体类型、呈现方式等,如表 4-1-1 所示。

表 4-1-1 课件"粽子里的故事"文字脚本

| 学 科 | 语言 | 课题名称 | | 粽子里的故事 | |
|---|---|---|---|---|---|
| 使用对象 | 中班 | 课题用途 | 新授课 | 设计 | ××× |
| 序号 | 内容 | | 媒体类型 | 呈现方式 | |
| 1 | 老奶奶生病了 | | 表情、文字 | 出现主人公形象,提问发生了什么 | |
| 2 | 各种小动物形象 | | 图片 | 小动物们在干什么 | |
| 3 | 琵琶语音乐 | | 音频 | 配合讲述故事播放 | |
| 4 | 小动物们都讲不出故事 | | 图片、文字 | 请幼儿猜一猜会发生什么 | |
| 5 | 小姑娘会去老奶奶家吗 | | 文字、音频 | 幼儿继续听故事 | |
| 6 | 小姑娘采蘑菇 | | 图片 | 她会去老奶奶家吗 | |
| 7 | 琵琶语音乐 | | 音频 | 继续配合故事播放 | |
| 8 | 小姑娘吃了粽子讲故事 | | 图片 | 幼儿观察,发表想法 | |
| 9 | 大家一起听小姑娘讲故事 | | 图片、文字 | 观察所有人的表情,学会倾听 | |

制作脚本是在文字脚本的基础上，详细说明课件标志、色彩风格、字体类型、版面布局、导航方式、呈现方式、课件结构以及交互设计等内容，如表4－1－2所示。

表4－1－2 制作脚本卡片格式

| 页面编号 | | 所属模块 | | 文件名 | |
|---|---|---|---|---|---|
| 版面布局结构图 | | | 版面描述 | | |
| 呈现顺序、效果要求 | | | 媒体呈现描述 | | |
| 页面进入、退出方式 | | | 链接关系描述 | | |

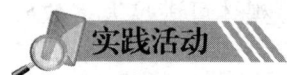

**实践活动**

1. 网络查询幼儿园课堂教学的比赛获奖课件，分析并讨论课件制作的指导思想与开发方法。

2. 结合自己的专业，针对幼儿园课程中的某一教学单元，设计一个多媒体课件制作的结构图，并编写好文字脚本和制作脚本。

## 第二讲　PowerPoint 演示课件设计与制作

PPT 制作展示

### 一、PowerPoint 演示文稿操作要点（以 PowerPoint 2010 为例）

**（一）基本操作**

（1）启动 PowerPoint，在"新建"菜单中选择"空白演示文稿"，如图4－2－1所示。

（2）增删新幻灯片页面。单击"开始"菜单中的"新建幻灯片"命令，即可插入一张新的幻灯片。

选中要删除的幻灯片页面，然后按"Del"键，即可删除一张幻灯片。

（3）调整幻灯片次序。在普通视图或幻灯片浏览视图中，拖动幻灯片到目的位置，即可完成幻灯片次序的调整。

（4）保存PPT。单击保存图标，选择文件存放的路径，输入文件名，默认后缀名为.pptx。

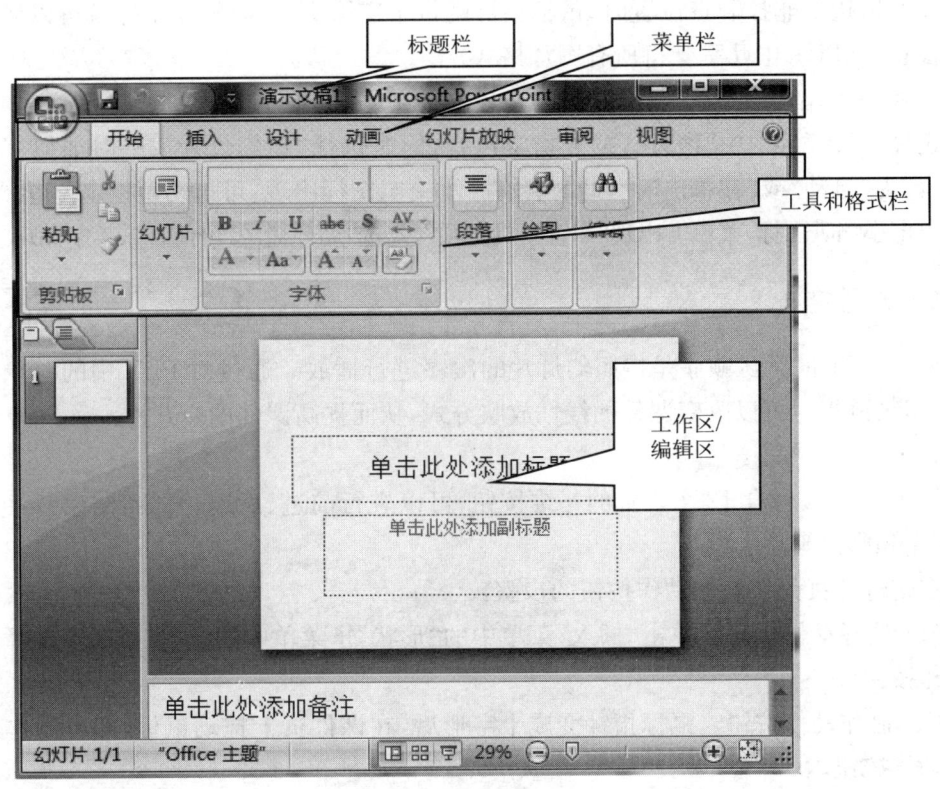

图 4-2-1 新建 PPT 演示文档

## (二) PPT 的编排与修改

1. 选择版式

在工作区右击鼠标,在右键菜单中选"版式",可以选择不同的幻灯片版式,一般可以选择"空白版式"。

2. 应用背景

在工作区右击鼠标,在右键菜单中选"设置背景格式",可以设置 PPT 的背景是"纯色填充"或"图片填充"等。

3. 插入文本

(1) 输入文本。选择"插入"菜单中"文本框"中"横排文本框"命令后,在编辑区拖动鼠标,绘出文本框,然后输入相应文字。选中输入的文字,设置相应的字体、字号、颜色等。

(2) 调整文本位置。通过调整文本框的位置来调整文本的位置。先选中要调整的文本框,使其边框上出现 8 个控制点,当鼠标指针放在文本框边上非控制点位置时,鼠标指针附带十字箭头,这时拖动鼠标就可以调整文本框的位置。

4. 插入图片

选择"插入"菜单中"图片",插入指定图片。选中图片,使其边上出现 8 个控制点,拖动控制点,可调整图片大小;转动控制点上方的小绿点,可旋转图片角度;当鼠标指针放在文本框边上非控制点位置时,鼠标指针附带十字箭头,这时拖动鼠标就可以调整图片的位置。(PPT 中几乎支持所有图片格式)

5. 插入声音

选择"插入"菜单中"声音",插入指定声音,同时选择"在幻灯片放映时如何开始播放声音"为"自动"或"在单击时",此时会有一小喇叭图标出现,可拖动至指定位置。

单击小喇叭图标,菜单上出现"声音工具选项",勾选"循环播放"可使音乐不断循环。

(三) 创建交互

放映 PPT 的默认顺序是按照幻灯片的次序进行播放。通过对 PPT 中的对象设置动作(超级链接),可以改变课件的线性放映方式,从而提高课件的交互性。

1. 动作按钮链接

PowerPoint 包含 12 个内置的三维按钮,可以进行前进、后退、开始、结束、帮助、信息、声音和影片等动作设置。

在幻灯片页面上制作动作按钮的步骤:

(1) 选择动作按钮。单击"插入"菜单中的"形状"子菜单中的"动作按钮",选择所需的动作按钮。

(2) 制作动作按钮。鼠标指针变成十字形后,在课件页上拖动鼠标,即可制作出所需的动作按钮。

(3) 定义动作。在动作设置对话框中选择单击鼠标后将进行的动作或超链接,可跳转到本文档中的某一幻灯片或打开某一程序。

2. 图形对象链接

在要设置动作的图形对象上,单击"插入"菜单中的"形状",在其子菜单中选择"动作按钮",在动作设置对话框中选择单击鼠标后将进行的动作或超链接。

3. 文字链接

选中文本,单击"插入"菜单中的"形状"子菜单中的"动作按钮",其他设置同上。

(四) 动画

1. PowerPoint 动画基本特点

(1) 动画对象多样化。包括文字、图形和图像等各种对象都可产生动画效果。

(2) 动画动作模式化。无论动画对象是什么,其动作模式(或称动画方式)都被限制在 PowerPoint 所规定的 50 余种内。

(3) 动画制作方法极其简单。

2. 自定义动画

(1) 在幻灯片视图下,单击幻灯片中要设置动画效果的对象。

(2) 单击"动画"菜单中的"自定义动画"命令,然后在效果页面中选中合适的动画效果。自定义动画中,可设置动画出现的速度及先后顺序。

(3) 单击"预览"可看到动画效果,单击"确定",完成设置。

## (五) PPT 页面的切换

(1) 选中第一张幻灯片,单击"动画"菜单中的切换效果,选择其中的一种效果,若点击"全部应用",则所有幻灯片切换均使用这一效果。

(2) "换片方式"若选中"单击鼠标时",则在放映时,单击鼠标可播放下一张幻灯片;若选中"在此之后自动设置动画效果",并输入时间间隔,则在放映时按固定时间间隔自动换页。

## (六) PPT 的放映

PowerPoint 幻灯片的放映有三种操作方法:

### 1. 从头开始

单击"幻灯片放映"菜单中的"从头开始",从幻灯片第一张开始放映。

### 2. 从当前幻灯片开始

单击"幻灯片放映"菜单中的"从当前幻灯片开始",从当前正在编辑的这张幻灯片开始放映。

### 3. 自定义幻灯片放映

单击"幻灯片放映"菜单中的"自定义幻灯片放映",可以指定只播放其中的几张幻灯片。比如一个 PPT 里面有 30 页,那么可以指定播放其中的 10 页,这 10 页可以是连续的页面,也可以是不连续的页面。

## (七) PPT 的打包与解包

课件制作完成后,往往不是在同一台计算机上放映,如果仅仅将制作好的课件复制到另一台计算机上,而该机又未安装 PowerPoint 应用程序,或者课件中使用的链接文件或 TrueType 字体在该机上不存在,则无法保证课件的正常播放。常见问题及解决方法如下:

### 1. 目标电脑上 PowerPoint 应用程序版本太低

PPT 完成后,PowerPoint 2010 版本会生成后缀为.pptx 的文件,可以拷贝到其他装有 PowerPoint 2010 的电脑上使用。如果目标电脑上只有 PowerPoint 2003 或更早的版本,则必须安装 Office 2010 格式兼容包,才能正常打开.pptx 的文档;或者在制作PPT 的电脑上将其另存为.ppt 格式后使用。

### 2. 目标电脑上未安装 PowerPoint 应用程序

(1) 将 PPT 文件另存为后缀名为.pps 的文件,就可以直接在没有安装 PowerPoint 的电脑上双击运行。

(2) 打包 PPT。在主菜单中选择"发布"中的"CD 数据包",选择需要打包的文件复制到指定文件夹。此时运行指定文件夹内的 PPTVIEW.EXE 程序,即可播放 PPT。

在课件放映过程中,按 Esc 键即可终止放映;单击"Exit"按钮,即可退出 PowerPoint 播放器。

## 二、制作综合 PowerPoint 演示课件的具体要求

表 4-2-1 Power Point 课件制作要求

| 各项指标 | 具体要求 |
|---|---|
| 教学设计 | 教学目标、对象明确,教学策略得当;<br>界面设计合理,风格统一,有必要的交互;<br>有清晰的文字介绍和帮助文档。 |
| 内容呈现 | 内容丰富、科学,表述准确,术语规范;<br>选材适当,表现方式合理;<br>语言简洁、生动,文字规范;<br>素材(文本、音视频、动画等)选用恰当,结构合理。 |
| 技术运用 | 程序运行稳定,操作方式简便、快捷;<br>导航方便合理,路径可选;<br>有效运用新技术。 |

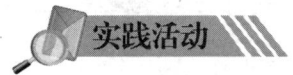

### 活动一 制作美食电子相册

活动目标:

1. 掌握 PowerPoint 2010 中插入图片、声音的方法。
2. 掌握幻灯片自动切换的方法。

活动准备:

美食图片若干、背景音乐。

整体 PPT 演示要求:

1. 第一页:封面文字:"美食那些事儿"。

2. 第二页:开始播放美食图片,每隔 3 秒自动换页,同时播放背景音乐,幻灯片放映结束时停止背景音乐的播放。

活动过程:

1. 运行 PowerPoint 2010,新建一个空白文档。

2. 在工作区右击,选择"版式"为"空白"。

3. 插入艺术字,任选一种样式,输入"美食那些事儿"。

4. 在"开始"菜单中选择"新建幻灯片"。

5. 选择"插入"菜单中"图片",如图 4-2-2 所示;找到"美食 1"图片并插入,如图 4-2-3 所示;选中图片,在出现控点时拖动控点调整图片位置与大小,如图 4-2-4 所示。

图 4-2-2　插入图片

图 4-2-3　选择美食 1 图片

图 4-2-4　调整图片大小

6. 重复第 4 步，将其他 8 张美食图片插入幻灯片。现在共有 10 张幻灯片。

7. 选中第一页幻灯片，选择"插入"菜单中"声音→文件中的声音"，如图 4-2-5 所示，找到"背景音乐.mp3"插入，并选择在幻灯片放映时"自动"开始播放声音，如图 4-2-6 所示。

图 4-2-5　插入声音

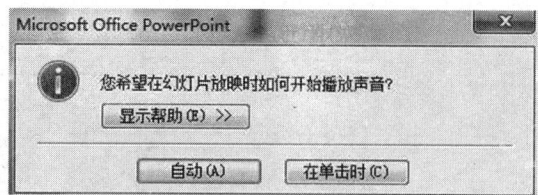

图 4-2-6 播放声音

8. 此时在画面中出现一个小喇叭,点击小喇叭,在"动画"菜单中选择"自定义动画",如图4-2-7所示。此时工作区右侧出现"自定义动画"面板,如图4-2-8所示。右击动画"背景音乐.mp3",选择"效果选项",如图4-2-9所示,在"播放声音"窗口"效果"标签的"停止播放"的"在[　]张幻灯片后"输入数字10,如图4-2-10所示。

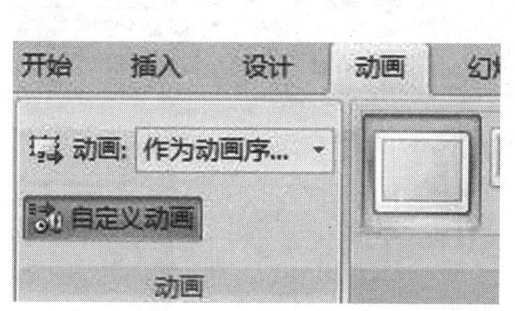

图 4-2-7 自定义动画

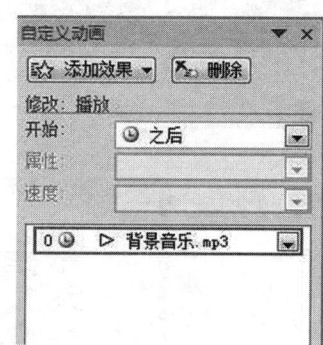

图 4-2-8 添加效果

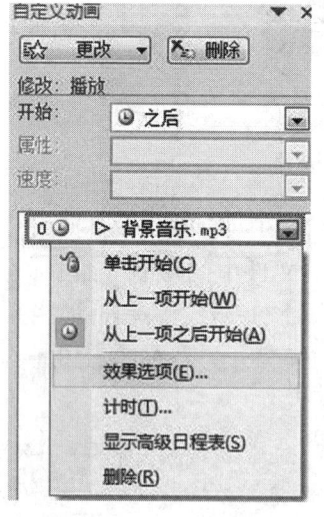

图 4-2-9 效果选项

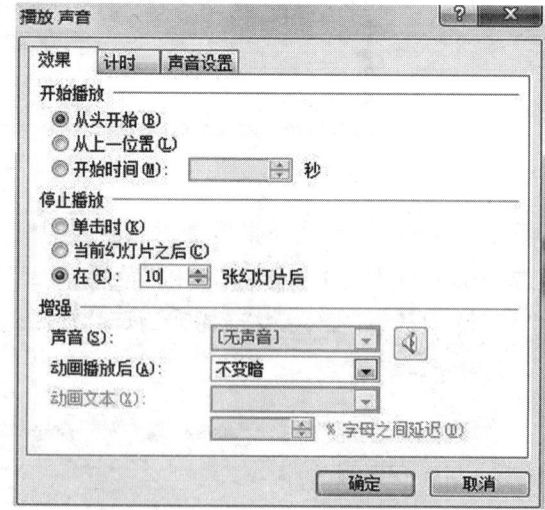

图 4-2-10 播放声音设置

9. 在"动画"菜单中选择"平滑淡出"效果,勾选"在此之前自动设置动画效果"并设为3秒,点击"全部应用",如图4-2-11所示。

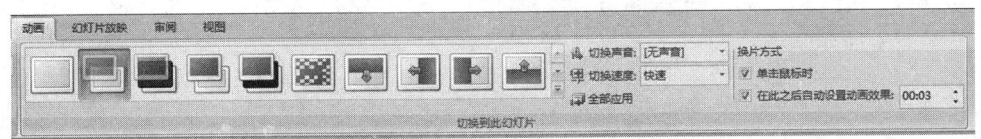

图 4-2-11 动画效果设置

10. 选择"幻灯片放映"菜单中"从头放映"。现在你可以跟着音乐欣赏"美食那些事儿"。

### 活动二　制作绘本课件《动物绝对不应该穿衣服》

活动目标：

1. 掌握 PowerPoint 2010 中图片尺寸的设置，以及自定义动画的设置。

2. 掌握超链接的设置方法。

活动准备：

绘本图片，音乐。

整体 PPT 演示要求：

1. 第一页：显示绘本封面。

2. 第二页：显示背景图，包含鼠、公鸡、蛇、刺猬 4 个动物。

3. 第三页：先显示 8 张动物小图，点击小图时分别出现动物大图，点击动物大图回到 8 张小图。

活动过程：

1. 运行 PowerPoint 2010，新建一个空白文档。

2. 在菜单上点"插入→图片"，找到"封面.jpg"这个文件，如图 4-2-12 所示。

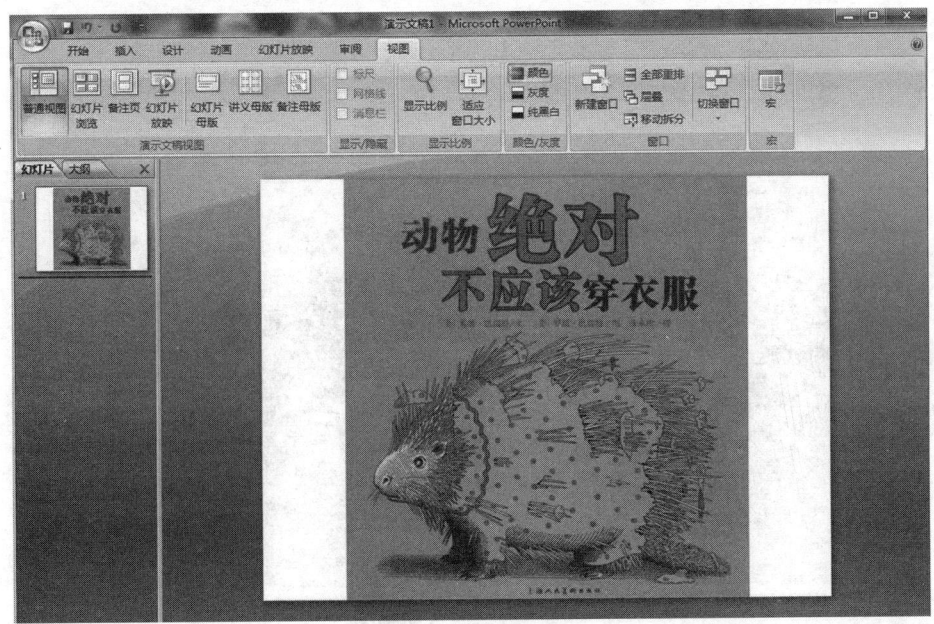

图 4-2-12　封面

3. 新建空白幻灯片，插入图片"背景.jpg"，将背景图大小调整到布满工作区，如图 4－2－13 所示。

图 4－2－13　新幻灯片

4. 依次插入刺猬、公鸡、蛇、鼠 4 张 PNG 图片（PNG 图片是背景透明的，适合放在各种底图上），调整在幻灯片中的位置，如图 4－2－14 所示。

图 4－2－14　插入动物图片

5. 新建空白幻灯片,插入袋鼠、猪、长颈鹿、骆驼等 8 张 JPG 图片。

右击长颈鹿图片,在右键菜单中选择"设置图片格式",选"线型",给图片加上外框,如图 4-2-15 和图 4-2-16 所示。

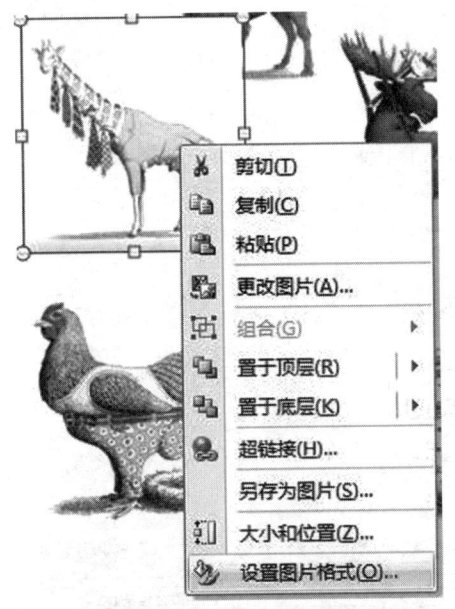

图 4-2-15 设置图片格式

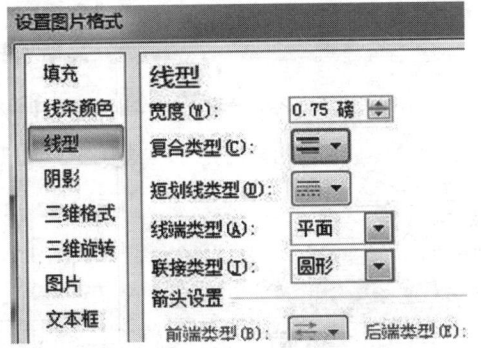

图 4-2-16 设置图片格式

在右键菜单中选择"大小和位置",设置"高度"为 6 厘米。

其他图片按以上步骤同样操作,统一图片尺寸。

根据需要将图片排列好。

6. 新建 8 张幻灯片,每一张分别插入一个动物图片,调整动物图片的位置,现共有 11 张幻灯片,如图 4-2-17 所示。

图 4-2-17 调整幻灯片位置

7. 设置超链接,以刺猬为例。在第三张幻灯片上,选中刺猬图片右击,在右键菜单中选择"超链接",弹出"插入超链接"窗口,在"链接到"中选择"文档中的位置",在"请选择文档中的位置"选择"幻灯片 4",按"确定",如图 4-2-18 和图 4-2-19 所示。

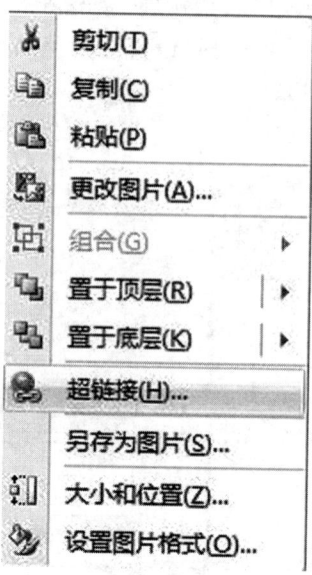

图 4-2-18 超链接

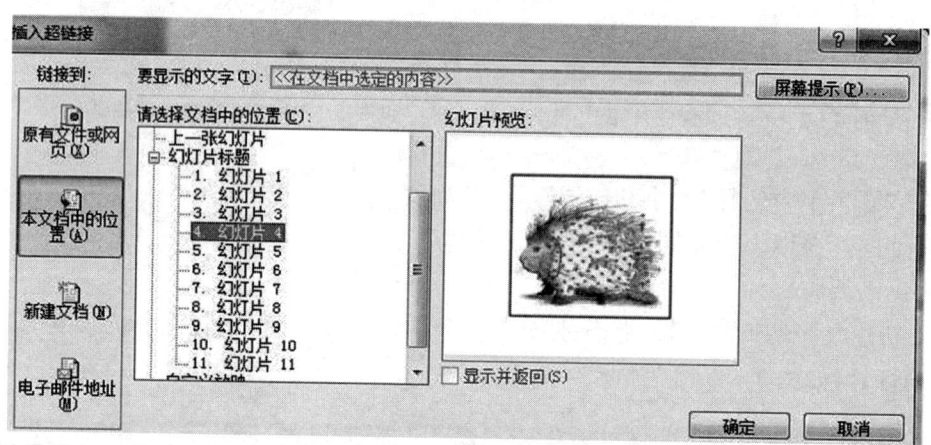

图 4-2-19 插入超链接

其他动物图片按此步骤操作，分别链接到幻灯片 5 至幻灯片 11。

8. 在幻灯片 4 至幻灯片 11 上分别设置动作按钮，点击后返回幻灯片 3。

在第 4 张幻灯片上，选择"插入"菜单中"形状"的"动作按钮"，选第一个动作按钮，在工作区拖动鼠标绘出一个动作按钮，出现"动作设置"对话框，在"超链接到"中选择"幻灯片 3"，如图 4-2-20 和图 4-2-21 所示。

9. 复制这个动作按钮，分别粘贴到幻灯片 5 至幻灯片 11。

10. 选择"幻灯片放映"菜单中"从头放映"。放到第三张幻灯片时，鼠标移到小图上会出现手形，点击小图就会出现动物大图了，点击右下角的动作按钮可以回到第三张幻灯片，你想看哪个动物就点哪个了。

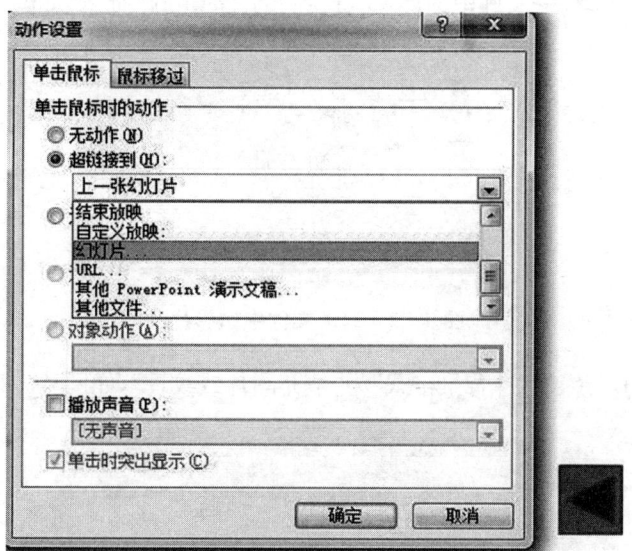

图 4-2-20 动作设置

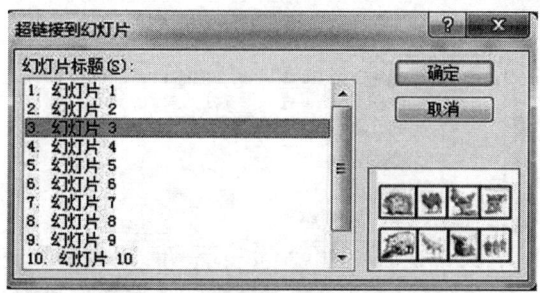

图 4-2-21 超链接到幻灯片

### 活动三 制作庆祝新年的片头

活动目标:

1. 掌握 PowerPoint 2010 中插入视频的方法。
2. 掌握自定义动画的设置方法。

活动准备:

视频。

整体 PPT 演示要求:

1. 第一页:播放倒计时视频。
2. 第二页:显示"新年快乐"4 个字,分别从幻灯片 4 个角飞入。

活动过程:

1. 运行 PowerPoint 2010,新建一个空白文档。

2. 选择"插入→影片→文件中的影片",找到"倒计时.mpg"插入,如图4-2-22所示。

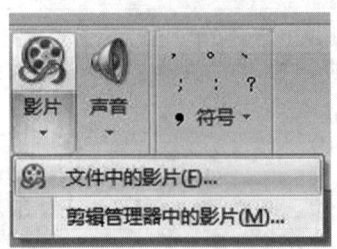

图4-2-22 文件中的影片

3. 新建空白幻灯片,设置"背景格式"为"填充图片或纹理",如图4-2-23所示。

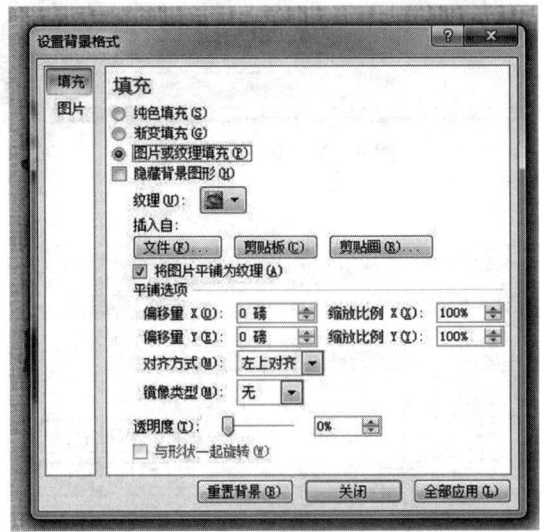

图4-2-23 设置背景格式

4. 将"新年快乐"4个字分别输入4个文本框,设置字体、字号、颜色,如图4-2-24所示。

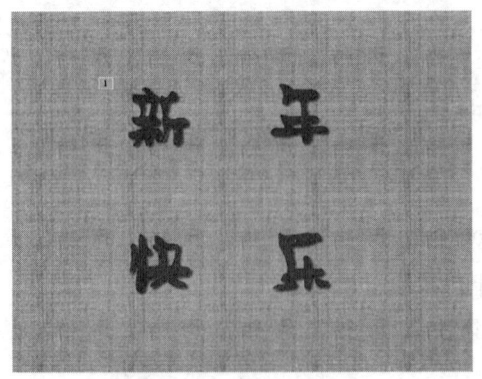

图4-2-24 新年快乐

5. 在"动画"菜单的"自定义动画"中,将"新""年""快""乐"4个字的进入效果设置为"飞入",分别设置方向为左上、右上、左下、右下,如图4-2-25所示。

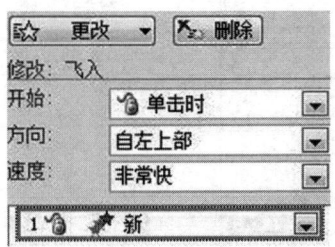

图4-2-25 自定义动画

6. 将四个字选中,添加"强调"效果为"陀螺旋",如图4-2-26所示。

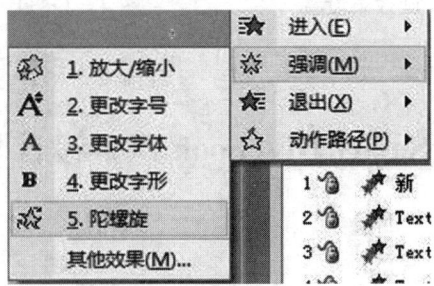

图4-2-26 动画效果设置

7. 注意:第4步中的4个字是同时飞入的,"新"字"开始"选"之后","年""快""乐"3个字的"开始"选"之前",如图4-2-27和图4-2-28所示;第5步中的"强调"动画也是这样设置,如图4-2-29和图4-2-30所示。

这样就实现了字体飞入后顺时针旋转。庆祝新年的片头完成了。

图4-2-27 动画效果设置

图4-2-28 动画效果设置

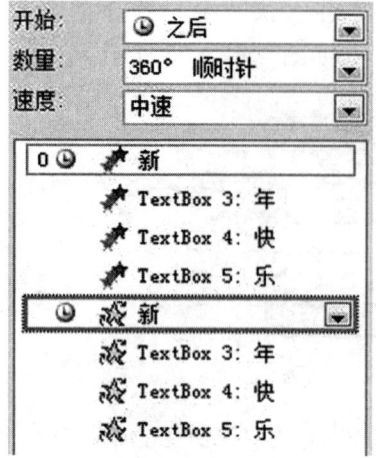
图4-2-29 动画效果设置

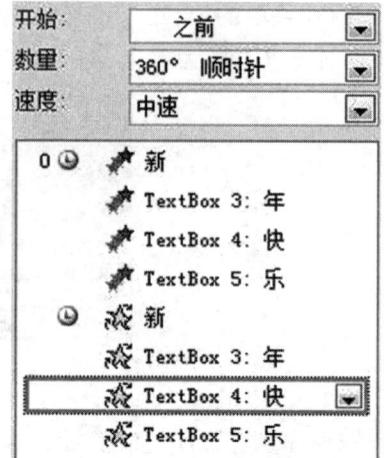
图4-2-30 动画效果设置

## 第三讲 Smart Notebook 课件设计与制作

SMART 杯教学
获奖课例

　　Smart Notebook 是一款与 Smart 交互式电子白板相配套的优秀白板课件制作与演示软件。Notebook 界面十分人性化,使用方法易于掌握。教师除了写、画以外,还可以将资源库中的各种媒体组织起来,完成在办公软件套件中 PowerPoint 所能达到的效果,同时它还有很多针对教学而专门创设的探照灯、屏幕遮罩、魔术笔等工具,可以直接辅助课堂教学的开展。如在呈现图片时,可引入"探照灯"工具,教师在制作课件时将图片先遮罩起来,到课堂上时,通过"探照灯"来查看;在呈现课题时,可引入"屏幕遮罩"来实现课题内容从页面的上边到下边、从左边到右边逐渐展开的功能,就像歌剧院的幕布一样,收放自如。这些功能,可以增加学生的乐趣,提升学生学习的兴趣,同时也达到了探索学习的目的。利用 Smart 电子白板教学,教师和学生可以零距离地接触和操作白板,可以用笔或者手指直接操作课件,实现人机合一。通过 Smart,可以让学生更加生动形象地掌握知识。

　　Smart Notebook 软件同时还是一个非常易于使用的开放性教学平台,利用这个软件,教师可以轻松收集、整理素材,不需要多高的技术水平,也不需要花费太多时间。教师可以用软件的屏幕截取功能一步完成截取和插入图片,如果需要改变图片的大小、角度等,也可以直接在软件中编辑,非常直观、快捷。Smart Board 桌面记录器还可以将电脑上的任何操作录成 AVI 格式的视频文件,文件体积可以压缩得很小。此外 Smart

Notebook 还可以将编辑过的内容保存下来以供课后反思。

Smart Notebook 软件是电子交互白板不可分割的一部分。它具有小块松散组合的操作、拖页功能；具有强大的工具和网络服务；兼容性较好，PPT、Flash 等课件都能顺利播放，并能非常方便地导入或导出多种格式的文件。

Smart Notebook 软件在幼儿园教学中使用也很广泛。例如在幼儿园语言课上，教师可以找一幅中国地图，将其拖动到编辑区，请学生上台用笔指出所讲的地方；再如对于物体运动之类的内容，教师可以用手指拖动相应对象，实时表现出运动的轨迹，从而提高幼儿学习的兴趣。总之只要用心挖掘，找到 Smart Notebook 特色功能与学科内容的结合点，就一定能够依托交互式电子白板，演绎更多精彩内容。

### 实践活动

**活动一　利用 Smart Notebook 软件中的基本工具辅助幼儿园教学**

活动目标：

1. 学习 Smart Notebook 软件打开与关闭。
2. 掌握 Smart Notebook 软件工具栏中各工具的使用。

活动准备：

1. 一台安装有 Smart Notebook 10 的计算机。
2. 了解并掌握一定的 Smart Notebook 软件的功能以及基本操作知识。
3. 掌握 Notebook 软件遮罩、魔术笔、页面记录在教学中的应用。

活动过程：

1. 双击桌面上的 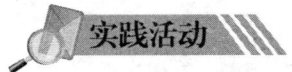 快捷方式图标，打开 Smart Notebook 软件。出现 Smart Notebook 软件的界面，如图 4-3-1 所示。

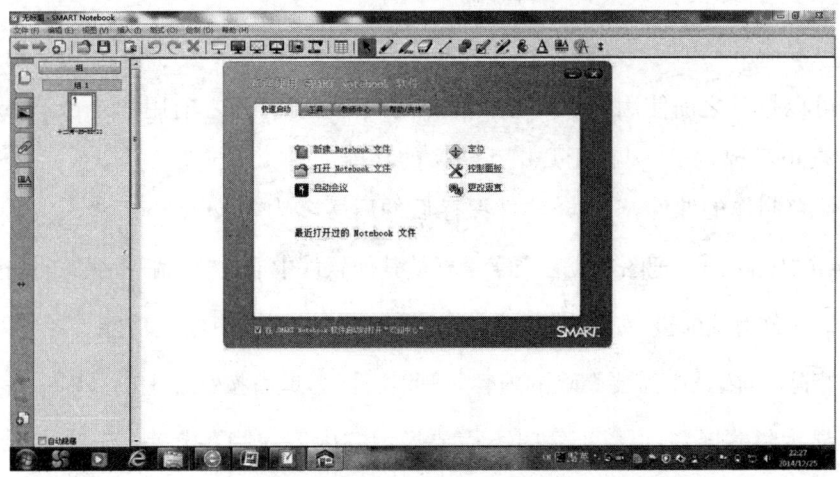

图 4-3-1　Smart Notebook 软件的界面

2. 关闭蓝色小窗口就可以开始制作课件了,要掌握 Smart 软件最主要的是要学会工具栏的功能及使用,如图 4-3-2 所示。

图 4-3-2 工具栏的功能

3. 插入空白页。和 PPT 制作一样,若内容过多可以分几页进行显示,在 Smart 软件中插入新的空白页也很简单,只要在软件界面左侧在第一张页面上点击右键,即可插入新的空白页,如图 4-3-3 所示。

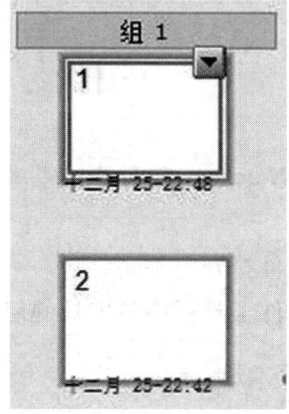

图 4-3-3 插入空白页

4. 工具栏详细说明,如图 4-3-4 所示。

图 4-3-4 工具栏

:页面前一页及后一页的翻页操作。

:可以添加新的一页,效果和上文插入空白页一样。

:可以打开之前使用 Smart 软件做的课件,也可打开之前用 Power point 软件做的课件。真正实现 Smart 与 PPT 相互转换的功能。

:保存制作的课件,Smart 软件保存后的后缀名为"*.notebook"。

:粘贴功能,可以把图片或者文字素材从其他软件中通过"复制→粘贴"的功能实现。

:撤销及前进,如做错了或者想恢复前一步可以使用此功能。

:删除功能,选中需要删除的内容,按此功能键,或者按键盘上的"Delete"键删除。

:显示隐藏屏幕,可以把暂时不需要显示的内容先隐藏起来,需要时再按此键打开显示。

:全屏显示课件,再按此键时恢复窗口模式。

:分页显示,如需要同时显示两张页面,可以使用此功能,再按此功能键时恢复单页显示。

:屏幕捕捉,可使用此功能把经典页面捕捉下来,方便以后查阅。

:插入表格,如果页面需要插入表格,请按此功能键操作,选择几行几列,表格即可生成。

:行列数选择,选择插入表格工具后可选择您所要的几行几列。

:选择工具,使用此功能后,页面中的对象都可进行移动。此键还可作为使用其他工具时还原鼠标指针功能的作用。(比较重要,经常用到)

:笔工具(可擦掉),可用此工具进行批注、画重点。选择笔工具后可选择想要选择的笔型,如图4-3-5所示。

图4-3-5 笔工具

:创作笔工具(可擦掉),可以用艺术型画线条、写字、批注等,也可单点作为笑脸、五角星表扬等。选择创作笔工具后可选择想要选择的笔型,如图4-3-6所示。

图4-3-6 创作笔工具

:橡皮擦工具,只可擦掉"笔工具"及"创作笔工具"所画内容,用在教师批注后擦除,其他工具做出的图形或文字请使用"删除"功能或键盘上的"Delete"键删除。选择橡皮擦工具后可选择橡皮擦的大小,如图4-3-7所示。

图4-3-7 橡皮擦工具

:线工具,能绘制出直线,或使用直线组成图形。选择线工具后可选择想使用的线型,如图4-3-8所示。

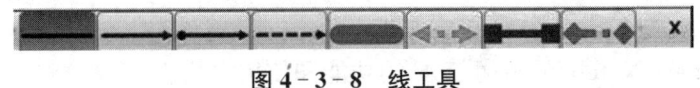

图4-3-8 线工具

:图形工具,可绘制出常用多边形图形。选择图形工具后可选择想绘制的多边形,如图4-3-9所示。

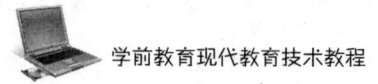

图4-3-9 图形工具

:图形识别笔,可自己画一个图形,电脑会自动识别所画的图形并优化图形质量。

:魔术笔工具,此工具不能随意画图形。但用其在重点词上画圆圈能让圆圈以外的地方变暗,着重强调圆圈内的词。在重点词上画方形能让方形内的重点词放大,着重强调方形内的词。

:填充工具,此填充工具并非填充背景颜色,而是在使用"图形工具"制作好图形后,填充图形内的颜色,使图形更漂亮,调动学生的积极性。

:文本工具,此工具常用到,可以在页面中添加文字。选择此工具,会出现如图4-3-10所示的样式菜单,选择任一样式后,在页面中画一个文本框,在文本框内的光标中可输入您的教学内容,如图4-3-11所示。

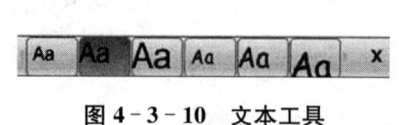

图4-3-10 文本工具

图4-3-11 文本框

:属性工具,此工具用于制作页面的背景颜色,可选择实心、渐变、图案、图像填充。

:移动工具栏,使用此工具可调整工具栏的位置,您可以选择把工具栏放在上面或者下面。

5. 菜单栏功能。

(1) 图形克隆技术:先在页面中画好图形→鼠标选中图形→右上角有个下拉箭头→选择无限克隆程序,可以无限地从此图形中拖出相同形状的图形。(建议先把图形拖在角落再克隆)

(2) Smart 转 PPT:如果用 Smart 制作完了,可以直接保存为 Smart 格式文件,也可选择菜单栏中的文件→导出→PowerPoint(PPT)文件。

(3) PPT 转 Smart:选择菜单栏中的文件→导入→选择您的 PPT 文件→保存为 Smart 格式。

6. 熟悉 Smart Notebook 中小工具的功能和使用方法。

下面结合大班语言活动《当我们同在一起》介绍小工具的使用。

(1)遮罩:使用遮罩工具可以将活动的部分内容隐藏起来,在适当的时机再显示出来,这样给幼儿以神秘感。

先把要隐藏的图片拖至页面中,然后点击工具栏中的屏幕隐藏键,就可以把暂时不需要显示的内容先隐藏起来,需要时点击页面并拖动就可以呈现图片,如图4-3-12所示。

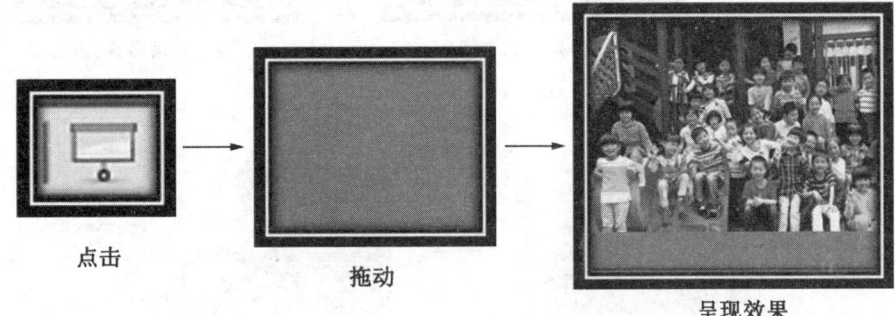

图 4-3-12　遮罩效果

(2)魔术笔:运用电子白板中的魔术笔可以聚光或放大局部,使幼儿清晰地看到故事中人物的变化,调动幼儿的多元智能,使幼儿积极地参与到学习过程中来。

先把需要的图片拖至页面中,然后点击工具栏中的魔术笔,在页面中随意地画一个圆圈,能让圆圈以外的地方变暗,着重强调圆圈里面的内容。鼠标键点击在蓝色圈以内随意拖动可以让圆圈随意地变大或变小;鼠标键在外圈可以随意拖动聚光区域,如图4-3-13所示。

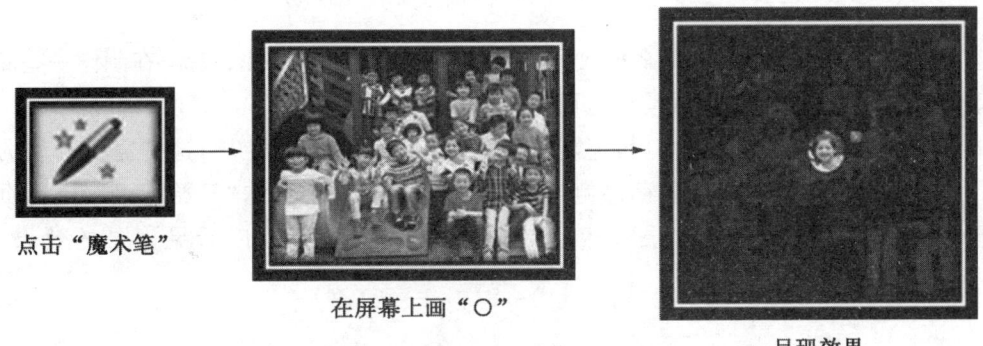

图 4-3-13　魔术笔聚光效果

先把需要的图片拖至页面中,然后点击工具栏中的魔术笔,在页面中随意地画一个方形,就能使局部的图片扩大,如图4-3-14所示。

(3)淡入:使用电子白板中图片淡入功能可以逐渐地呈现内容,培养幼儿的观察能力,如图4-3-15所示。

(4)页面记录:Smart白板软件中的页面记录功能可以快速地将你在页面上的操作

图 4-3-14 魔术笔放大效果

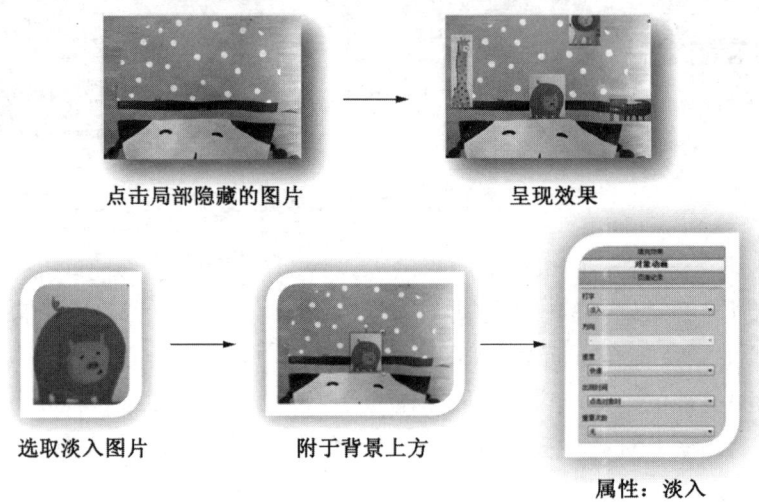

图 4-3-15 淡入效果

轨迹记录下来,虽没有 Flash 那么精致,但比制作 Flash 要来得方便、快捷,在制作一些简单的动画效果、书写、绘画轨迹时使用,页面记录功能还是不错的。

把需要的背景拖至页面中,再把需要移动的图片附在背景上层;选中需要移动的图片,右击菜单栏选择属性,在页面左侧选择"页面记录",然后点击"开始记录",进行页面记录;录完之后点击"停止记录";然后点击"播放"按钮,就可以看见记录的效果,如图 4-3-16 所示。

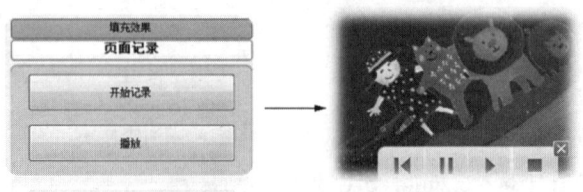

图 4-3-16 页面记录

## 活动二　利用 Smart Notebook 软件设计制作幼儿园数学教学活动软件

幼儿园小班上学期将开展数学活动——比较多少的教学实践。在此节活动中，教师为让幼儿更好地学习运用一一对应的方法发现，物体集合之间的多、少、一样多的数量关系，设计制作一个 Smart Notebook 交互式电子白板课件，让孩子们可以在拖拉物体的过程中更直观地感受物体多少的比较。

活动目标：

1. 了解 Smart Notebook 课件设计思路与制作流程，尝试制作简单的 Smart Notebook 课件。

2. 掌握 Smart Notebook 课件制作中页面复制、图形绘制的操作。

3. 掌握 Smart Notebook 课件制作中图片、Flash、声音等对象的插入。

活动准备：

1. 设计完善 Smart 电子白板教学活动设计表。与通常幼儿园开展教学需进行活动设计一样，开展 Smart 电子白板教学同样需要撰写相应的活动设计表。这可以帮助教师在上课前更好地运用系统方法，分析教学活动中可能发生的问题，确定教学目标，建立解决问题的策略方案和解决方案，促进修改方案，优化教学效果。

与幼儿园其他的教学活动相比，Smart 电子白板教学也有其不同。在进行 Smart 电子白板教学活动时，教师还要兼顾 Smart 电子白板的各项交互功能在课堂中更好地使用与实现。为使这些功能在课堂教学中充分体现出来，为幼儿教学服务，在教学设计之初，可以将每个环节的交互功能使用在教学活动设计表中单列出来。

我们参考历届 SMART 杯交互式电子白板教学应用大赛采用的 Smart 电子白板教学活动设计表，设计了本节活动的教学活动设计。根据教学设计，大致确定本课件需要制作 6 页。

表 4-3-1　教学活动设计表

| 教师 | 谷俊峰 | 学校 | 江苏省无锡市水秀实验幼儿园 |
|---|---|---|---|
| 年级 | 小班 | 学时 | 20 分钟 |
| 教学目标 | \multicolumn{3}{l}{1. 初步掌握用一一对应的方法比较两组物体的多、少和一样多的数量关系。<br>2. 在活动中能用语言表达多、少和一样多的数量关系。<br>3. 能运用学习到的方法进行游戏，体验游戏成功后的喜悦。} |
| 教学重点难点 | \multicolumn{3}{l}{让幼儿学习运用一一对应的方法发现两个物体集合之间的数量关系。} |
| 学习者分析 | \multicolumn{3}{l}{《比较多少·一样多》是幼儿认识数的开始，非常适合小班孩子们的年龄特征。然而只简单地学习"多少和一样多"，相对低年龄段的孩子而言是比较抽象和枯燥的，小班的孩子年龄小、好玩好动，注意力集中时间短，如果是伴随着游戏活动，让孩子们在玩中学，学中玩，既可以满足幼儿游戏和好动的需要，又能很好地完成活动目标。在设计本活动时，从幼儿的兴趣点着手，设计了贴近幼儿生活的活动。通过活动初步引导幼儿感知理解"多少"和"一样多"，并能用简单的语言进行表达，初步培养幼儿的观察能力。} |

| 教学环节 | 教学内容 | 活动设计 | 活动目标 | 媒体使用及分析（白板使用功能） |
|---|---|---|---|---|
| 创设故事情境，引起幼儿参与活动的兴趣 | 谈话导入 | 教师：告诉你们一个好消息吧，今天是小熊宝宝们的生日，熊妈妈给它们买了好些礼物，我们一起去参加它们的生日会吧！ | 创设"小熊过生日"活动情景，激发幼儿参与活动的兴趣。 | 屏幕遮罩 |
| 感受问题，尝试"发现"一一对应的方法比较物体的多少 | 游戏(1)："小熊坐椅子"，帮助幼儿感知对应和比较。（侧重于少，添上一个就一样多） | （出现椅子的页面）教师请幼儿为小熊分椅子：咦！怎么有一个小熊熊没有椅子坐呢？（引导幼儿说"椅子少小熊多"）提问：小熊和椅子是一样多的还是不一样多的？谁多？谁少？多几个？少几个？教师：熊妈妈给它加上一把小椅子，现在小动物和小椅子怎么样啦？（引导幼儿说出小熊和小椅子一样多） | 学习运用一一对应的方法发现两个物体集合之间的一组数量"少于"另一组的关系 | 对象移动 对象克隆 |
| | 游戏（2)："分棒棒糖"，加深感知对应的概念。（侧重于多，不一样多就去掉） | （出示棒棒糖的页面）教师：熊妈妈送给每个小熊一个美丽的棒棒糖。（请幼儿为熊分棒棒糖）咦！怎么还有一个棒棒糖呀？是不是还有一个小熊没有拿棒棒糖呀？小熊和棒棒糖是一样多的还是不一样多的？谁多？谁少？多几个？少几个？怎样才能让熊和棒棒糖一样多？ | 学习运用一一对应的方法发现两个物体集合之间的一组数量"多于"另一组的关系 | 对象移动 对象删除 |
| | 游戏(3)："分礼物"。（侧重于一样多） | （出示礼物的页面）教师：熊妈妈还为小熊们准备了生日礼物，请小朋友为小熊去拿一个自己喜欢的礼物吧！（请幼儿操作拿礼物）教师：咦！现在小熊们都拿到了自己喜欢的生日礼物，小熊和礼物是一样多的还是不一样多的？（引导幼儿说出一样多） | 学习运用一一对应的方法发现两个物体集合之间的一组数量"一样多"的关系 | 对象移动 |

续 表

| 教学环节 | 教学内容 | 活动设计 | 活动目标 | 媒体使用及分析（白板使用功能） |
|---|---|---|---|---|
| 游戏练习 | 分组练习——比多少的游戏 | 出示操作材料，分3组练习<br>鸭梨与西瓜；<br>白萝卜与红萝卜；<br>苹果与西瓜。<br>运用电子白板讲评。 | 通过游戏，进一步加强幼儿对数量多少、一样多的理解以及一一对应方法的运用。 | 插入Flash |
| 小结 | 总结本节活动的知识点 | 教师：小朋友们真棒，今天和小熊过了一个快乐的生日会，我们还学习了一个新本领。谁来说一说？<br>教师：让我们一起来为小熊们唱起生日歌，祝小熊生日快乐！ | 通过让幼儿自己说收获，再次巩固本节课的知识点。 | 声音播放 |

2. 素材准备：背景图、熊、生日音乐等（具体素材参考资源包）。

3. 软件版本：Smart Notebook 10.8。

活动过程：

1. 制作课件第1页

课件的第1页，通常用于展示活动标题、创设活动情境，在本例制作中，我们采用图文结合的形式设计课件的第1页。

（1）图片素材的导入及处理。点击菜单栏"插入"菜单，选择"图片文件..."，在弹出的"插入图片文件"对话框中，定位到素材文件夹目录下，依次插入图片素材"房间背景"、"熊妈妈"、"小熊1"、"小熊2"、"小熊3"、"小熊4"。点击选中插入的图片素材，可以调整图片的大小，位置等，对不需要移动的"房间背景"可以右击"锁定位置"，将对象锁定，如图4-3-17所示。

图4-3-17 插入图片

（2）添加文字标题。点击工具栏里的"文本"工具，在页面上需要添加文字的位置点击，添加课件标题——"小班数学活动"、"小熊过生日"。通过弹出的"字体"浮动菜单，可以对所添加的文字进行"字体"、"字号"、"文字颜色"等修改，如图4-3-18所示。

图4-3-18　添加文字

（3）添加屏幕遮盖。在活动开始前，为不让幼儿事先了解本节活动的学习对象及内容，增加学习活动的神秘感，可以为页面上增加屏幕遮盖功能，覆盖画面内容，到学习时再缓慢展示。

点击"视图"菜单栏下的"屏幕遮盖"或点击常用工具栏上的"显示/隐藏屏幕遮盖"按钮，都可以为页面添加屏幕遮盖，如图4-3-19所示。

图4-3-19　添加屏幕遮盖

2.点击"添加页"按钮，制作第2页

（1）设置页面背景。Smart Notebook页面背景可以是图片对象，也可以是颜色、图形、图像的填充。在本页制作中我们采用较简单的颜色填充方式修改页面背景。

右击页面空白区域，在弹出的右键菜单中，选择"设置背景"选项，即可打开侧边的"属性"选项卡，当然也可以直接点击侧边的"属性"选项卡修改页面属性。页面背景填充有实心填充、渐变填充、图案填充、图像填充4种，本例采用渐变填充，选取颜色1、颜色 2 两种色彩,使页面背景呈现渐变的效果,如图 4-3-20 所示。

图 4-3-20　渐变效果

(2) 插入图片并调整图片的大小、位置。为本页依次插入"熊妈妈"、"小熊 1"、"小熊 2"、"小熊 3"、"小熊 4"、"椅子"图片素材,如图 4-3-21 所示。

图 4-3-21　图片素材插入

(3) 绘制长方形放置区。在 Smart Notebook 课件制作时,有些简单的图形素材可以通过 Notebook 软件来制作,例如本页中的放置"椅子"配件的长方形放置区。

点击常用工具栏中的"图形"按钮,选择"矩形",在页面顶部绘制一个矩形框,点击"属性"选项卡,为矩形框设置填充效果、线条样式等。

3. 制作第 3、4 页

本例课件的第 3、4 页与第 2 页在画面上大致相同,只对个别图像进行了替换,因此在制作中,仅需对第 2 页页面进行复制操作后,修改页面内容即可。

点击"页面"选项卡,选中第 2 页页面后右击,在弹出的菜单中选择"复制页"即可(快捷键"Ctrl+D")。修改第 3 页上图片内容,插入"棒棒糖"、"盘子"图片。

选中制作好的第 3 页,复制得到第 4 页,修改页面图片内容,插入"小火车"图片。

**4. 制作第 5 页**

Smart Notebook 实际提供的是一个交互平台,其动画制作的功能还是较为贫乏的,如教师在课件制作时,想给幼儿更多操作学习体验,可以通过添加 Flash 动画的方式,来丰富 Smart Notebook 课件。

在新添加的第 5 页上,点击"插入"菜单下的"Flash…"选项,在弹出的"插入 Flash 文件"对话框中选择素材文件夹下的"比较多少.swf"文件,如图 4-3-22 所示。

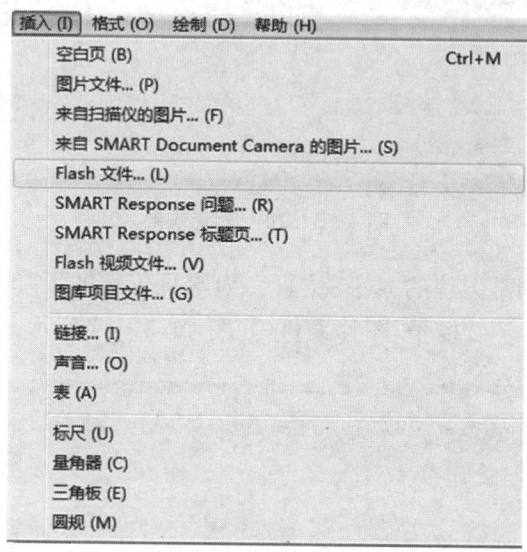

图 4-3-22 插入 flash 文件

**5. 制作第 6 页**

本页画面与第 1 页页面大致相同,复制第 1 页,略做修改。本例需在此页插入生日快乐音乐,营造为小熊过生日的环境氛围。

点击"插入"菜单,选择"声音…",在弹出的"插入声音"对话框里选择素材文件夹下的"生日快乐.mp3",后点击"添加声音"按钮,即可为本页添加声音文件。插入的声音图标有两种显示方式:角图标和对象。本例我们选择的是"对象"显示方式,如图 4-3-23 所示。

图 4-3-23 插入声音

这样这个"小班数学活动：小熊过生日"的 Smart Notebook 课件就制作好了，返回第 1 页后，全屏显示，试着操作一遍。

提示：

教师在做课件时，经常会在页面中放入一些图片，很多时候却不想用图片的背景，怎么办？在 Notebook 软件中可以快速地去除图片的背景。

方法如下：

1. 选中图片，点击右上角的下拉菜单。
2. 选择"设置图片透明度"。
3. 在出现的图片透明度对话框中，把鼠标放在图片上，鼠标图标变成吸管形状，点击要设置成透明的区域。
4. 设置好后，点击"确定"。

注意：此方法适合设置前景色和背景色的颜色相差较大的图片。

图 4-3-24　设置图片透明度

## 第四讲　网络课件设计与开发

Dreamweaver 微课
优秀网站作品展示

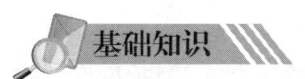

基础知识

### 一、网络课件概述

随着现代信息技术的迅猛发展，网络技术在教育教学中的应用日益广泛和深入，特别是越来越多的校园网接入 Internet，为现代教学提供了日益丰富的在线资源，也使网络教学与展示成为可能。而网络课件，作为与网络教学相生相伴的辅助工具，也日渐成为网络学习的重要资源，成为课堂教学的重要辅助手段。

网络课件，是课件的一种，它是基于浏览器或服务器模式，运用网页、多媒体等技术设计和开发，用来反映某种教学策略和教学内容并被应用于课程教学与学习的教学应用软件。网络课件一般以网页作为其基本表现形式，将多种媒体类型的教学信息（文本、图形、图像、音频、视频、动画等）按照授课者教学策略的特殊要求，以及学习者的学习特征而进行有效的整合，以方便教师的教学和学生的学习。

网络课件是一种课程教学与学习的支持媒体，它既可以是基于远程网络的教学与学习，也可以作为单机的教学与学习资源用于课堂教学或自主学习，其内容范围可以是一门课程，也可以是课程的某个章节；网络课件模块设计比较灵活，一般根据课程教学与学习的具体需要设计相应的功能，其功能模块并不固定。

### 1. 网络课件的优点

网络课件与传统课件相比，有许多不可比拟的优势：

（1）共享性。网络课件通常存储在 Web 服务器，鉴于 Web 服务器的海量存储，可以将大量的图像、声音、视频影像等多媒体信息放置其中，为学生提供更多的学习素材。一个网络课件可以同时有很多人使用。

（2）易用性。学习者只要有一台计算机，通过浏览器，连上 Internet 就能使用网络课件，不受时间和空间的限制。

（3）交互性。网络课件的交互方式很多，既有人机交互，又有人与人交互（包含学习者与学习者、学习者与教师之间的交互）。利用网络课件学习，有利于学生主动参与，激发学生兴趣，调动学生积极性、主动性和自觉性，提高学习效率。设计网络课件时，还可采用论坛、留言本、电子信箱、新闻组、博客等方式开展互动交流。

（4）开放性。网络教学所形成的教学系统是开放的，存在于互联网上的网络课件可以被网上的任何学习者共享、学习。通过超链接方式，可以链接无穷的教学点及教学资源，大大拓展了教与学的开放性，扩展学生的视野。课件设计时还可以通过设计几种情境线索，让不同水平的学生按他们的要求，进行相应的学习。

（5）整合性。网络课件是以超文本链接的形式把网上各种多媒体资源整合到课件中，使课件内容里的所有知识点按层次和网状的逻辑结构有机地联系到一起，使各站点内容无缝链接，便于专业的跨地区合作开发和合作学习。

（6）可积性。通过动态的后台管理，可以增减管理网络课件内容，调用资源方便、快捷，网络课件可以积累在存储服务器中，随时调用、修改。

### 2. 网络课件制作的基本流程

（1）总体设计和原型规划。总体设计是网络课件设计中最重要的一环，是形成网络课件设计总体思路的过程，决定了后续开发的方方面面。在进行总体设计的同时，可选择一个相对完整的教学单元，设计出一个教学单元的软件原型。通过原型规划，确定网络课件的总体风格、界面、导航风格、素材的规格以及脚本编写的内容。原型规划后，应在一定范围内征求意见，尤其是征求最终用户（学生）的意见，并根据征求的意见进行修订，以达到最优化的目的，减少后续开发过程中修订的工作量。

（2）脚本编写。脚本相当于电影拍摄中的剧本，它将网络课件制作的思路、内容、教学过程等信息记录于纸上，可以方便网络课件制作人员了解网络课件制作的思路，制作出合适的网络课件。脚本通常可划分为文字脚本和制作脚本。文字脚本需要明确规定课程需要的文字、图形、动画、声音、视频、测试题等内容，并需要明确它们之间的关系和出现的顺序等。制作脚本描述了学习者将要在计算机屏幕上看到的细节。脚本在网络课件设计中占有非常重要的地位，它是设计阶段的总结，又是开发和实施阶段的依据。

（3）素材收集、制作。素材包括：文字素材、图形素材、动画素材、声音素材、视频素材等。素材收集、制作就是根据脚本的要求，准备所需要的素材。

(4) 网络课件制作。根据脚本,参考已开发的课件原型,利用网络课件开发工具(FrontPage、Dreamweaver 等)制作网页,集成网络课件内容,形成网络课件。最后还要编写相应的文字材料,包括网络课件简介、用户使用手册及其他配套使用的文字材料等。

(5) 修改调试运行。网络课件制作完成后,最好应由多人进行效果验收,根据需要进行调试。特别是经过试用,让使用者来帮助发现问题,做出进一步的修改和完善。

3. 网络课件常用的制作工具

目前,用于网络课件开发的工具软件较多,由于各种开发软件和设计语言的特点不同,可适用于不同的教学目标、教学设计及课件,选择好相应的开发工具才能成功地实现教学设计,减少课件制作的时间,进而有利于课件的推广。

(1) Dreamweaver。Dreamweaver 是美国 Macromedia 公司开发的集网页制作和网站管理于一身的网页制作软件。该软件为网页制作者量身订制了大量的可视化网页制作工具,利用它可以方便、快捷地制作出跨平台限制和跨越浏览器限制的动感网页课件。在本节我们将重点就 Dreamweaver 制作网络课件展开介绍。

(2) FrontPage。FrontPage 是美国微软公司出品的一款网页制作入门级软件,与 Dreamweaver 功能相类似,可以制作基于 Web 风格的多媒体网络课件。FrontPage 上手容易,在使用和操作各方面都与 Office 非常相似,对一般教师来说,不需要了解任何 HTML 程序即可使用 FrontPage 轻松地制作网络式多媒体课件。该软件提供设计、代码、预览三种模式,可以直观感受设计的结果。

(3) Flash。Flash 是美国的 MacroMedia 公司于 1996 年 6 月推出的优秀网页动画设计软件。它是一种交互式动画设计工具,用它可以将音乐、声效、动画以及富有新意的截面融合在一起,以制作出高品质的动态效果。Flash 把音乐、动画、声效、交互方式融合在一起,与其他工具相比,具有矢量描述、播放流畅、数据量小、色彩鲜明等特点。与其他教学工具不同的是,Flash 采用了"流"技术的播放方式,动画是边下载边播放,如果文件大小、网络速度控制得当,可以使整个网络教学过程非常流畅自然。

(4) Authorware。Authorware 是美国 MacroMedia 公司出品的一个在教育领域广泛使用的多媒体课件编著工具。它采取基于图标的创作方式,用可见的流程贯穿课件制作的整个过程,清晰有序,用户只需对 13 种图标进行拖放及设置,就可以完成课件的开发,无需编程。另外,由于 Authorware 具有非常好的多媒体集成性能和丰富的交互方式,而且利用它的 Shockwave 技术(一种浏览器插件技术)可以将没有打包成可执行文件的 Authorware 多媒体课件,很方便地在 Internet/Intranet 上进行发布,因此 Authorware 非常适合用来开发网络课件。

(5) 方正奥思。方正奥思是由北大方正技术研究院开发的一个可视化、交互式的专业的多媒体集成创作和发布工具。它易学易用、功能强大、控制灵活,教师能够根据自己的创意,将文本、图片、声音、动画、影像等多媒体素材进行集成,使它们融为一体并具有交互性,从而制作出各种多媒体课件。用它设计制作的课件也可以通过网络发布,作为网络课件进行操作和展示。

## 二、Dreamweaver 网页制作在幼儿园教育教学中的应用

互联网的普及,正逐渐改变着人们的生活方式、工作方式和行为模式。近年来,许多幼儿园纷纷建设开通幼儿园自己的网站,其目的与出发点或有不同,但通过互联网可以高效便捷地提升幼儿园管理水平与教育质量。幼儿园网站有以下作用:

(1) 它是一种高效率低成本的宣传平台,可以迅速地推广幼儿园品牌,展示幼儿园风采。

(2) 网络办公平台的建立,可以极大地扩大幼儿园管理的时效和范围,使无纸化办公、跨区域协同办公成为可能,极大地降低幼儿园办公成本。

(3) 可以建立幼儿园自己的网络资源库,可以给幼儿自主学习、家园互动、教师专业成长提供更多、更好的资源途径。

(4) 结合数据库技术制作的动态网站,可以在互联网上便捷地开展网络调查、网络报名、互动交流等,有效地协调、配合和提高幼儿园教育服务质量,为幼儿园和家长沟通建立一座桥梁。

Dreamweaver 不仅是网页制作工具,更是网站设计工具,它提供了大量和网站管理维护相关的功能,能够对网站中的文本、链接、媒体文件等多种资源进行统一管理,使网站建设事半功倍。通过 Dreamweaver 设计与制作专业的幼儿园网站或专题网页,并发布到互联网,可以使之成为宣传幼儿园的重要窗口,是家园沟通的桥梁,是孩子成长的乐园,也是教师学习交流的重要平台。

## 三、Dreamweaver 基本功能简介

Adobe Dreamweaver 是一款专业的网页制作软件,用于对 Web 站点、Web 页和 Web 应用程序进行设计、编码和开发。Dreamweaver 提供了大量网页制作的实用工具,使开发者不论是手工编写 HTML 代码,还是在可视化编辑环境中工作,都拥有更加完美的 Web 创作体验,本节主要以 Dreamweaver CS5 版本为例展开介绍。

Dreamweaver 提供了将全部元素置于一个窗口中的集成工作区。在集成工作区中,全部窗口和面板集成在一个应用程序窗口中,如图 4-4-1 所示。

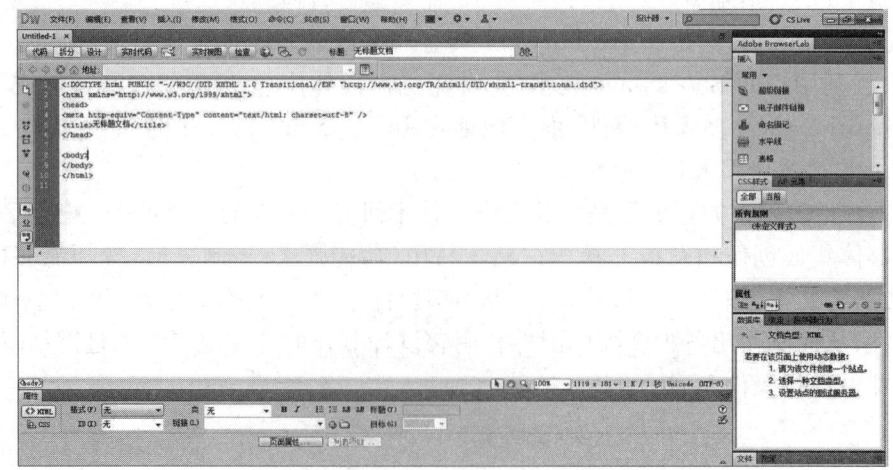

图 4-4-1 Dreamweaver 工作窗口布局

模块四　多媒体课件设计与开发

打开一个文档后的界面效果如图4-4-2所示。

图4-4-2　Dreamweaver CS5界面

提示：在Dreamweaver中有三种视图模式（代码、拆分、设计），如图4-4-3所示。

① 代码视图：提供直接编写HTML编码的工作区，该工作环境适合具有一定网页制作基础的用户。

② 拆分（代码视图和设计视图）：用户可以在HTML编码工作区和设计文档工作区之间创建文档，该工作环境适合专业网页制作的新手。

③ 设计视图：用户直接设计文档工作区，工作环境适合网页制作的新手。

具有一定的网页制作经验后，选择"代码视图和设计视图"工作环境，观察当在页面"设计"区域插入网页素材后"代码"区域产生的代码，通过这种方式用户可以不断掌握和加深对网页代码的学习。这是网页制作初学者学习和掌握网页代码编写的最佳途径。

图4-4-3　Dreamweaver中的三种视图模式

网页代码是在网页制作过程中需要用到的一些特殊的"语言"，设计人员通过对这些"语言"进行组织编排，并制作出网页，然后由浏览器对代码进行"翻译"后便得到我们最终看到的效果。虽然Dreamweaver是一款"所见即所得"的网页设计制作工具，但简单了解或掌握一种网页代码知识，可以在网页制作过程中事半功倍，在Dreamweaver的使用中更加得心应手。

153

### 实践活动

某幼儿园近期正以"科学游戏 High 翻天"为主题,持续开展幼儿园科学领域教学研讨活动,为向社会展示活动开展后产生的文字、图片、影、音像信息,分享教师设计的亲子科学小游戏及教案等,要求设计制作专题展示网站。

下面以制作专题展示网络课件中的主页 index.html 为例,具体介绍 Dreamweaver CS5 网页制作工具的使用和设计流程。

活动目标:

1. 初步了解 Dreamweaver 网页设计、制作流程。
2. 学习利用 Dreamweaver 本地创建站点,并建立主页 index.html。
3. 掌握 Dreamweaver 在网页中插入图片、Flash 等多媒体的基本操作。

活动准备:

1. 明确网页主题、构思网页布局

网页呈现其实是一种视觉语言的设计,讲究编排和布局。想要将网页做好,在制作的前期要有一个十分清晰的主题思路,合理设计整个网页的布局,并根据网页的主题需要,规划好一、二级菜单的内容。如图 4-4-4 所示。

图 4-4-4 网页布局

2. 素材准备

收集好网页制作中需要呈现的文字、图片、动画、声音、视频等素材,分类放入 video(视频)、images(图像)、audio(声音)文件夹中备用,并为每一个文件合理命名。

> 提示:Dreamweaver 对中文文件名支持得不是太好,经常会有页面调用不正确的现象发生,在新建文件夹或在 Dreamweaver 中保存网页的时候,用英文或者数字作为文件名称,就可以避免上面的出错现象。

活动过程:

1. 新建站点和管理

为有效管理网站下多个网页的制作，保证网站发布的完整性，可以使用 Dreamweaver 的网站管理功能，新建立一个"站点"，如图 4-4-5 所示。

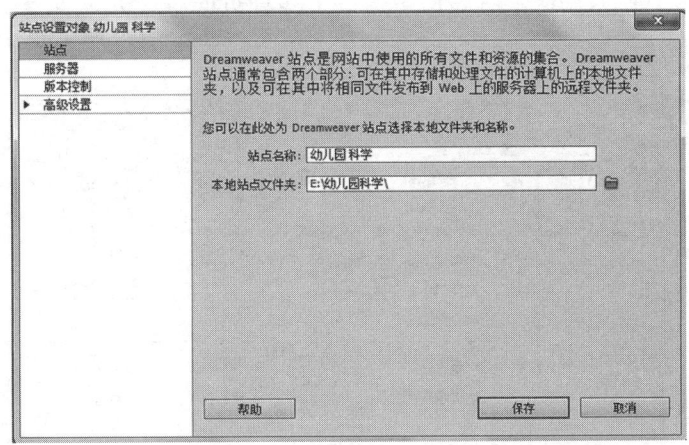

图 4-4-5　新建站点

打开 Dreamweaver CS5 软件，在工具栏中，点击"站点→新建站点"，这时会弹出一个"站点设置对象"面板。在这里，我们选择"站点"选项，在站点名称里输入"幼儿园科学"，点击"本地站点文件夹"后的选择按钮，选择本地文件夹，储存设计制作好的网页。

2. 新建网站首页

网站首页是访问者浏览网站看到的第一个页面，通过该页面访问者可以了解该网站大致主题，并引导互联网用户浏览网站其他部分的内容。首页是网站制作中最关键的一页，人们往往通过首页对你的网站产生第一印象。

点击"新建→HTML"，新建一个 HTML 网页（如图 4-4-6 所示），并保存在站点文件夹下，文件名为 index.html 或 default.html。本例设置首页文件名为 index.html。

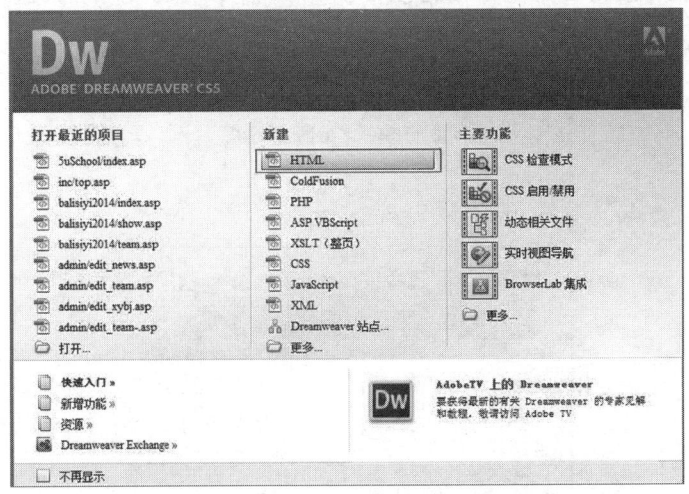

图 4-4-6　新建网页对话框

3. 设置页面属性

页面属性的设置主要用来控制页面的整体外观，包括背景、标题等。Dreamweaver 提供了"页面属性"对话框，在这个对话框中提供了多种页面属性的设置方法，如图 4-4-7 所示。

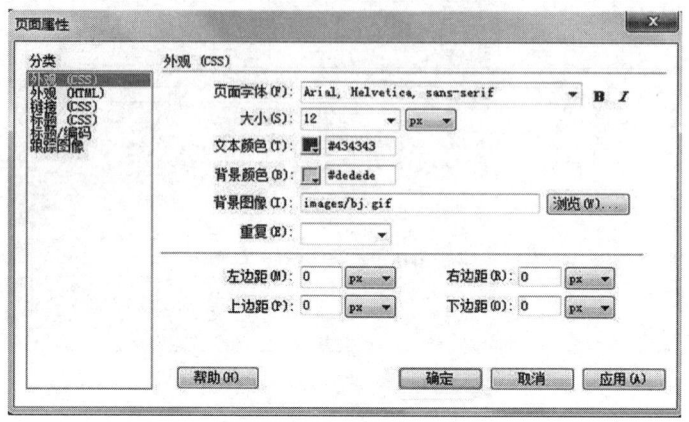

图 4-4-7　页面属性

如设置背景图像、设置页面标题，通过给首页加标题，可以使访问者通过标题就可以知道网站的名称或相关主题。本例为 index.html 设置了"科学游戏 HIGH 翻天"作为网页标题。

4. 用表格布局网页

表格在网页中的应用十分广泛，是网页中的重要元素。表格在网页中有两种功能，一种是在网页中用表格组织数据，以清晰的二维列表方式显示网页中的内容，方便查询和浏览。另一种就是用表格布局网页，平时在网上浏览时看到的排列整齐的页面，很多都是利用表格进行布局的。现在我们在 Dreamweaver 用表格对首页进行布局、排版。

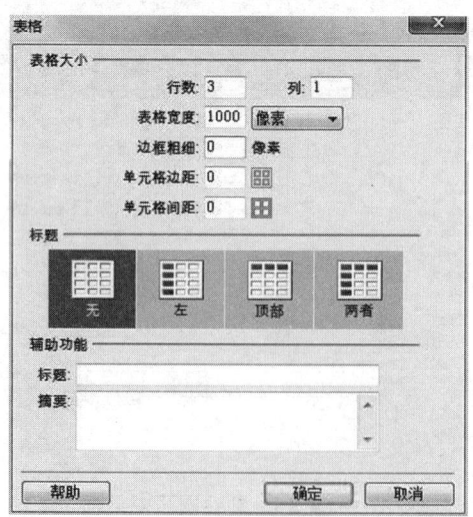

图 4-4-8　表格属性

点击菜单"插入→表格"命令,弹出"表格"对话框,设置好所需表格的行列数和宽度、边距、间距等。点"确定"即可插入表格,横着的是行,竖着的是列,每一个小格叫单元格。

在表格的边框上点击,可以选中整个表格,下面的属性面板中即显示表格的各个选项。因设计、布局需要,本例边框设置为0,即在网页上不显示边框线。

此后,通过表格的拆分、合并、嵌套,便可形成事先设计好的网页布局。

5. 在网页中插入图像

网页元素包括文字、图片、音频、动画、视频等。网络信息通过文本、图像、动画等网页元素来呈现,其中,文本和图像是网页中最为重要的设计元素。在网页中插入图像可以使网页更好地表现网站的主题思想,使版面变得更加丰富多彩,吸引更多的浏览者。网页中所用图像格式主要有 GIF、JPEG 和 PNG。其中使用最为广泛的是 GIF 和 JPEG。

在将图片插入网页前,先将图片存放到站点文件夹下的 images 文件夹中。

插入图像时,将光标放置在文档窗口需要插入图像的位置,然后鼠标单击常用插入栏的"图像"按钮插入,然后根据需要设置大小、对齐方式、边框等,如图4-4-9所示。本例在表格第一行插入 logo.png 图片作为网页的头部,并依次在其他行、列、单元格插入图片,丰富网页内容。

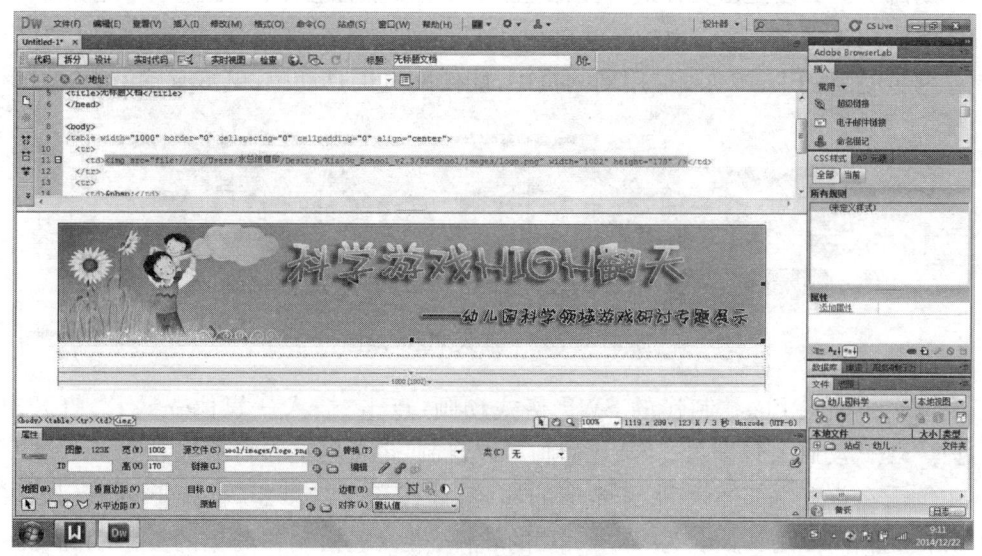

图 4-4-9 插入图像

6. 文字的输入

在网页中输入文字有两种方法:直接输入或复制粘贴文字。

制作好网页布局,并在各单元格添加图片后,可以依次输入各栏目名称,也可在导航条处(如图4-4-10所示)输入一级菜单文字等,如图4-4-11所示。

图 4-4-10 导航条

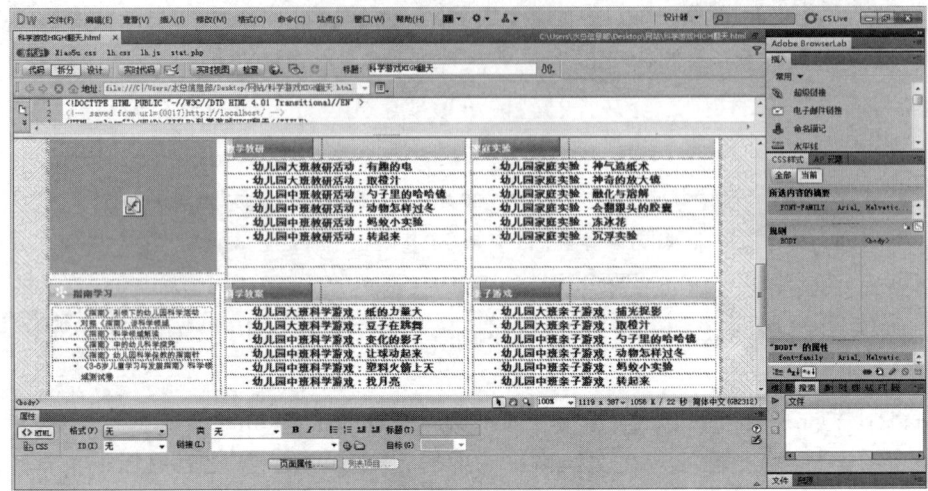

图 4-4-11 输入文字

7. 在网页中插入 Flash 动画

早期的网页大多是由文字或者图像构成,由于多媒体技术的发展,音乐、动画、视频等媒体的应用越来越广泛。Flash 动画以小巧、动感、富有交互性的特点而风靡网络。在制作网页时,将 Flash 动画应用到网页中,能使网页更具动感,更富有感染力。

图 4-4-12 插入 Flash 动画

在网页中插入 Flash 制作的 SWF 格式动画,点击"插入→媒体→swf",打开对话框,选择 SWF 动画文件即可。SWF 动画可以自制,也可网上自行下载。

本例需在首页中部插入"展开希望的翅膀,放飞科学的梦想"横幅 Flash,用以展示主题。在此我们使用一款名为"Swftext"的软件,可以轻松制作简单的文字动画 Flash,作为本网页横幅,如图 4-4-12 和图 4-4-13 所示。

8. 在网页中使用视频

在网页中插入视频文件有两种方式,一种是嵌入式,另外一种是链接式。对于嵌入式视频,网页打开后会显示一个播放窗口,用于播放文件;而对于链接式视频,网页中仅仅提供一个超链接,当用户单击打开这个链接后,Windows 的媒体播放器会自动启动并播放这个文件。

图 4-4-13 插入网页横幅

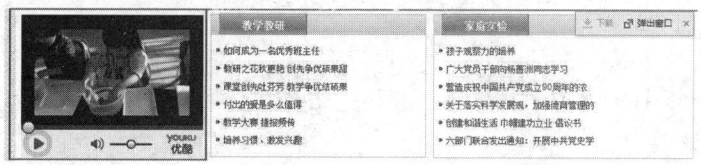

图 4-4-14 插入视频

本例视频已上传至网络,直接复制网页调用代码,粘贴至视频显示区相应位置,即可轻松调用网络视频。如图 4-4-15 所示。

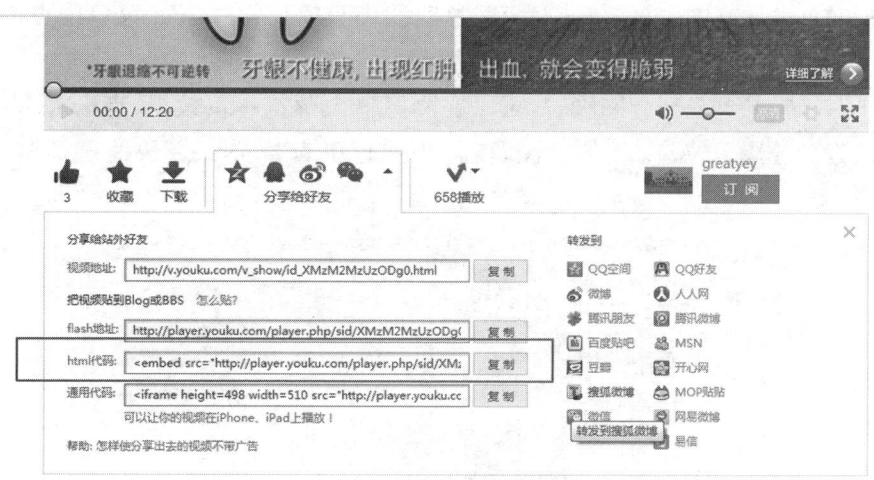

图 4-4-15 调用网络视频

9. 网页间的超链接

超级链接(简称超链接)是指从一个网页指向一个目标的连接关系,这个目标可以是另一个网页(同一个网站内部的网页或者其他网站的网页),也可以是同一个网页的不同位置,还可以是一个电子邮件地址、一个文件(如图片文件、声音文件、视频文件)等。如本例网页中有很多页面,为了建立起网页之间的联系,必须使用超链接。通过超链接可以很方便地从一个网页跳转到另一个网页。超级链接可通过文字、图片、热区、变换图像来实现。

在网页中最常见的就是在文字或者图片上建立超链接。在网页中,选中要做超级链接的文字或图片,在属性面板中单击黄色文件夹图标,在弹出的对话框里选中相应的网页文件即完成超链接设置。超链接也可手工在输入框中输入文件地址或网页地址。

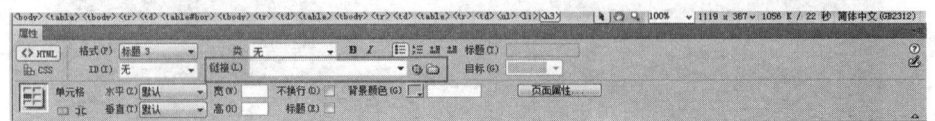

图 4-4-16 设置超链接

提示:

链接目标下拉列表中有 4 个选项,它们的功能如下:

_blank:将链接的网页在新窗口中打开。

_parent:将链接的文档载入该链接所在框架的父框架或父窗口。如果包含链接的框架不是嵌套框架,则所链接的文档载入整个浏览器窗口。

_self:打开链接窗口时会替换原来的窗口。此目标是默认的,通常不需要指定它。

_top:将链接的文档载入整个浏览器窗口,从而删除所有框架。

10. 网页保存与预览

一张网页设计好之后需要将它保存,这时我们只需要在"文件"菜单中点击"保存"按钮即可,或者也可以直接按"Ctrl+S"快捷键。

制作完一张网页或部分网页时,可以在浏览器中预览一下效果,点击"文件→在浏览器中预览",选择 IE 或者其他的浏览器,当然也可直接按 F12 快捷键预览,效果如图 4-4-17 所示。

图 4-4-17 预览网页效果

## 第五讲　微课程设计与开发

Camtsia Studio 微课
KK 录像机使用说明

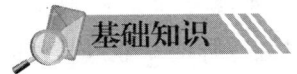

### 一、微课概述

"微课"是指以视频为主要载体,记录教师在课堂内外教育教学过程中围绕某个知识点(重点、难点、疑点)或教学环节而开展的精彩的教与学活动全过程。"微课"的核心组成内容是课堂教学视频(课例片段),同时还包含与该教学主题相关的教学设计、素材课件、教学反思、练习测试及学生反馈、教师点评等辅助性教学资源,它们以一定的组织关系和呈现方式共同"营造"了一个半结构化、主题式的资源单元应用"小环境"。因此,"微课"既有别于传统单一资源类型的教学课例、教学课件、教学设计、教学反思等教学资源,又是在其基础上继承和发展起来的一种新型教学资源。

### 二、微课的特点

微课只讲授一两个知识点,没有复杂的课程体系,也没有众多的教学目标与教学对象,看似没有系统性和全面性,许多人称之为"碎片化"。但微课是针对特定的目标人群传递特定的知识内容的,一节微课自身仍然需要系统性,一组微课所表达的知识仍然需要全面性。微课的特点有:

(1)教学时间较短。教学视频是微课的核心组成内容。根据中小学生的认知特点和学习规律,"微课"的时长一般为5至8分钟左右,最长不宜超过10分钟。因此,相对于传统的40或45分钟一节课的教学课例来说,"微课"可以称之为"课例片段"或"微课例"。

(2)教学内容较少。相对于较宽泛的传统课堂,"微课"的问题聚集,主题突出,更适合教师的需要。"微课"主要是为了突出课堂教学中某个学科知识点(如教学中重点、难点、疑点内容)的教学,或是反映课堂中某个教学环节、教学主题的教与学活动,相对于传统一节课要完成复杂众多的教学内容,"微课"的内容更加精简,因此又可以称为"微课堂"。

(3)资源容量较小。从大小上来说,"微课"视频及配套辅助资源的总容量一般在几十兆左右,视频格式须是支持网络在线播放的流媒体格式(如 rm,wmv,flv 等),师生可流畅地在线观摩课例,查看教案、课件等辅助资源;也可灵活方便地将其下载保存到终端设备(如笔记本电脑、手机、MP4 等)上实现"移动学习"、"泛在学习",非常适合于教师的观摩、评课、反思和研究。

（4）资源组成结构构成"情景化"，资源使用方便。"微课"选取的教学内容一般要求主题突出、指向明确、相对完整。它以教学视频片段为主线"统整"教学设计（包括教案或学案）、课堂教学时使用到的多媒体素材和课件、教师课后的教学反思、学生的反馈意见及学科专家的文字点评等相关教学资源，构成了一个主题鲜明、类型多样、结构紧凑的"主题单元资源包"，营造了一个真实的"微教学资源环境"，这使得"微课"资源具有视频教学案例的特征。广大教师和学生在这种真实的、具体的、典型案例化的教与学情景中，可易于实现"隐性知识"、"默会知识"等高阶思维能力的学习并实现教学观念、技能、风格的模仿、迁移和提升，从而迅速提升教师的课堂教学水平，促进教师的专业成长，提高学生学业水平。就学校教育而言，微课不仅成为教师和学生的重要教育资源，而且也构成了学校教育教学模式改革的基础。

### 三、微课的制作与制作工具

微课程的制作一般有两种方式：原创开发制作和加工改造制作。加工改造制作是将已有的优秀教学课例（录像课例），经过加工编辑（如视屏的转录、剪辑、合成、字幕处理等）并提供相应的辅助教学资源（如教案、课件、反思、习题等），进行"微课化"处理。但目前微课的开发主要采用原创开发制作方式，制作方法有很多种，比较常见的有智能手机拍摄法、录屏软件录制、可汗学院模式、数码摄像机拍摄法等。

制作微课应注意如下要求：时间控制在 10 分钟以内；基于教学设计思想编写微课程内容时，应力求内容精炼，不泛泛而谈，若内容较多，可以制作成系列微课程；微课程在内容、文字、图片、声音等方面必须准确无误；讲解时，语言通俗易懂、深入浅出、详略得当，声音响亮，抑扬顿挫；若在讲解中使用课件，PPT 尽量做到简洁、美观大方；视频画质清晰，多采用中景、近景和特写等小景别画面，多使用固定镜头，保障视频质量。教师的头像不遮挡教学内容。一般微课的制作采取以下几个步骤：确定选题→撰写教案→制作课件→视频录制→后期制作→教学反思。

● 确定选题。确定选题是制作微课的首要环节和起点，科学的选题是微课成功的前提和基础。知识点选取一般是一节课中的重难点，且知识点必须足够细，5 至 10 分钟内能够讲解透彻。

● 撰写教案。根据选题及教学要求，编写教学设计和教案。

● 制作课件。准备教学素材与练习测试，结合微课程知识点，充分运用图、形、声、像、动画等多媒体元素制作相应的课件，配合讲授不容易理解的知识点，辅助教师现场讲授。

● 视频录制。微视频是微课的核心，微课的录制可以选择计算机屏幕软件录制、摄像工具录制、录播教室录制。对于摄像工具录制、视频摄像工具拍摄可以选择手机、数码相机、DV 摄像机、视频摄像头等一切具备摄录功能的设备。如果使用屏幕录制软件，要调整摄像头距离确保至少能看到整个头部。在视频后期处理过程中要保证画质清晰、图像稳定、声音清楚（无杂音）、声音、画面字幕同步。在整个教学过程中，教师要适当注意镜头，与摄像头或者摄像机有眼神交流，特别是采用屏幕录制的时候，要利用鼠标的点击和拖动配合解说,适当使用画笔功能。知识点、题目等讲解不照本宣科,表述应有自己的见解。

● 后期制作。对已经录制好的视频进行编辑和美化以及保存,包括把视频片头和片尾的空白部分分割移除,并为视频的片头和片尾,配上背景音乐等,最后生成导出MP4 或 FLV 高清视频格式,确保视频画面导出后不变形。

● 教学反思。微反思也是微课程的一部分,及时听取学生观看后的感受和反馈,对于学生不满意的方面要和学生多交流,找出好的解决方法和途径。也可以和爱好微课的同行多切磋交流,多观摩同行的优秀微课作品,找出每个作品的闪光点加以学习借鉴,以期不断改进微课制作水平。

根据具体情况需要,微课可以有不同制作方法,比如下述常用的几种方法:

1. 智能手机拍摄法

(1) 设备配置。可进行视频摄像的智能手机一台、几只不同颜色的笔、几页白纸、相关主题的教案、多媒体电脑一台、视频编辑软件一套。

(2) 基本方法。使用可摄像的智能手机对纸笔结合演算、书写的教学过程进行录制。

(3) 制作流程。第一步,选择微课程主题,进行详细的教学设计,形成教案。第二步,用笔在白纸上展现教学过程,边演算边讲解,尽量保证语音清晰,可以用不同颜色的笔进行书写、画图、标记等,演算过程逻辑性强,教授或解答过程明了易懂。在他人和辅助器材帮助下,用手机将整个教学过程拍摄下来,要保证画面清晰、准确、稳定。第三步,进行视频编辑,添加字幕,美化界面,生成微课程视频。

2. 录屏软件录制(录屏软件+ppt)

(1) 设备配置。多媒体电脑一台、麦克风一个、录屏软件(Camtasia Studio、Screencast-O-Matic、CyberLink YouCam、屏幕录像专家等)、PPT 课件。

(2) 基本方法。对 PPT 演示进行屏幕录制,辅以录音和字幕。

(3) 制作流程。第一步,选定教学主题,搜集教学材料和多媒体素材,制作 PPT 课件。第二步,在电脑屏幕上打开录屏软件,带好耳麦,调整好话筒的位置和音量,执教者调出要讲解的 PPT 课件,并调整好 PPT 界面和录屏界面的位置后,单击"录制桌面"按钮,开始录制。按照教案,执教者一边演示幻灯片放映或对其进行各种操作,一边讲解,可以配合标记工具或其他多媒体软件或素材,尽量使教学过程生动有趣。第三步,对录制的微课程视频用后期视频编辑软件进行适当的编辑和美化。

3. 可汗学院模式(手写板或交互白板+专业录屏软件)

(1) 设备配置。多媒体电脑一台、带话筒耳麦一个、手写板或交互白板一块、屏幕录像软件、演示软件(Word、PowerPoint、画图软件、绘图软件、几何画板等)。

(2) 基本方法。通过手写板或交互白板,用演示软件对教学过程进行讲解演示,并使用屏幕录像软件录制。

(3) 制作流程。第一步,选择微课程主题,进行详细的教学设计,形成教案;第二步,安装手写板或交互白板及其配套的专用笔等工具,与电脑连接,使用演示软件对教学过程进行演示;第三步,利用交互白板(或手写板)自带摄录软件或专业录屏软件,录制教学过程和教师的声音;第四步,为增强微课程视频的效果,可用视频编辑软件进行后期美化编辑。

4. 数码摄像机拍摄法

(1) 设备配置。数码摄像机、黑板、粉笔、其他教具。

(2) 基本方法。对教学过程录像。

(3) 制作流程。第一步,选择微课程主题,进行详细的教学设计,形成教案。第二步,利用黑板展开教学过程,用数码摄像机实时记录课堂教学过程中的教师、学生、板书、多媒体教学信号等教学实景画面。第三步,对视频进行后期编辑制作和美化。

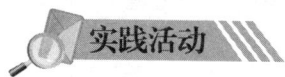

### 活动一 熟悉 Camtsia Recorder 8 基本操作

活动目标:

1. 熟悉 Camtsia Recorder 8 软件界面。
2. 掌握基本的屏幕录制方法和步骤。
3. 能够按照需求输出视频。

活动准备:

1. 计算机操作系统为 Windows 7,已安装 Camtsia Recorder 8 软件。
2. 学生对微课录制基本步骤有初步了解。

活动过程:

1. 在"开始→所有程序→TechSmith"文件,这里面会有两个快捷图标,Camtsia Recorder 8 是视频录制软件,Camtasia Studio 8 是视频编辑软件。选择 Camtasia Recorder 8,如图 4-5-1 所示。

图 4-5-1 打开 Camtasia Recorder 8

2. 打开后会有一个视频录制软件的面板,我们看 Select area(选择区域),如图 4-5-2 所示。

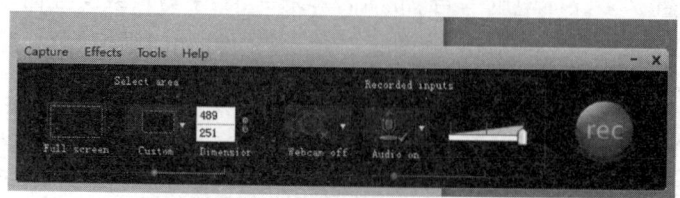

图 4-5-2 Camtasia Recorder 8 界面

Full screen(全屏模式):录制整个屏幕。启用这个模式会看到整个屏幕边缘有绿色的虚线,这就是录制视频的范围。

Custom(常规):这是可以自由选择区域,选择之后会出现一个范围框,可以左键按住中间的按钮自由拖动,也可以设置范围大小,宽度和高度在右侧会有显示数字。

3. Recorded inputs 记录输入(设备)。

Webcam(摄像头):电脑安装摄像头就会显示 Webcam on,如果没有安装就显示 Webcam off。

Audio(音频):电脑安装摄像头就会显示 Audio on,如果没有安装就显示 Audio off。

4. Rec 录制按钮。点击这个 按钮就会在 3 秒钟之后开始录制,并且提示按 F10 就停止录制。

5. 按 F10 之后就停止录制,这时会自动出现 Preview 视频预览窗口。预览窗口要注意以下几个选项的含义:

- Time:时间,当前播放时间、视频时间长度。
- Shrink to Fit:缩放到适合尺寸。
- View at 100%:百分百视图。
- Save and Edit:保存并编辑,Produce 是直接保存为视频文件。

(1) 点击"Produce"之后,先保存一个文件,随后会弹出对话框(有可能需几秒钟),选择自定义生成设置,如图 4-5-3 所示。

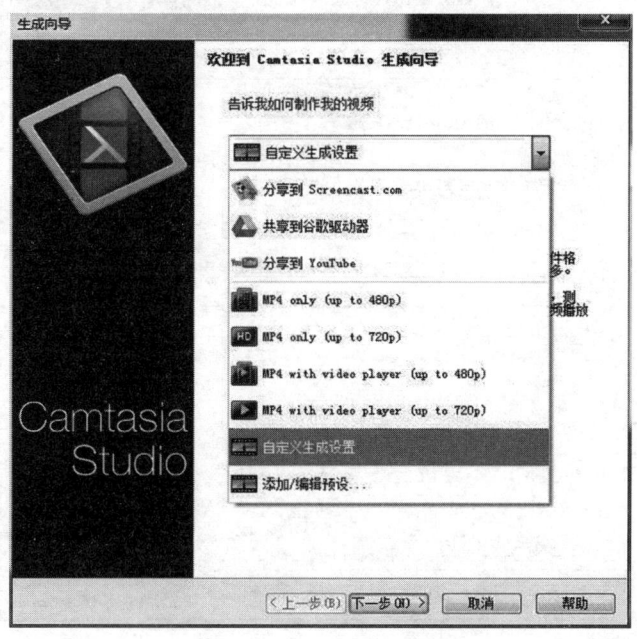

图 4-5-3　生成向导

（2）点击下一步，选择MP4，如图4-5-4所示。

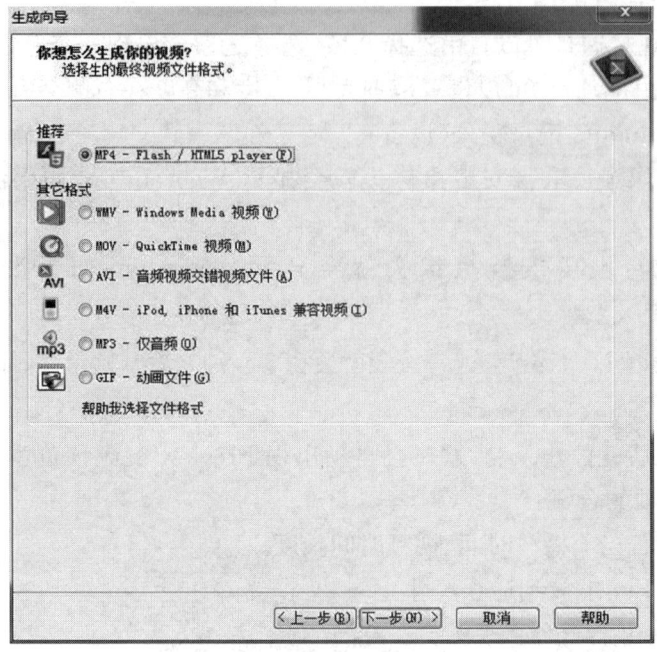

图4-5-4　生成向导——视频格式

（3）点击下一步，如图4-5-5所示。

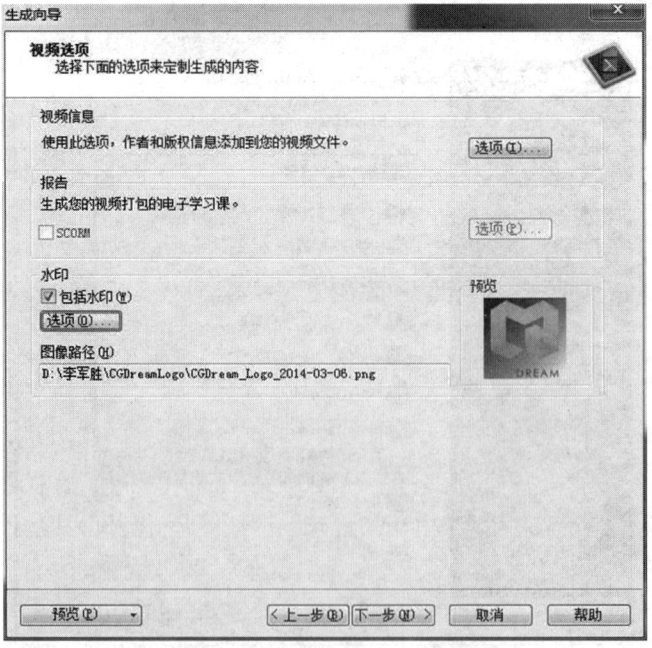

图4-5-5　生成向导——视频选项

(4)输入视频名称,如图4-5-6所示。

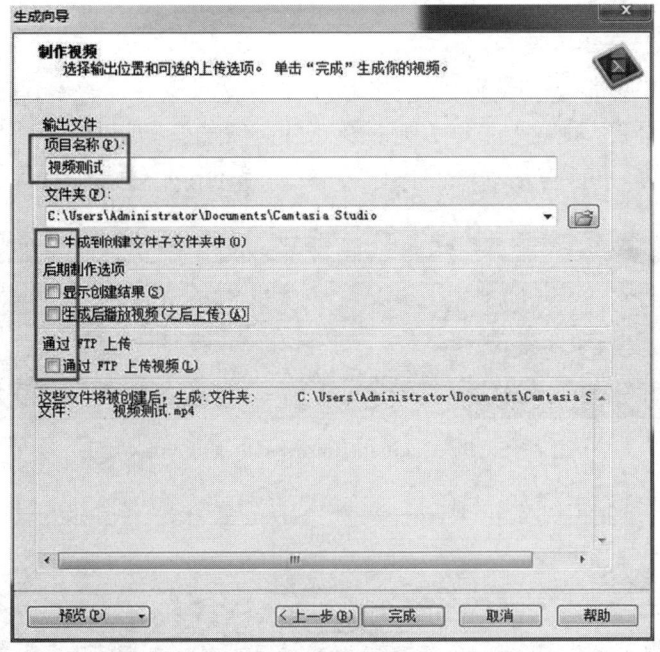

图4-5-6 生成向导——视频输出位置

(5)点击完成,就开始生成视频了,如图4-5-7所示。

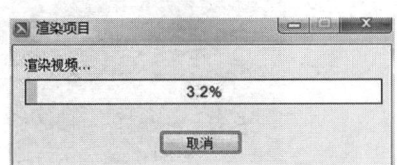

图4-5-7 视频渲染

**活动二 利用Camtasia Studio 8制作幼儿园微课**

阳光幼儿园信息中心持续开展幼儿园教师信息技术技能技巧的培训,为减轻幼儿园教师集中培训的不便,方便教师自我学习提高,幼儿园信息中心特别将培训内容制作成微课,发布在幼儿园网站上,鼓励教师利用网络自学。下面我们就以"PPT——翻页动画"的微课设计与制作为例,学习利用Camtasia Studio 8制作幼儿园微课。

活动目标:

1. 学习与掌握利用Camtasia Studio 8设计制作微课的流程。

2. 复习利用Camtsia Recorder 8录制视频的操作。

3. 掌握利用Camtasia Studio 8进行视频剪辑、转场效果添加、视频生成的操作。

活动准备:

1. 演示PPT课件。

2. Camtasia Studio 8 软件。

3. 摄像头、耳麦。

活动过程：

1. 微课视频的录制。本次微课采用 PPT 演示并同步讲解的形式进行录制，因此需要用到摄像头与耳麦，采集课件演示画面及课件讲解的音频素材。

具体录制操作，可参考活动一的操作步骤，这里不再具体展开。

图 4-5-8　Camtsia Recorder 8 视频录制界面

按操作，我们录制得到素材 1.trec，素材 2.trec，素材 3.trec，如图 4-5-9 所示。

图 4-5-9　素材导入 Camtasia Studio 8

2. 微课视频的剪辑。在录制过程中，难免会产生解说错误或操作演示失误等问题，为保证微课视频的正确，还需要对微课视频进行剪辑处理。

（1）将素材添加到时间轴。可以通过拖拽或右击的方式将素材导入到时间轴。以素材 1.trec 为例，具体方法：选中视频素材 1.trec 后右击，在弹出的右键菜单中，选择"添加到时间轴播放"。这样视频素材就自动按顺序排列到时间轴上，如图 4-5-10 所示。

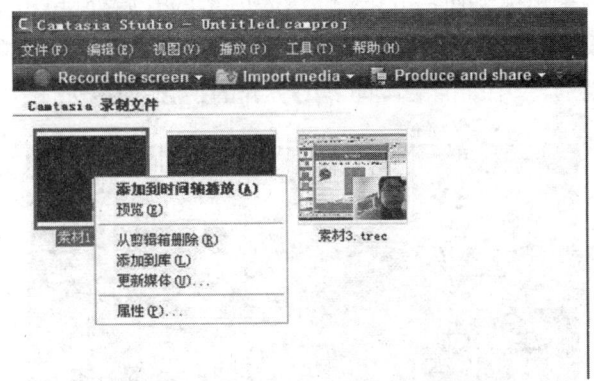

图 4-5-10　添加素材至时间轴

由于录制时既录制了 PPT 演示画面,又录制了同步解说,因此视频素材 1.trec 放置到时间轴上,轨道 1、轨道 2 两个轨道上都会有素材。轨道 1 是 PPT 演示视频,轨道 2 是同步解说画面及解说音频,如图 4-5-11 所示。在一些视频剪辑操作中,还可以对轨道 2 上音画混轨的素材进行分离操作,将音频单独列为一个轨道,方便剪辑。

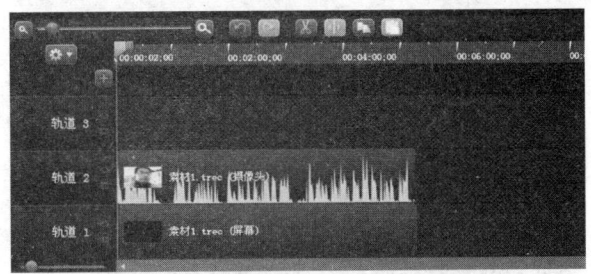

图 4-5-11　素材导入时间轴

(2) 视频剪辑。导入视频后,点击"播放"按钮或按下键盘上的"空格键",即可开始播放视频,进行视频的预览。当播放到某段视频讲解、操作有误或者在某处停顿时间过长,需要剪辑时,可按下键盘上的"空格键"暂停播放,分割图标如图 4-5-12 所示。

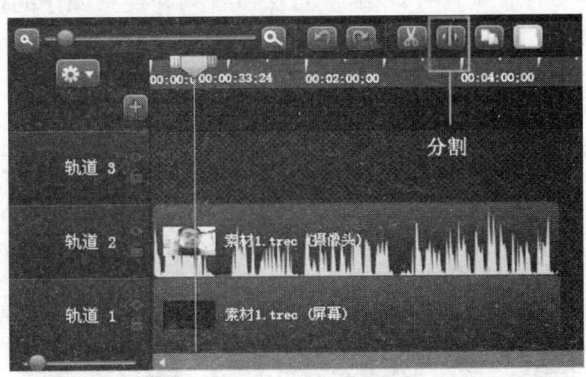

图 4-5-12　分割视频素材

拖动时间轴上的三角标,将时间线定位在需剪辑的开始处,单击上方的"分割"按钮,可将素材分割成两段;拖动时间线,至视频剪辑结束处,再次单击上方的"分割"按钮,这样视频素材即被剪辑成三段,中间的一段即需要舍弃的视频素材,如图4-5-13所示。

图4-5-13 分割后的视频素材

选中需舍弃的视频素材,按"DELETE"键,或右击,在弹出的菜单中选择"删除"可将素材删除,如图4-5-14所示。

图4-5-14 删除无用的视频素材

剪辑结束,需拖拽后面的素材与前面的素材连接起来,并尝试播放一下,看看视频播放是否流畅。剪辑视频时需认真听音频,注意保持音频和视频操作的一致,如图4-5-15所示。

图4-5-15 连接前后视频素材

（3）添加转场过渡效果。转场效果其实就是在一段视频结束之后，以某种效果转换到另一个片段的视频镜头。为使视频镜头的切换衔接更加自然、有趣，我们可以使用 Camtasia Studio 8 提供的各种转场效果，制作出令人赏心悦目的画面变化来。

本例选用"立方旋转"的转场过渡效果添加到两个视频素材之间。选择"转场"面板，利用鼠标将需要的转场效果拖拽到视频分割的位置即可。尝试播放一下，看看视频播放过程中过渡是否合理，如图 4-5-16 所示。

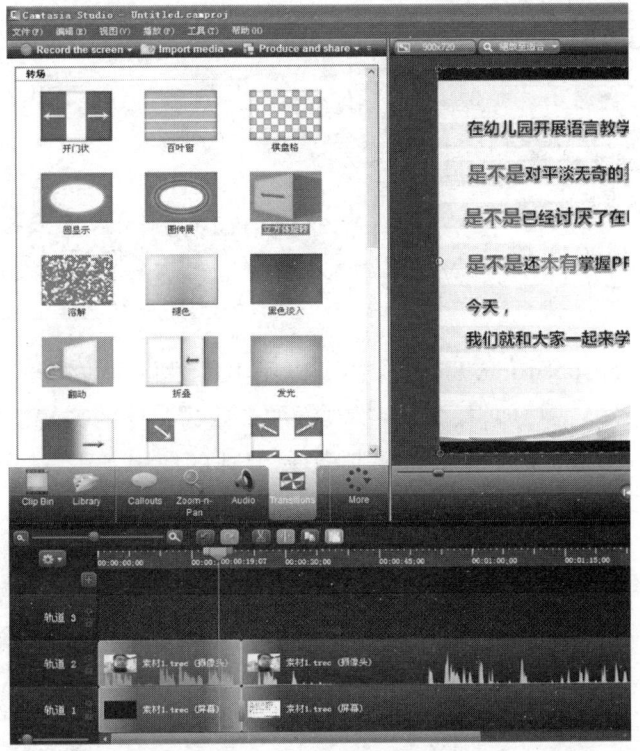

图 4-5-16　添加转场过渡效果

以上即视频剪辑的大致流程，下面可以拖拽其他视频素材到时间轴，对素材一一进行剪辑，视情况添加过渡效果。剪辑是一个细致、漫长的过程，在剪辑视频的过程中，往往需要一遍又一遍地重复播放，看看剪辑过渡是否流畅、前后画面衔接是否合理等。

（4）视频导出。视频剪辑完毕，还需将微课导出，成为一个可以在计算机中播放的视频文件。点击"文件"菜单下的"生成并共享"选项，依照"生成向导"一步一步操作，最后点击"完成"按钮，即可输出微课视频。

视频导出后，还可以对视频剪辑的工程项目进行保存，以便今后发现问题，继续修改。点击"文件"菜单下的"保存项目"选项（如图 4-5-17 所示），可保存视频剪辑工程，快捷键为"Ctrl＋S"。

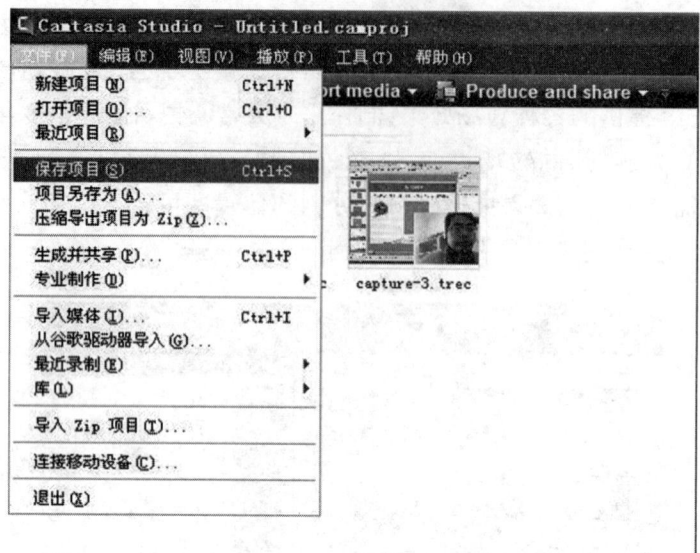

图 4-5-17 保存项目

除了上述 Camtasia Studio 8 软件,还可以用 KK 录像机进行微课制作。KK 录像机是一款集视频录制、视频剪辑、添加字幕、添加音乐为一体的高清视频录制软件,其操作简单、功能齐全,很适合幼儿园教师录制微课,具体的使用方法请扫描本讲二维码。

# 第六讲　移动学习课件应用

微信页面编辑
移动学习拓展阅读

## 一、移动学习概述

### (一)移动学习的基本概念

随着移动通信技术的快速发展,以及智能型移动终端设备的普及,移动学习成为一种新型学习模式,因为其使用时间和空间的可移动性、自主性、交互性等特点而受到广泛关注,正在逐渐成为教育技术的新宠。

所谓移动学习(Mobile Learning)是指,在移动设备帮助下能够在任何时间、任何地点发生的学习,移动学习所使用的移动终端设备必须能够有效地呈现学习内容并且提供教师与学习者之间的双向交流。

### (二)移动学习的特点

移动学习实现的技术基础是移动互联技术,实现的工具是小型化的移动计算设备,所以从移动学习实现的设备上看,移动学习的基本特点就是:可携带性(portability),即设备形状小、重量轻,便于随身携带;无线性(wireless),即设备无需连线;移动性(mobility),指使用者在移动中也可以很好地使用。

(1) 学习的随时随地性。学习者可以在任何地点进行学习,不受传统教学固定场所和有线网络固定接入点的限制,学习者可以在步行中、行驶的汽车上学习。学习者同样不受时间的限制,可以在任何时间下学习,不必按固定的时间学习。这样学习者可以在课堂之外的其他地点如办公室、公交车上、地铁中等待时进行随时随地学习。移动学习使学习者随时随地获取学习资料、并利用一切空闲时间进行学习成为可能。教学者也可以在移动中进行教学。

(2) 学习的及时性。学习者可以在需要某些知识的时候马上学习,及时解决学习中的问题。教师同样也可以及时通过移动终端对学生进行辅导。

(3) 学习的交互性。当前学习者使用移动学习设备中最多的是手机,而对于机来说,交互是手机基础的功能,手机的交互可以实现信息及时双向流通,可以在学习中进行直接对话和信息交流,可以激发学习者因使用该设备的学习动机,能在较短的时间内保持较高的注意力水平,从而更好地进行信息流通和语言交流。

(4) 学习的个性化。移动学习可以根据学习者的特点和要求进行专有的、个性化的教育服务,更好地实现自助服务。学习者可以根据自己的兴趣爱好,通过移动互联网得到许多新的知识。

(5) 教育的普及性。移动终端的大量普及为移动学习的普及打下坚实的基础,任何持有移动终端的人都可以成为移动学习的普及者和教育者,即使在偏远地区的人也可以通过移动终端进行学习,从而使教育得到普及。

(6) 学习内容的超媒体性。移动学习的数字化内容以多种媒体形式呈现,包括文本、图形、图像、音频、视频、动画等,因此具有超媒体性。

(7) 学习的泛在性。这是移动学习区别数字化学习的一个根本特征。泛在性是指任何人(anyone)在任何时间(anytime)、任何地点(anywhere)学习任何信息(anything)。它极大满足了"总在线"的学习需求。

## 二、 移动学习中常见的学习应用

从广义上讲,各种获取资讯的活动都可以算作学习活动,在这个意义上来看QQ、MSN、微信等即时通信工具和社交工具都可以成为移动学习的主要方式。从狭义上说,带有一定目的性的获取知识的活动才是学习活动。各大手机的应用市场上可以看到很多的学习类的APP,有世界著名院校的公开课,如网易公开课、学堂在线等;有外语学习类,如百词斩,多纳学英语等;有专门针对中小学作业的一起作业;有专门针对移动互动教学的雨课堂和UMU学习平台;还有针对某一个学科或者技能的各种各样的APP。

在这里给大家介绍几个典型的APP。

1. 多纳学英语

"多纳学英语"是为 3～7 岁中国儿童精心设计的一款寓教于乐的英语教学产品，以培养孩子的英文学习习惯及系统高效学习英语为目的而设计，让孩子在轻松有趣的双语游戏中自然地喜欢英文，提高英语水平。内含丰富的双语视频资源、有趣的亲子口语游戏以及亲子对战游戏。帮助家长营造家庭双语学习氛围，养成孩子每日学习英文、练习英文、使用英文的好习惯。让孩子在家完成自学提高。

图 4-6-1 "多纳学英语"APP 图标

主要有以下几个特点：

（1）养成习惯：每周一个英文学习主题，覆盖看、听、练、玩，全方位英文学习启蒙。

（2）双语环境：亲子口语对练＋趣味亲子游戏，全家参与双语环境创建，亲子互动，充满乐趣。

（3）阶梯课程：覆盖幼儿园至小学一年级英语学习大纲，提供"学、练、用、测"科学系统的自学课程，让孩子脚踏实地、逐步进阶，轻松完成幼小衔接。

"多纳学英语"适合学生和家长自己学习，没法组建班级，没有老师的线上指导。内容固定推送。

图 4-6-2 多纳学英语——首页

图 4-6-3 多纳学英语——阶梯英语

图 4-6-4　多纳学英语——亲子游戏　　图 4-6-5　多纳学英语——双语视频

2. 一起作业

"一起作业"是一款免费学习工具,是一个学生、老师和家长三方互动的作业平台,老师轻松布置作业,学生快乐做作业,家长可以定期查看孩子的学习进度及报告。平台所有学习资源均与各学科对应的数十种教材同步,方便老师和学生使用。一起作业分为学生端、教师端和家长端三个应用。

学生端是为学生提供在线做作业的学习工具,内容包含中小学英语、数学、语文科目,功能支持跟读录音、自动批改、错题重做等。课外还可以互动,教师点评、同学点赞。通过游戏化的学习方式,激发学习主动性,让学与玩相结合,强化学生的能力,在潜移默化中提高能力。

教师端可以轻松创建网上班级,并实现一键布置和检查全班作业;免费使用来自全国重点名校的最新真题题库,实现个性化的班级组卷,提升学生应试能力;智能生成班级成绩报告,知识点掌握情况一目了然。

家长通里可以随时在线查看与教学同步学习记录、作业报告、错题本等同步课堂内容,更有专家讲座、家长经验交流等家庭教育内容;家长通让家长随时在线了解和陪伴孩子学习成长。

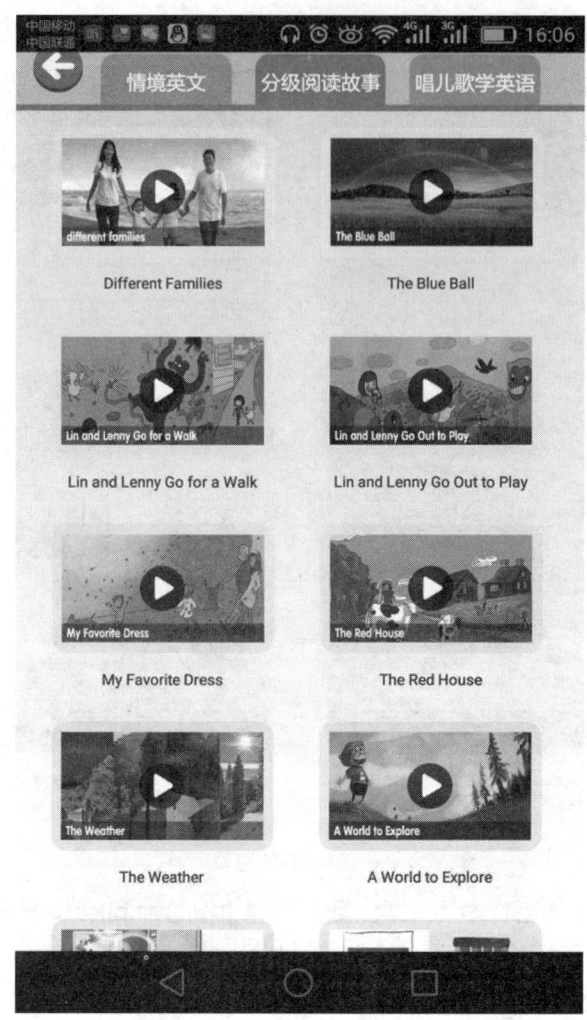

图 4-6-6 多纳英语——分级阅读

一起作业学生端　　　　　一起作业教师端　　　　　家长通

图 4-6-7 一起作业的三个应用图标

　　一起作业适合组建班级进行学习，教师可以自由选择题库知识点进行推送，可以在线进行点评指导。

模块四 多媒体课件设计与开发

图 4-6-8 布置作业

图 4-6-9 添加练习题 1

图 4-6-10 添加练习题 2

图 4-6-11 学生作业完成统计

### 3. 雨课堂

"雨课堂"是清华大学和清华旗下在线教育品牌学堂在线共同推出的智慧教学工具,致力将前沿的教育理念与互联网技术巧妙融合,旨在连接师生的智能终端,将课前—课上—课后的每一个环节都赋予全新的体验,最大限度地释放教与学的能量,推动教学改革。

图 4-6-12 "雨课堂"APP 图标

雨课堂将复杂的信息技术手段融入 PowerPoint 和微信,在课外预习与课堂教学间建立沟通桥梁。使用雨课堂,教师可以将带有 MOOC 视频、习题、语音的 PPT 课前预习课件推送到学生手机;课堂上通过课上扫码签到、实时答题、答疑弹幕、数据分析,增强了师生互动,提高了课堂教学质量。后台为师生提供完整立体的数据支持,个性化报表、自动任务提醒,让教与学更明了。

雨课堂方便易用,只需要 PPT 的插件和微信,并不需要增加任何新的设备。内含的课堂小测和课堂签到使用方便。除了课堂教学,还可以在讲座或者某些课程做展示使用。

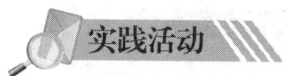

**利用雨课堂开展教学《PPT 课件设计——理念篇》**

活动目标:

1. 掌握下载及安装雨课堂的方法。

2. 掌握利用雨课堂+微信进行课堂教学。

活动准备:

上课用电脑(windows 7 及以上操作系统;Office 2010 及以上版本,不支持 wps)。

讲课用 PPT 课件、智能手机(安装微信)。

活动过程:

1. 在上课用的电脑上安装雨课堂插件。访问 http://ykt.io/download,点击下载最新版的雨课堂。下载完毕,在确认联网和满足软硬件要求的情况下,使用管理员身份运行雨课堂,如图 4-6-13 所示。

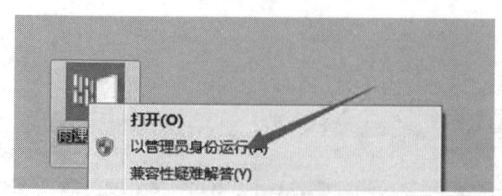

图 4-6-13 雨课堂的下载及安装

2. 打开上课用的 PPT 课件,此时在 PPT 软件的上方会出现雨课堂的标签,如图 4-6-14 所示。

模块四　多媒体课件设计与开发

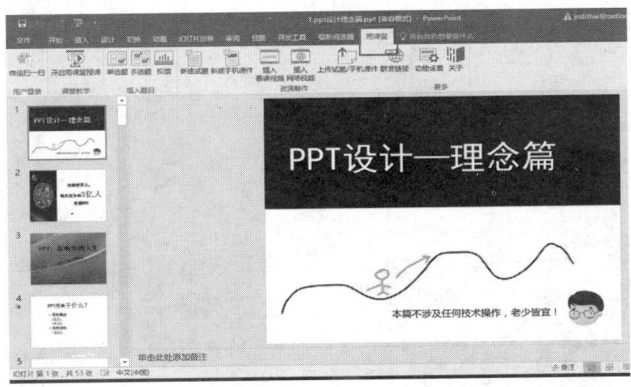

图 4-6-14　PPT 中雨课堂插件

点击左上角的"微信扫一扫",弹出二维码,打开手机微信,扫一扫,用微信账号登录雨课堂(首次使用雨课堂需要先关注),并自动成为教师,如图 4-6-15 所示。

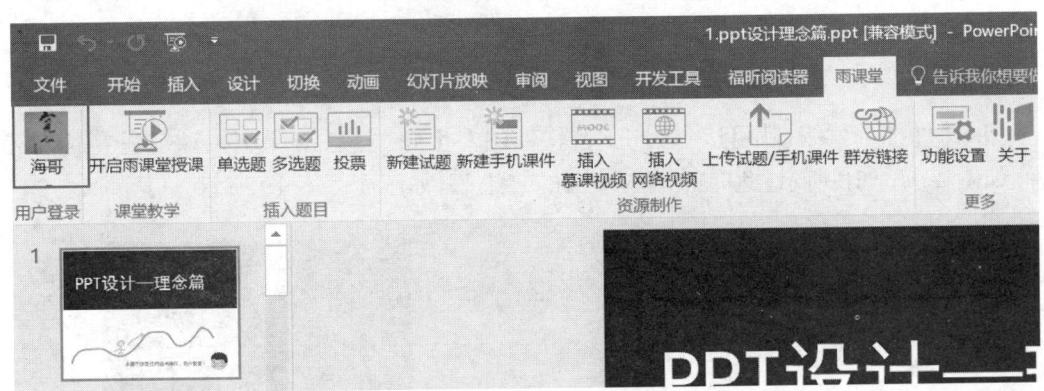

图 4-6-15　使用微信账号登录后成为教师

3. 还可以在 PPT 中插入选择题、投票等直接在课堂上检测学生的学习效果。如点击"单选题",自动插入新的页面。老师可以在页面上直接编写题目和选项,右侧的"编辑习题"窗格可以设置分值、正确选项和答案解析,如图 4-6-16 所示。

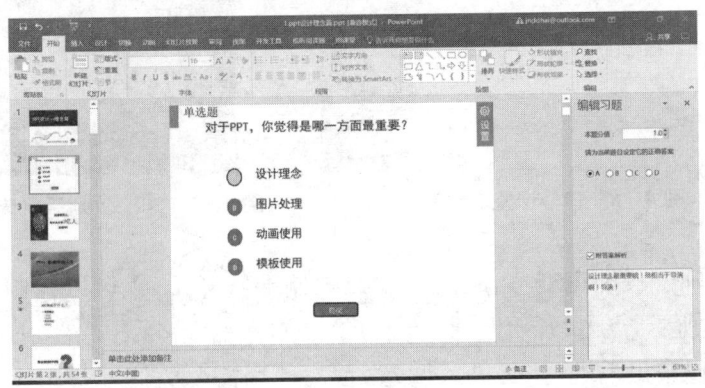

图 4-6-16　插入选择题

179

4. 在课前的预习课件中,还可以插入学堂在线的慕课视频和网络视频,如图4-6-17所示。

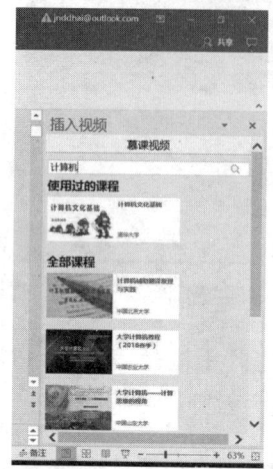

图4-6-17 插入慕课视频

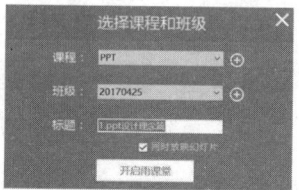

图4-6-18 课堂设置

5. 课件准备就绪,就可以点击 PPT 软件的左上角"开启雨课堂授课",进行简单设置,如图4-6-18所示,此时弹出本节课的二维码,如图4-6-19所示。

图4-6-19 课堂二维码

图4-6-20 教师手机成为遥控器

6. 此时教师手机即可变成遥控器,可以控制课堂开始,也可以控制 PPT 的播放。如图4-6-20所示,点击"开始上课"。

7. 学生可以拿出手机,扫码进入课堂(首次使用需要关注),进行个人信息的设置后,如图4-6-21所示,便可以看到老师正在放映的 PPT,如图4-6-22所示。

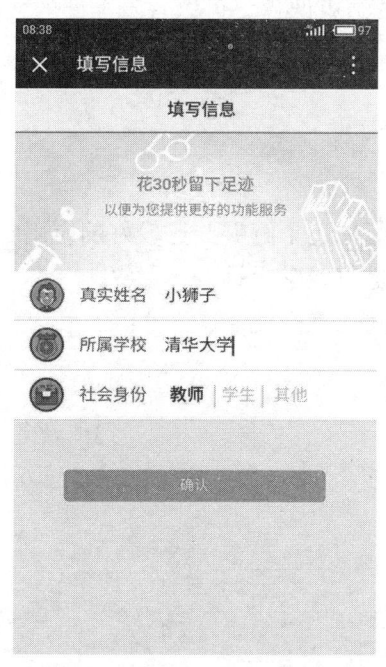
图 4-6-21　学生个人信息设置

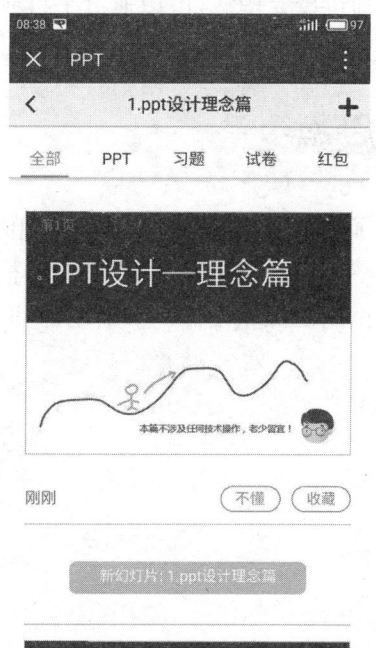
图 4-6-22　学生端学习教师的 PPT 课件

8. 学生可以收藏相应的 PPT 页面,也可以点击"不懂"进行反馈,还可以完成教师发放的测试题或者投票,如图 4-6-23 所示。

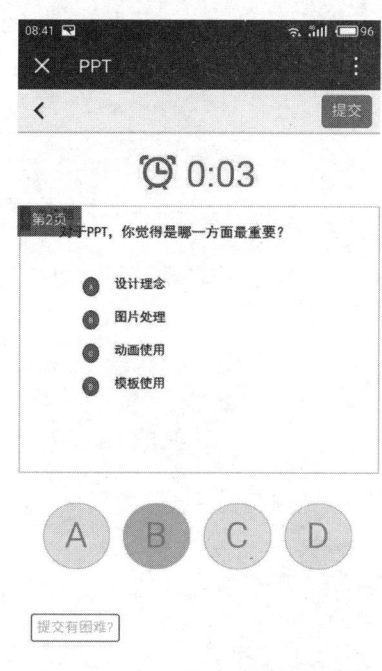
图 4-6-23　学生端做题互动

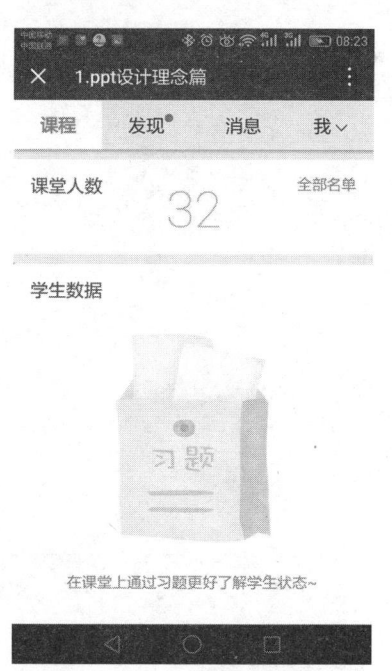
图 4-6-24　课堂数据查看

9. 教师讲授完毕后,可以通过手机或者PC结束课程。可以查看上课的数据。如学生数、习题情况、学生标记不懂的PPT页面等,如图4-6-24所示。

1. 除了本书介绍的移动学习的应用案例外,你还了解哪些比较好的应用?
2. 了解UMU移动互动教学应用,模仿它进行教学设计。
3. 尝试用雨课堂设计一节活动课,同学之间相互交流。

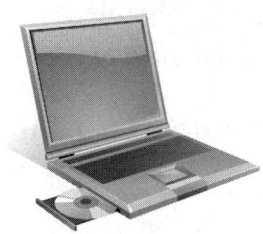

## 模块五 网络教育应用

 **学习目标**

1. 掌握网络教育资源的种类及检索方法。
2. 掌握网络通信及资源共享的方法。
3. 掌握思维导图的特点及教学应用。
4. 掌握博客、微博的特点及教学应用。
5. 掌握数字笔记 OneNote 的功能及使用。
6. 掌握 MOOC 在线学习的特点及教学应用。

**思维导图**

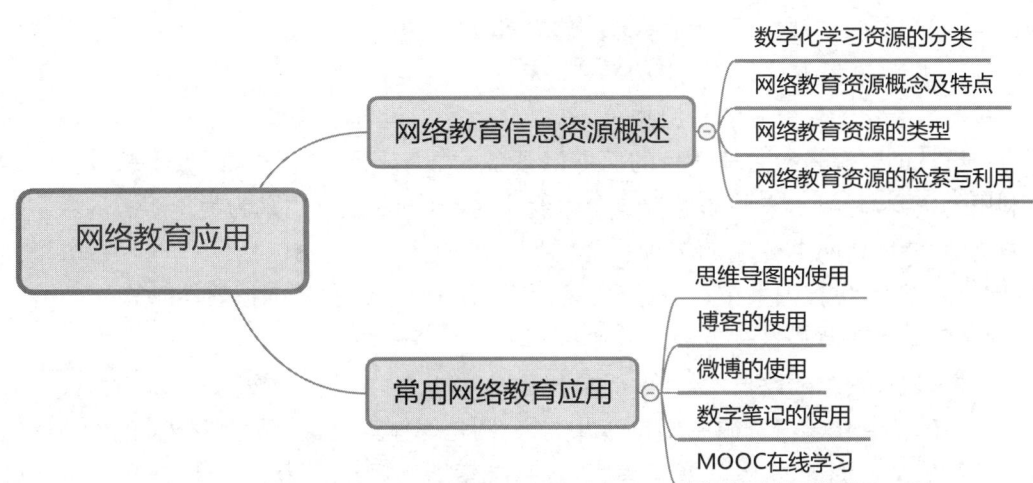

## 第一讲　网络教育信息资源概述

资源检索技巧
常用学前资源库

### 基础知识

### 一、数字化学习资源的分类

在当今世界，互联网是最大的数字化学习资源的公共网，资源类别丰富，门类众多，涉及社会生活中的方方面面。面对互联网如此之多的学习资源，我们有必要对它们进行分类研究，以便于查找和应用。

1. 根据媒体形式划分

数字化学习资源可以按照媒体形式划分为五大类，即文本类素材、图形图像类素材、音频类素材、视频类素材、动画类素材。

2. 根据学习模式划分

在数字化学习环境中，学习者可以采用多样化的学习组织形式。数字化学习资源可以分为三种类型：以学生个性化学习、自主学习为主的数字化学习资源，以小组协作、探究学习为主的个性化学习资源和以班集体学习为主（如网络同步课堂等）的数字化学习资源。基于不同学习模式的数字化学习资源，其侧重点是不同的。个性化、自主学习资源主要用于学习者个人开展学习、研究和反思，如网络课件、记录反思的微博、利用手机、平板电脑的移动式学习资源等。小组协作学习资源主要是用于合作和探究的资源和工具，如学习论坛、BBS讨论版、QQ群、手机互联协助等。

3. 根据学习资源的来源划分

按照数字化学习资源的来源划分，可以分为专门设计的资源和可利用的资源。所谓专门设计的资源是指为教学目的而专门预备的数字化学习资源，如教学软件。所谓可利用的资源，是指本来并非为教学专门设计的，但被发现可用来为教学服务的数字化学习资源，特别是网上传输的多种多样的网上信息资源，主要包括：电子图书、电子期刊、网上数据库、虚拟图书馆、百科全书、教育网站、通信新闻组、虚拟软件库等。

4. 根据学习资源整合后的形式划分

根据《教育资源建设技术规范（征求意见稿）》，从学习资源建设的实际出发，我国目前可建设的信息化学习资源主要包括九类，分别是媒体素材、试题库、试卷、课件与网络课件、案例、文献资料、常见问题解答、资源目录索引和网络课程。另外，还可根据实际需求，增加其他类型的资源，如电子图书、工具软件等。

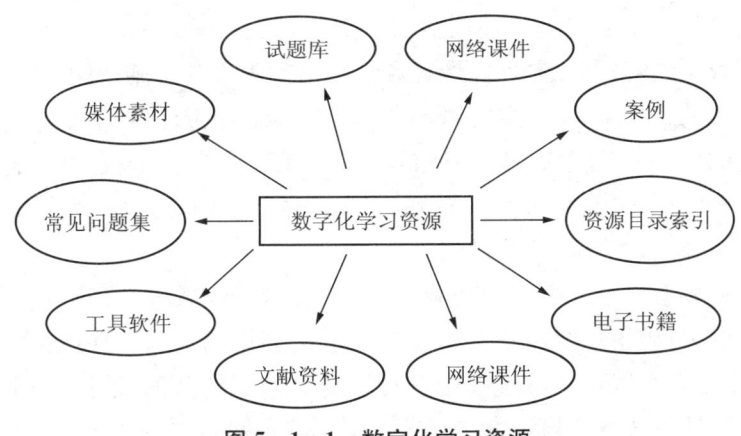

图 5-1-1 数字化学习资源

## 二、网络教育资源概念及特点

1. 什么是网络教育资源

一般来说,我们将网络资源中与教育相关的部分都称为网络教育资源。网络教育信息资源是一种以网络为承载、传输媒介的新型信息资源,这种信息资源是在网上获取的,所以也将基于网络的教育信息资源称为网上教育资源。

网络教育资源包括网络环境资源、网络信息资源、网络人力资源。在这三部分资源中,网络信息资源是核心,因为其他两部分资源是为信息资源的建立、传播和利用而服务的。

2. 网络教育资源的特点

在具备诸多不同于传统信息资源、优于传统信息资源的特点的同时,目前网络教育信息仍存有诸多问题:

(1) 信息资源分散,数量庞大。
(2) 有价值信息不免费。
(3) 信息加工深度不够。
(4) 实质性信息少。
(5) 灰色信息过多。

因此,网络信息资源呈现出来的最大特点是:信息容量的无限性和信息组织的无序性。

无限性给网络信息资源的教育利用带来几乎无限的可能性,而无序性又会给这种资源的实际利用带来很大的困难性。即使利用当前世界最先进的搜索引擎来检索网页信息,其覆盖率仍不会超过三分之一。

## 三、网络教育资源的类型

按信息内容和组织方式的不同,网络教育资源可分为网络课件、网络课程、电子书刊、网络资源库、教育网站等。

1. 网络课程

网络课程是一种新的课程形态,它是通过网络表现的某门学科的教学内容及其教学活动实施的总称。网络课程一般包括两个部分,其一是按一定的教学目标和教学策略组织起来的教学内容;其二是保障课程和学习活动管理与实施的网络教学支撑环境。

从网络课程的应用来看,主要有两种形式:一种是基于课堂的教学,网络课程只是作为课堂教学的一种补充方式;另一种是将网络课程作为整个教学过程的主要形式。网络课程栏目分为两大类,一类是主栏目,用来传送教学内容;另一类是辅助栏目,包括参考资料、学习跟踪、讨论区、相关链接等。

网络课程主要有以下几方面的功能特点:① 支持开放式教学:使学生的学习不受时间和空间的限制,打破了传统课堂教学的局限。② 多维的信息交互:能够为学生提供多渠道的交互,学习者可以在学习过程中进行实时交流或非实时交流,也可以进行文字、语音或视听等不同方式的交流。③ 丰富的信息资源:网络课程能够将各类课程与相关图文声像资料集成到一起,形成一个支撑课程的资源库,同时可以为学生提供扩展性资源的网络链接,有利于学生的学习与知识面的扩展。

2. 电子书刊

电子书刊可以分为两种类型:一种是传统纸质媒介信息的电子版,即直接将各类印刷图书和报纸、杂志等信息内容转化为网络格式的电子信息,如网上的各类中外文学名著、各种专业期刊、杂志、报纸的电子版等;另一种类型则是专为适应网络电子媒介而编辑制作的各种网络书刊,它们利用网络的特性,快捷、及时、海量地提供各种信息。信息内容不仅包括文本、图片等,有些还含有大量的声音、视频、动画等多种媒体形态。另外,较之传统书刊,网络电子书刊还允许用户进行上传、下载、讨论、评议等各种交互操作。

3. 网络资源库

网络资源库集合了大量的信息对象,并允许用户根据某些属性检索使用这些数据资源。网络数据库既有各种专题型的信息资源库,如学位论文数据库、中文期刊数据库、学科教案数据库、多媒体教学素材库等;同时也有只提供图书编目、网站地址或索引链接等信息的虚拟资源数据库。例如,数字图书馆就是针对某些专题,广泛收集相关图书资源和网站地址等信息,按照一定规则进行分类编目,或是用超文本建立链接索引,或是采用关键词进行信息检索等,从而为用户提供经过筛选和组织、方便检索和使用的网络图书信息资源等。例如,中国知网(www.cnki.net)、万方数据库(www.wanfangdata.com.cn)等。

4. 教育网站

教育网站一般是指围绕教育、教学或相关领域而建立的各种主题型网站,提供教育信息、用于课堂教学的附加材料、学生的论文,甚至是完整的网络课程。

教育网站的内容通常涉及各级各类学校教育的各个方面。教师为了上课的需要,可以利用搜索引擎,通过选择恰当的目录或关键词进行信息搜索。

### 四、网络教育资源的检索与利用

参考以下搜索引擎或资源网站,学习网上信息资源的检索与利用。

1. 网页搜索引擎的使用
(1) Google 的使用。
(2) 百度的使用。
2. 目录检索工具的使用
(1) Sohu 目录检索的使用。
(2) Yahoo 目录检索的使用。
3. 利用各种类型网站查找所需的资料
如行业网站、教育网站、专业网站、主题网站、资源网站、个人网站等。
4. 利用中文数字图书信息检索查找所需的资料
(1) 中国期刊全文数据库(CNKI)。
(2) 中文科技期刊数据库(维普全文库 http://www.cqvip.com)。
(3) 超星数字图书馆(http://www.ssreader.com)。

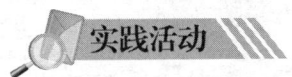

### 活动一　利用专门的幼儿科学知识网站，搜索相关素材

专业的幼儿科学知识网站，资源丰富，具有针对性且专业性强。学习者只需输入网址，打开网站，找到相关导航，就可以找到关于幼儿科学知识的文本、图片、声音、动画、视频等素材。

1. 了解国内比较专业性的幼儿科学知识网站
(1) 小精灵儿童网

小精灵儿童网站是一个集婴儿、婴幼儿、幼儿、学前儿童教育于一体的网站，内容包括歌曲、游戏、故事、谜语、舞蹈、动画片、图片等各类素材。学习者可以通过网站导航找到相关素材，也可以通过网站的搜索键找到相关素材，网址：http://www.060s.com/childrens/shuzhi.php，网站界面如图 5-1-2 所示。

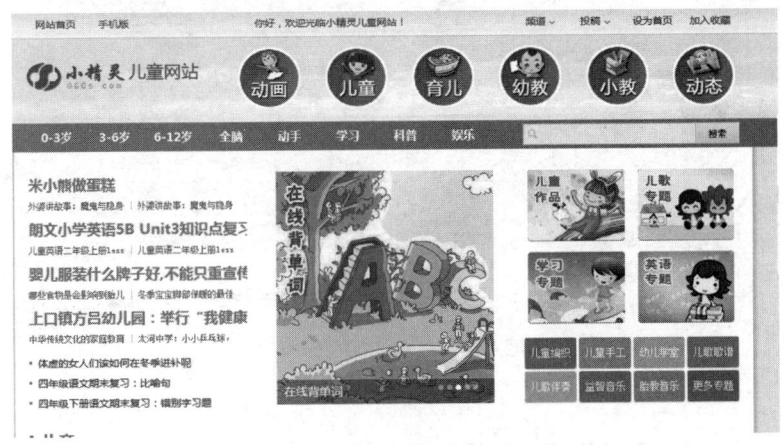

图 5-1-2　小精灵儿童网站首页

（2）儿童 Flash 网

61flash 网是专门致力于儿童 Flash 的网站，包括儿童小游戏、数学游戏、填色游戏、益智游戏、小学生学习、英语学习、拼图类、折纸类等动画素材。网址：http://www.61flash.com/，如图 5-1-3 所示。

图 5-1-3　儿童 Flash 网站首页

（3）儿童故事大全

儿童故事大全汇集了大量的幼儿故事、童话故事、寓言故事、成语故事，并且以丰富的音频、视频、图片的方式，提供了丰富的幼儿学习素材。网址：http://www.4399er.com/，如图 5-1-4 所示。

图 5-1-4　儿童故事大全网站首页

（4）幼师口袋

幼师口袋是一款简单实用的幼儿园教师资源分享应用，可以帮助幼儿教师轻松发现、收纳与相互分享幼儿园环境布置、个别化学习活动等素材、制作方法，为她们的教学学习情境设计提供解决方案,同时支持应用内直接购买图片素材上所需的材料以及幼儿个别化学习资源素材包。幼师口袋有电脑版和手机 APP 版。幼师口袋软件具有以下特色:

① 云量优质环境创设、个别化学习活动素材一键管理。

② 关键热词随时搜索,一秒就可以到达主题相关素材。

③ 自定义口袋主题,随时管理主题素材。

④ 幼教前辈云集,可以学到许多直接的经验,拿到许多直接可用的幼教材料。

幼师口袋 APP 界面如图 5-1-5 所示:

图 5-1-5 幼师口袋 APP 手机界面

(5) 儿歌资源库

贝瓦儿歌集合了许多朗朗上口的经典曲目,它们语言活泼、歌词丰富,并呈现出鲜明的音乐性和节奏感,是培养孩子乐感和审美的重要途径。贝瓦儿歌界面如图 5-1-6 所示。

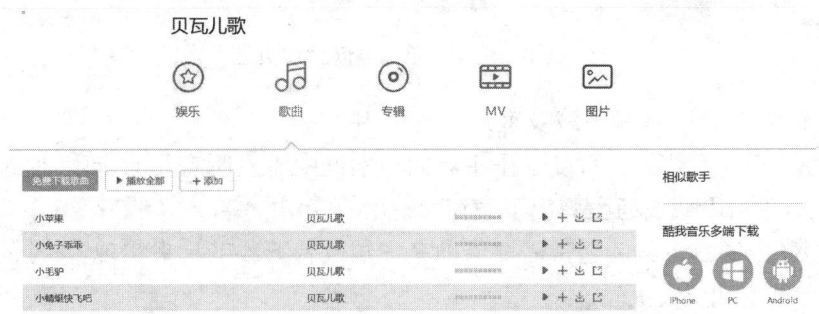

图 5-1-6 贝瓦儿歌界面

2. 了解国外专业的幼儿科学知识网站

（1）苏斯博士

网站画面童趣十足，富有创意。涉及内容包括：推荐书籍、视频、活动设计、音乐、教育、同伴互助等模块。网址：http://www.seussville.com/，如图 5-1-7 所示。

图 5-1-7　Seussville 网站首页

（2）小尼克

小尼克是专门为儿童量身定制的一份专属幼儿能力发展的课程，是一个可为家长定制课程、设定观看时长、了解孩子观看情况、搜寻个性化的幼儿素材的网站。网址：http://www.nickjr.com/，如图 5-1-8 所示。

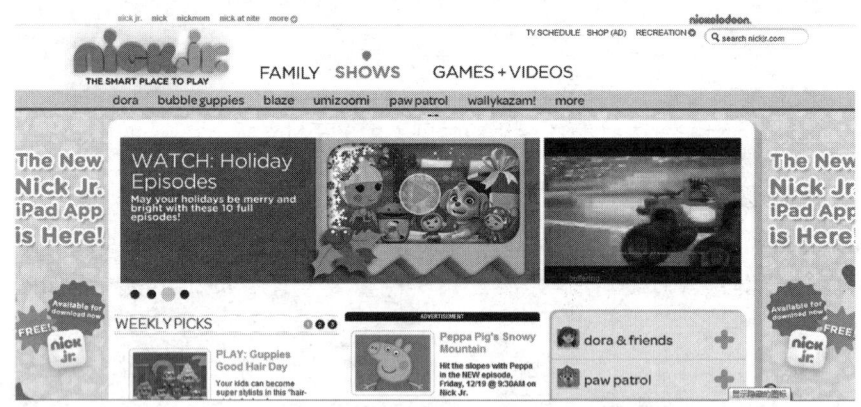

图 5-1-8　小尼克网站首页

3. 熟悉网络音频、视频下载及客户端的运用

（1）音频资源下载。在百度音乐主界面搜索框中输入所需要的音乐，通过播放按钮来试听音乐，单击下载按钮会弹出下载窗口。

（2）视频资源的下载。通常需要借助客户端或者下载工具来实现，常见的下载工具及客户端有迅雷、电驴、优酷、土豆等。

## 活动二　利用 QQ 群和百度云管家上传和共享资源

活动目标：

1. 掌握 QQ 即时通讯工具交流信息和共享文件的方法。

2. 熟悉各种云服务商的运用。

3. 掌握运用百度云管家以及百度同步盘共享文件的方法。

活动准备：

1. 目前常用的网络通信工具有 QQ、微信、Internet Phone 等，它们都具有呼叫功能，能进行文本、语音、视频对话，有些还具有文件传输功能。可以选择适用的通信工具，实现网络信息的交换与获取，达到资源共享的目的。

2. 比较常见的云服务商有百度云、360 云盘、金山快盘、够快网盘、微云等，应选择自己熟悉的云工具。

活动过程：

1. 利用 QQ 进行资源共享。QQ 群中提供了网络硬盘共享空间，供该群中的用户上传或下载文件。

2. 登录百度云管家，在文件列表界面中上传文件，存入百度云。

3. 在上传的文件列表中，选中希望共享的文件。

4. 利用百度同步盘共享数据。百度同步盘具有双向同步功能，本地同步文件夹数据同步到云端，云端数据增加、删除后本地也会随之变化，适合需要在多设备共享数据的办公人群协同工作。

# 第二讲　思维导图的使用

思维导图样例展示

## 一、思维导图的概念及特点

思维导图（Mindmap）又称为心智图。是表达发射性思维的有效图形思维工具，它简单却又极其有效，是一种革命性的思维工具。思维导图运用图文并重的技巧，把各级主题的关系用相互隶属与相关的层级图表现出来，把主题关键词与图像、颜色等建立记忆链接。思维导图充分运用左右脑的机能，利用记忆、阅读、思维的规律，协助人们在科学与艺术、逻辑与想象之间平衡发展，从而开启人类大脑的无限潜能。

所有的思维导图都有共同之处。它们都使用彩色，都有从中心发散出来的自然结构，都使用线条、符号、词汇和图像，都遵循一套简单、基本、自然、易被大脑接受的规则。

使用思维导图,可以把一长串枯燥的信息变成彩色的、容易记忆的、有高度组织性的图,它与我们大脑处理事物的自然方式相吻合。图5-2-1为幼儿园活动计划的思维导图。

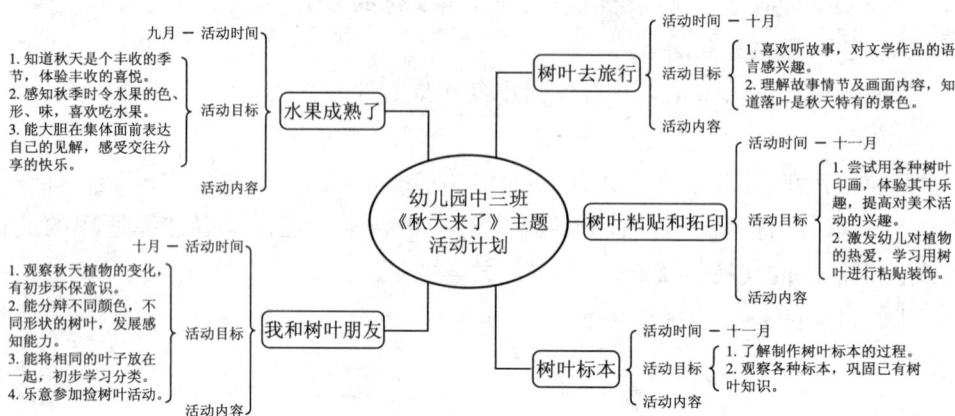

图5-2-1 幼儿园活动计划思维导图

以上幼儿园中三班主题活动思维导图是利用Xmind软件制作的。

## 二、思维导图的作用

思维导图可以作为辅助学生学习的工具;也可以作为教师和研究人员分析评价学生对知识的理解和构建的方法;还可以作为设计结构复杂的超媒体、大型网站以及交流复杂想法的手段。思维导图在教学与学习方面起着重要作用。

## 三、思维导图的绘制

绘制思维导图的方法有很多,不一定使用特定的计算机软件,学生和教师利用一切绘图软件都可以设计出自己的思维导图,如:Word、PowerPoint和WPS等,几乎所有专门用于绘图的软件都可以用来绘制思维导图,但最具个性化、最好的视觉思维导图往往是手工绘制的。目前流行的思维导图绘制工具有Xmind、Freemind、MindMannager等。此外,还可以在手机上安装思维导图APP制作思维导图,如幕布APP、Mindjet Maps APP等。

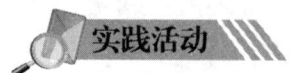

**利用Xmind制定幼儿活动计划思维导图**
**以在幼儿园中三班开设《秋天来了》主题为例设计活动**

活动目标:

秋天的红树叶,秋天的黄树叶。形状各异的树叶让孩子们感受到植物随着季节而变化的神秘。周围水果成熟了,农民伯伯收获粮食,大雁飞向南方去,种种信息告诉我们秋天来了。根据"幼儿的好奇心是基于对事物认知的兴趣"这一特点,应充分利用"大自然是活教材"的教育观念,用孩子喜欢的方式来表达对秋天的感受,这对于中班孩子发展是有益的。由此确立了班级主题活动《秋天来了》。

1. 感知秋天天气的明显特征、周围植物的变化,参加收集树叶等集体户外活动。
2. 尝试用树叶拼贴画、拓印画,体验其中的乐趣,激发创造兴趣,提高对美术活动的兴趣。
3. 引导幼儿知道秋天是个丰收的季节。

活动过程:
1. 观察秋天周围事物的变化,请家长带幼儿到农田参观农民伯伯劳动。
2. 墙饰体现秋天植物、水果等明显特征。
3. 区角投放相关制作材料。

## 第三讲 博客与微博的使用

博客展示
微信软文编辑

### 一、博客的概念及特点

"博客"一词是从英文单词 Blog 翻译而来。Blog 是 Weblog 的简称,它是在网络上发布和阅读的流水记录,通常称为"网络日志",简称为"网志"。撰写 Blog 的人则称为 Blogger。对于 Blog 这个术语有不同的解释,通常认为 Blog 就是一种表达个人思想,内容按照时间顺序排列,并且不断更新的,带有知识集合链接的发表方式。

博客具有简单、快捷、低成本的特点。与传统的个人主页相比较,博客的优势在于简单、快捷和低成本。任何一个普通网民,只需几分钟就可以"零技术知识"、"零成本"地申请注册到一个属于自己的博客空间,不用申请域名,没有托管空间,更不用自己维护。通过个人博客可方便地发表自己的观点或评论,快速建立起自己的网络形象。

另外,博客具有开放性、交互性、易管理的特点。使用者可以自由地记录、发布和更新,可以方便地对文章分类管理。同时,博客系统能够自动生成站点的聚合提要(RSS-feed),以方便其他人订阅。所以,Blog 对知识进行管理的专业化和个人化优势是其他网络表达方式所不能相比的。

### 二、博客的教育应用

相对于其他网络工具,博客有着众多优点,因而被广大教育工作者应用到教学中。我们可以将博客在教学中的应用归纳为以下几点:

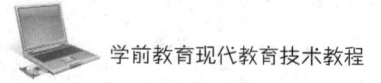

1. 博客作为教学信息的承载工具

(1) 电子教案

利用博客,教师可以将教学教案、读书笔记、收集的资料等形成电子文档,还可以写一些教育随想,将对教学的思考记录下来,这比传统的教案丰富,而且更新容易和快捷。

(2) 学习笔记

学生可以将自己的学习过程、学习心得、疑难问题、知识要点等写入博客,还可以整理在互联网上找到的资料,建立链接,形成自己的学习脉络。

2. 博客作为教学信息的传播工具

博客可以成为教师课后的网络交流平台,通过这个平台进行一些教研活动,也可以成为学生自主学习、协作学习的平台。

(1) 教师交流工具

博客可以承载教师教学的一切信息,包括对教学工作的观察和思考。博客的公开性让这些信息成为共享资源,通过与其他教师分享,一方面使自己的劳动创造有更大的社会价值;另一方面也使自己在分享交流中得到更大的提高。

(2) 师生交流工具

借助博客,教师可以将学生的学习情况和与课程有关的教学资源网址记录在博客上;学生可以将各自的学习心得、收集的一些有价值的学习资源记录在博客上。通过博客,师生共同分享知识和认识,增进师生了解,增强对知识的理解。

(3) 学伴交流工具

引导学生建立自己的博客,并将自己的所思、所想、所见、所作和所得记录在博客上,让同学、朋友、父母、老师都来分享,不但可以促进学习交流,而且可以让长辈了解孩子的学习情况。目前已经出现了一些"小组博客"和"协作式博客组",为学生的共同学习、交流提供了平台。

3. 博客作为教育教学研究的工具

(1) 教育叙事研究

教育叙事研究是教师在教学生活中通过对自己教学的反思、研究,继而形成研究结论,并将结果记录成叙事报告的一种教学研究方法。教师通过博客这种全臻化、个性化的网络工具进行叙事性地记录教育中的所思所想,并借助博客的开放性将其传播,增强了教育叙事研究的生命力,逐渐成为一线教师进行教学研究的工具。

(2) 课程整合的有力工具

博客是营造出符合整合内涵的教学环境的有力工具。教师利用博客把文字、图形、音频、视频等多种媒体信息整合,向学生发布课程教案设计,创设合理的学习情境;利用博客可以发布精心提炼的有价值的学科资源,提供信息的共享;还可以利用博客向学生定期提供研究的项目或讨论的话题,鼓励学生共同参与资料整理、问题解决或讨论,以此来启发学生的积极思考,培养学生自主探究、协作学习的能力。另外在博客中,可以记录学生的学习过程,建立学生学习的电子档案,有针对性地对学生的学习进行评价,提供及时的反馈和学习指导,促进师生的交流,真正达到信息技术与课程整合的目标。

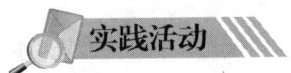
**实践活动**

### 利用在线博客系统创建自己的班级博客

班级博客,就是以班级的名义建立的在线博客系统,是一个可以为班级的全体教师、家长、学生提供空间访问、日志浏览、资料共享等操作的开放性网络平台。通过班级博客,教师可以发布包含文字、图像、网页链接以及其他多种多媒体素材的博客日志;教师可以对以往发布的日志信息加以管理;在博客浏览的过程中,还能够让读者以互动留言的方式留下意见、建议等,这些特性都为教师通过班级博客开展学业辅导、沟通交流、资料共享以及班级在线管理提供了便捷的途径。下面我们以阳光幼儿园中一班为例,学习如何在新浪博客中注册账号,建立班级博客,并对建立的班级博客界面进行简单的美化,对其中的文章进行分类管理。

活动目标:

1. 熟悉博客账号的申请注册流程,能开通注册自己班级的班级博客。
2. 学习博客设置功能,能对班级博客首页进行美化。
3. 了解博文日志发布功能,能发布一则简单的班级博文。

活动准备:

1. 提供一个电子邮箱地址或一个手机号。
2. 班级博客的组织结构规划。合理的组织结构规划将使班级博客更易于使用、管理和维护,也会使博客访问界面更简洁、明快。班级博客的结构设置一般要在博客申请后,使用博客的后台管理进行,教师可根据班级的实际情况和需要,对博客的栏目进行分类、管理。

活动过程

1. 班级博客账号的注册与申请

开放注册的在线博客系统有很多,本例以新浪博客为例,申请注册阳光幼儿园中一班的班级博客。

(1) 打开新浪博客首页 http://blog.sina.com.cn/。

(2) 点击页面右上角的"注册"按钮,在弹出的注册页面中,选择注册方式,填写注册信息,进行新用户注册。新浪博客的账号申请可以有"手机注册"和"邮箱注册"两种方式。本例以"邮箱注册"方式进行班级博客的申请注册。

(3) 注册信息填写完成后,会出现注册成功提示,在弹出的邮箱验证页面中,点击邮箱登录按钮,登录到自己刚才填写注册的电子邮箱,点击新浪博客发送的超链接地址即可。

(4) 点击链接后,网页会自动跳转到"新浪通行证"页面,在此页面中寻找"我的博客"栏目,点击"立即开通新浪博客"链接,进行新浪博客的开通。

（5）填写博客名称和设置博客隐私方式。本例设置班级博客名称为"阳光幼儿园中一班班级博客"，博客隐私方式为"对所有人开放"。完成以上设置后，点击"完成开通"。至此阳光幼儿园中一班班级博客的全部注册申请步骤已完成。

2. 班级博客界面的设置

新建立的班级博客，界面风格与标题名称可能与我们心中的要求不相符，如何把自己的班级博客装扮得更漂亮、更富有个性呢？可以通过新浪博客提供的页面设置与管理来修饰我们的班级博客界面。

（1）修改班级博客标题。点击"个人资料"栏目下的"管理"链接，可跳转到"修改个人资料"页面。修改"头像昵称"标签下的昵称信息，并选择一张班级照片作为博客头像，点击"保存"按钮，即完成博客标题的修改，如图5-3-1所示。

图5-3-1　修改博客资料

（2）修改班级博客首页风格。进入您的博客，在"首页"标签上，点击导航右侧的"页面设置"按钮，可以对博客显示风格、版式、组件进行——设置，点击"保存"按钮，即完成设置，如图5-3-2所示。

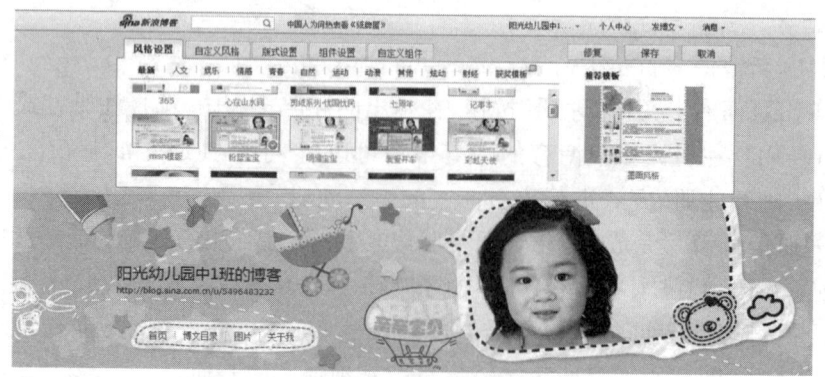

图5-3-2　新浪班级博客首页风格

（3）发布班级博客文章。在班级博客首页，点击"发博文"按钮，即进入文章编辑页面。输入文章的标题和内容，输入完毕之后，点击"发博文"按钮就可以将文章发布了，如图5-3-3所示。

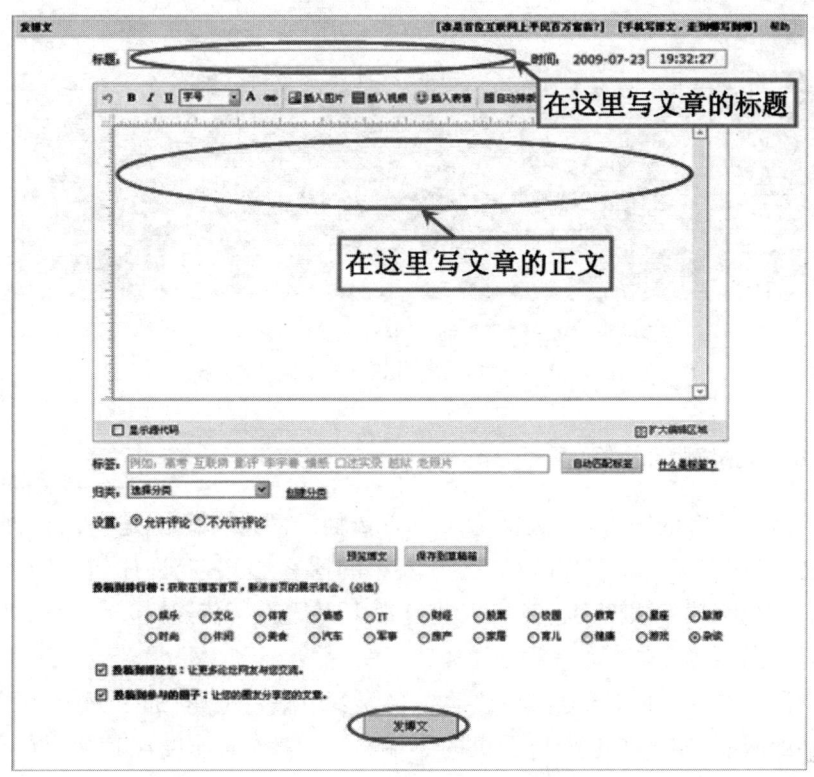

图5-3-3 撰写博文并发布

本讲二维码中收集了无锡市滨湖区水秀幼儿园各园区各班级的博客。界面如图5-3-4和图5-3-5所示。

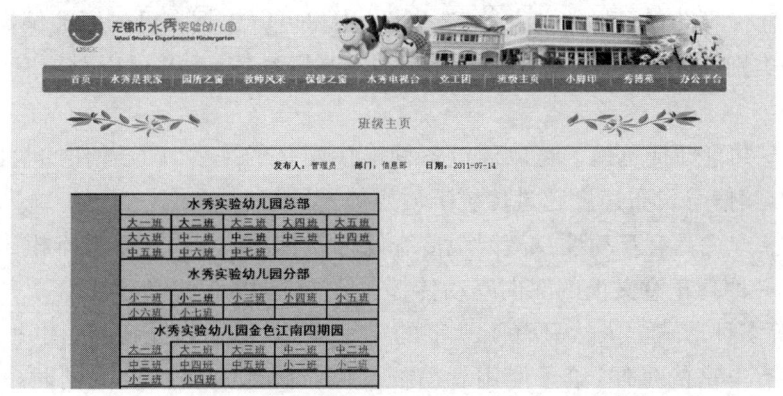

图5-3-4 无锡市滨湖区水秀幼儿园各班级博客界面

图 5-3-5　水秀幼儿园总部大一班博客

### 三、微博的概念及特点

微博是微型博客的简称，由英文 MicroBlog 翻译而来。微博是一种允许用户及时更新简短文本（不多于 140 字）并可以公开发布的博客形式，允许任何人阅读或只能由用户选择的群组阅读。微博的信息可以通过很多方式进行传送，包括短信、即时信息软件、电子邮件、网页等。

微博广泛分布在桌面、浏览器和移动终端等多个平台上，打通了固定互联网和移动互联网之间的限制，实现了电脑与手机的终端融合，使传播速度比其他媒体更便捷、更迅速。

微博的特点：

（1）内容短小精悍。微博的内容限定为 140 字左右，内容简短，不需长篇大论，门槛较低。

（2）信息获取具有很强的自主性、选择性，用户可以根据自己的兴趣偏好，依据对方发布内容的类别与质量，来选择是否"关注"（"收听"）某用户，并可以对所有"关注"的用户群进行分类。

（3）信息共享便捷迅速。可以通过各种连接网络的平台，在任何时间、任何地点即时发布信息，其信息发布速度超过传统纸质媒体及网络媒体。

（4）传播方式具有互动性。微博跟传统媒体及博客、论坛等新媒体相比，最大的特点是实现了一种真正意义上的双向互动传播。在微博上，信息传递聚合了一对多、多对一、多对多等多种形式。虽然只有 140 字的文字表达，但通过超链接、图片、视频，每条微博都可以有丰富的延伸，给予使用者简便的阅读体验和自由度的同时，也提供了多元、多层次和多角度的扩展性能。

## 四、 微博在幼儿园教育中的应用

使用微博可以满足家校互动的要求,教师可以通过文字、图片、声音、视频等形式发布幼儿在园的表现情况、学习计划、活动通知等,还可以就育儿知识与家长开展交流互动。140 个字的短微博,言简意赅,让家长快速浏览;保留在网页服务器的信息,可以让家长在任何一台计算机上浏览与回复;能够以社交软件的形式,让所有家长交流共享,同时又支持教师与某个家长单独交流。

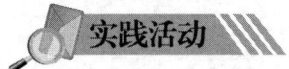

**利用微博,建立家园互动微群**

活动目标:

1. 掌握利用腾讯 QQ 号创建微博的方法,学会使用微博的广播、收听、评论等功能进行互动活动。

2. 掌握创建微群的方法,学会在微群内进行群公告的发布和群文件的共享。

活动准备:

1. 设计家园互动的内容。一般家园互动的内容应包括:

(1) 幼儿园教学方面。每学期和每周的幼儿活动计划,让家长了解每周幼儿的学习内容;每日开展教学活动的具体内容、孩子课堂的效果分析、家庭作业等,让家长了解孩子一天在园的活动情况;幼儿园或班级近期将开展的活动;近期幼儿的在园表现等。

(2) 幼儿园管理方面。幼儿园的收费、一周菜谱等管理方面的内容。

(3) 幼儿家庭教育或成长方面的困惑。提醒家长在孩子成长过程中的一些注意事项,回复家长家庭教育中的问题或困惑。

(4) 家长对幼儿园教学的建议或意见等。

2. 选择平台创建家园互动微博。现在国内广泛使用的微博主要有腾讯微博、新浪微博、网易微博和搜狐微博等,这四个微博的功能都类似,都可以满足家园互动的要求,可以通过用户名、邮箱等进行注册。但腾讯微博可以通过 QQ 直接开通,鉴于现在大部分家长都有 QQ 号,而且家长登录 QQ 的时间非常多,发的微博能比较及时看到,所以选择使用腾讯微博来创建家园互动微博。

活动过程:

1. 开通"阳光幼儿园大六班微博"。QQ 号开通"阳光幼儿园大六班微博"的具体方法:

(1) 开通微博。登录 QQ,切换到"微博"页面,单击"立即开通腾讯微博"按钮,按照提示设置姓名和微博账号,设置完成后,即可开通腾讯微博,微博的界面如图 5-3-6 所示。

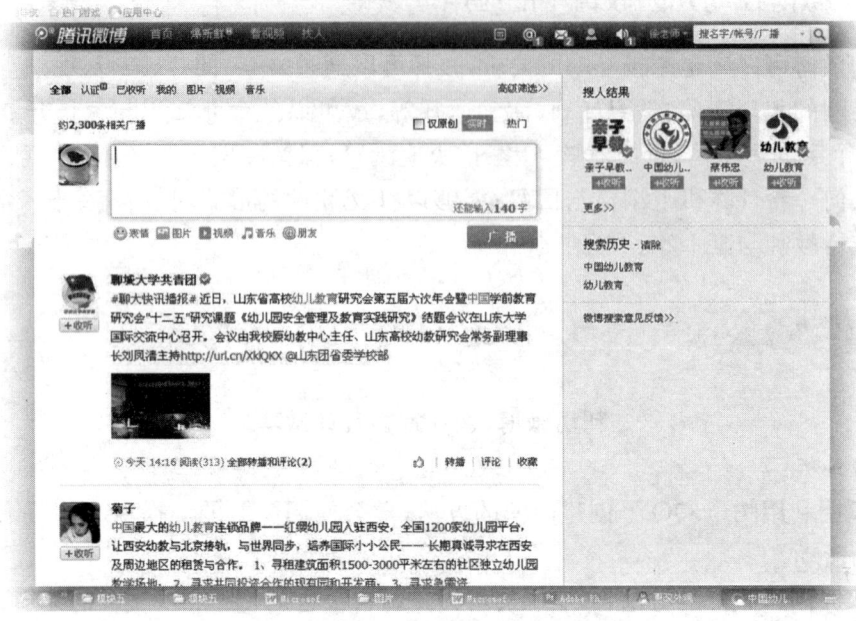

图 5-3-6　腾讯微博界面

（2）微博个性化设置。点击最上面导航栏中的名字，在下拉菜单中，单击"设置"即可修改基本资料、修改头像、修改密码等，如图 5-3-7 所示。

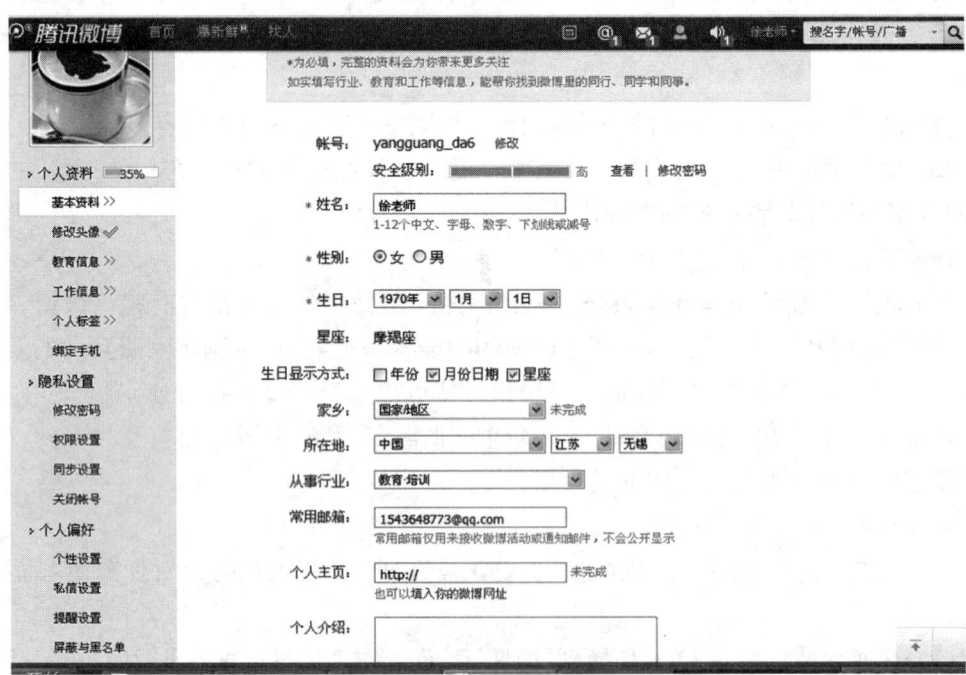

图 5-3-7　微博的设置

（3）在腾讯微博上发"广播"，即微博。在编辑框中输入文字，广播中可以插入表情、图片、音乐、视频等。单击"广播"按钮即可发布微博，如图 5-3-8 所示。

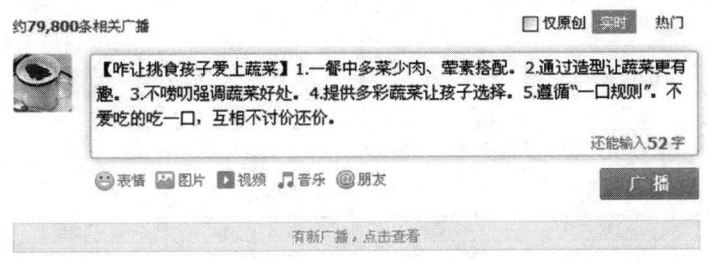

图 5-3-8　发"广播"

（4）收听家长的微博。可以通过"找人"的方式找到家长的微博。单击导航栏上的"找人"按钮，会出现如图 5-3-9 所示的页面，列出 QQ 好友的微博。大六班家长都是老师的 QQ 好友，因此选择一位家长，点击"立即收听"按钮即可。

图 5-3-9　找 QQ 好友的微博

（5）熟悉微博的其他操作，如浏览、评论、转播他人的广播。对于感兴趣的广播，单击广播右下角的"转播"按钮，在编辑框中输入评论的话语，点击"转播"即可转播他人的广播。

（6）发起话题。发起或参与话题讨论，与志同道合的网友成为朋友，分享更多的信息。单击下拉菜单中的"♯话题"按钮，输入需要讨论的话题，点击"广播即可"，如图 5-3-10 所示。

图 5-3-10 发布话题

2. 开通微群。在微博中,收听的微博可以非常多,在个人微博的页面上呈现的微博也可能非常多,这样不利于进行特定目的的"家园互动"。这时可以使用微博提供的"微群"功能。"微群"即大微博里的小圈子,是提供用户小圈子里的聚集、沟通、交流平台,可以让大六班所有的家长集中在一个微群中进行交流。

微群主要有以下这些功能:

（1）在微群中发布微博,开展家园互动。

（2）在群公告中公告重要的幼儿活动以及活动计划。

（3）记录幼儿活动情况,让家长了解。

（4）发布话题,引导家长进行孩子的家庭教育。

（5）家长发微博询问孩子成长中的问题。

（6）发布群共享资料,将优质教育资源提供给家长。

（7）可以发私信单独与家长交流。

## 第四讲 数字笔记的使用

TIM 编辑
高效知识管理

### 一、数字笔记的概念及功能

OneNote(笔记本程序)和 Word、Excel、PowerPoint、Access、Outlook 等程序一样,是 Microsoft 公司生产的 Office 软件程序的一个组件,它具有强大的文件管理功能和人性化的读写界面。为用户提供了收集笔记和信息的位置,并提供了强大的搜索功能和易用的共享笔记本,搜索功能使用户可以迅速找到所需内容,共享笔记本使用户可以更加有效地管理信息超载和协同工作。

Microsoft OneNote 2010 具有以下主要功能：

1. 利用 OneNote 搜集多种类型的资源

在 OneNote 2010 中，利用强大的"即时搜索"功能，可以从海量的笔记信息中快速找到自己所需的笔记内容，不管这些内容被存储在哪个笔记本中，而且可以自动识别出图片、声音、录像并进行搜索。

2. 利用 OneNote 组织和管理个人的知识

OneNote 的核心功能是分类体系。OneNote 知识管理层次包括笔记本、分区、页和子页 4 个层级。OneNote 软件中最大的单位是笔记本，一个笔记本内可以有多个标签（OneNote 中叫分区），同类的标签还可以组合在一起形成分区组，每个分区中有若干个子页。通过这些分类体系，可使知识呈树状结构，形成知识体系结构。此外它还具有强大的标记功能，可以按重要程度为不同的信息做不同的标记。

3. 利用 OneNote 与他人共享个人的知识

OneNote 提供了多种资源共享的功能，通过网络邻居或者发送邮件等方式共享笔记本。OneNote 的编辑环境支持多人同步、多种文档格式、内部检索以及图片粘贴等功能，利用这些功能可以邀请团队中的每个成员加入，参与编辑共享的笔记，被邀请的每一个人都可以浏览和编辑笔记，将自己的意见或建议加入笔记中，即使团队成员分散在世界各地也不受影响。

## 二、数字笔记在幼儿园教育中的应用

（1）使用知识管理工具收集、获取幼儿教育资源。使用 OneNote 获取不同类型、不同来源的资源，实现幼儿教育优秀网站、幼儿教育相关教学设计、视频、音频、动画等多媒体资源的收集。

（2）对幼儿教育资源进行科学的组织和管理。

（3）与他人共享自己的幼儿教育资源。

（4）幼儿教育资源的检索与利用。

## 三、利用 TIM 实现多人在线编辑

TIM 即 QQ 轻聊版，也能实现有效管理信息和多人协同工作，如图 5-4-1 和图 5-4-2 所示。TIM 新增了以下几个适用办公场景的功能：

（1）名片夹。

（2）收藏夹。

（3）多人在线编辑。目前仅支持 word、excel 文档的同时多人在线编辑。

（4）日程会议添加。

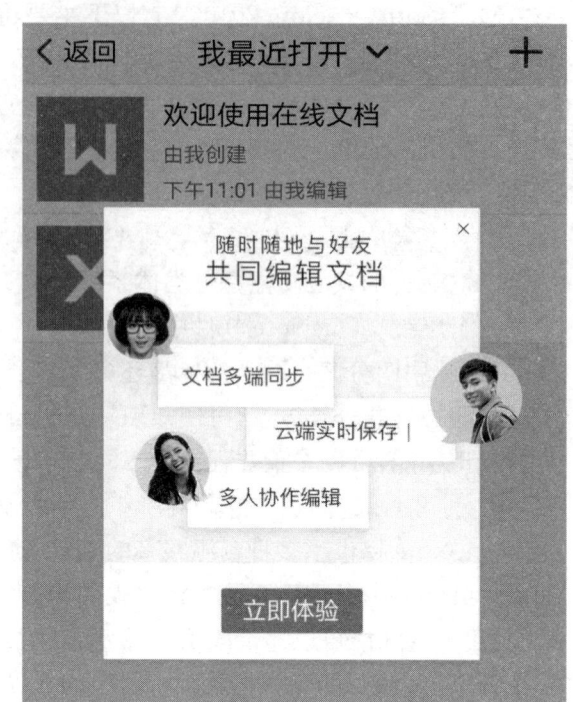

图 5-4-1　TIM 多人协同编辑功能　　　　图 5-4-2　TIM 多人编辑功能开启

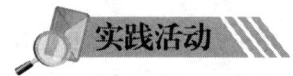

**实践活动**

活动一　利用 OneNote 对幼教资源进行管理、利用和分享

活动目标：

1. 掌握 OneNote 中创建笔记本、新建分区、新建页及子页的方法。
2. 掌握 OneNote 中分区、页、子页的管理与编辑。
3. 掌握 OneNote 中建立超链接的方法。
4. 掌握利用 OneNote 进行资源分享的方法。

活动准备：

1. 设计规划笔记本中分区、页、子页各个层级的内容。
2. 保存个人知识内容，以便有选择性地与他人分享。

活动过程：

1. 启动 OneNote。点击"开始"→"所有程序"→"Microsoft Office"→"Microsoft Office OneNote 2010"，启用 OneNote 软件。

2. 新建笔记本。点击"文件"→"新建"，在存储位置中选择"我的电脑"，笔记本的名称选择"教育教学资源"，在"位置"中选择"D：\"，点击"创建笔记本"，如图 5-4-3 所示。

图 5-4-3 新建"教育教学资源"笔记本

3. 对幼教资源合理地组织和管理。

（1）在笔记本"教育教学资源"下面依次新建分区"科学教育资源"、"社会教育资源"、"语言教育资源"、"健康教育资源"、"艺术教育资源"、"教学论文"、"家园互动"、"幼教网站"等。

（2）在笔记本"教育教学资源"下面，右击鼠标，在弹出的菜单中选择"新建分区组"，将其重命名为"学生活动设计"。

（3）选择"学生活动设计"分区组，在弹出的菜单中选择"新建分区"，依次建立 4 个新分区，并分别重命名为"游戏活动"、"生命活动"、"运动"、"学习活动"。

（4）建立幼教网站分区中各类网站的超链接。

选中"儿童益智游戏"页，右键单击鼠标，选择链接，弹出设置链接对话框，输入链接的网址。如图 5-4-4 所示。

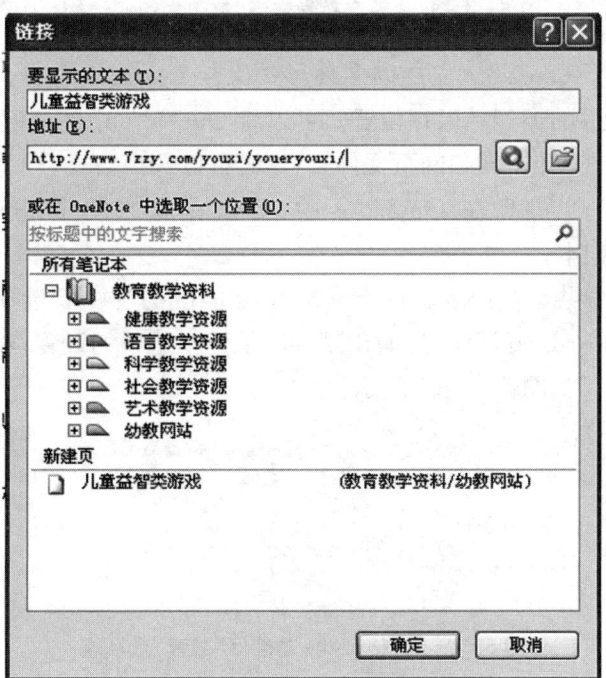

图 5-4-4 插入超链接对话框

这样合理地组织笔记本后,"教育教学资源"笔记本下面组织的资源结构如图5-4-5所示。

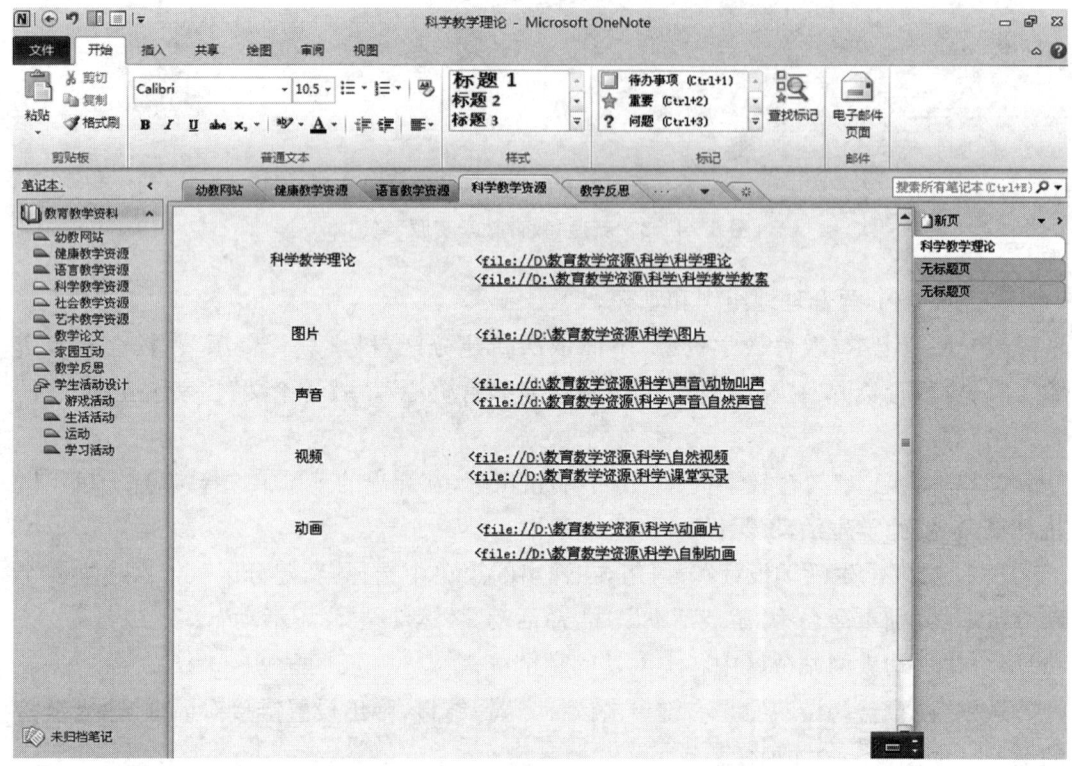

图5-4-5 "教育教学资源"笔记本组织结构

4. 文件的保存。OneNote 支持以多种形式保存个人知识内容。点击"文件"→"另存为",选择保存文件的类型和保存位置。可以将 OneNote 中的笔记本、分区、页面分别保存为 Word 文件、PDF 文件和网页文件,共享时可以选择格式。

5. 幼教资源的共享。在 OneNote 中,可以在局域网中、SharePoint 中,以及 Internet 上共享笔记本。

(1) 在局域网中共享笔记本。在 OneNote 功能区的"共享"选项卡中点击"共享此笔记本"按钮,如图5-4-6所示,这时出现共享笔记本选项的设置,输入相关信息,点击"共享笔记本"按钮。如图5-4-7所示。

图5-4-6 OneNote 功能区"共享"选项卡

图 5-4-7 设置共享笔记本

（2）利用电子邮件共享笔记本。如果电脑安装了 Outlook，只需要配置 Outlook 账户信息，输入对方的邮箱地址，便可以发送邮件与对方共享资源。依次点击菜单栏的"共享"→"电子邮件页面"，或者点击"文件"→"发送"→"电子邮件页面"。

（3）在 OneDrive 中建立共享笔记本。如果在 Windows Live Space 中开辟了 OneDrive（原名为 SkyDrive）空间，则可以将共享笔记本保存在 OneDrive 中，就可以在 Internet 中使用共享笔记本了。

（4）同步笔记本。共享笔记本不仅在共享位置存储了内容，还在每个用户的计算机上保留了单独的笔记脱机副本。这样，即便共享笔记本的参与者不在线，也可以继续编辑和使用笔记本。当他们下一次连接到共享笔记本时，OneNote 会自动将他们的更改与其他每个人所做的更改进行合并。

## 第五讲　MOOC 在线学习

MOOC 平台展示

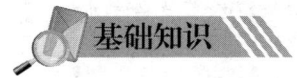

### 一、MOOC 简介

随着多媒体计算机和网络技术在教育领域的应用，大规模在线开放课程（Massive Open Online Courses，简称"慕课"）迅速崛起。2012 年被《纽约时报》称为"慕课元年"，美国的 Coursera、edX 和 Udacity 是最有影响力的三大慕课平台。

2013年5月,北京大学、清华大学率先加入edX;同年7月,上海交通大学和复旦大学则同时加入Coursera。此后,慕课在全球风靡开来。2013年10月,清华大学在edX平台的基础上进行了本土化改造,推出第一个中文MOOC平台"学堂在线",其合作伙伴包括北京大学、浙江大学、南京大学、上海交通大学等部分C9联盟高校。

2014年4月,上海交通大学自主研发的中文慕课平台"好大学在线"(www.cnmooc.org)上线,实现上海西南片19所高校的慕课学分互认,学生可借此平台跨校辅修第二学位。2014年5月,"爱课程"网与网易云课堂合作推出"中国大学MOOC"平台,全国高校均可通过该平台进行MOOC建设和应用。2014年9月,"中国大学MOOC"平台上线SPOC功能,面向校内教学提供服务。

MOOC学习基本流程为:教师每周定时发布教学视频,布置练习或作业,部分课程还会组织话题讨论。学生自主进行视频观看,但要在规定时间内完成课堂测试和作业、参加话题讨论,大部分作业要求在半个月内提交,课程结束后需参加结业考试,获得修课证书。

下面以"学堂在线"为例具体介绍MOOC学习的功能与流程:

在2016年发布的"全球慕课排行"中,学堂在线被评为"拥有最多精品好课"的三甲平台之一。截至2016年6月中旬,学堂在线注册用户数达到300万,选课人次550万,运行的课程数量已经超过1000门。

课程介绍:包括课程简介、教学团队简介、课程章节目录、选课人数、教学大纲、课程预告视频等。

图5-5-1 学堂在线Logo

课程学习方面主要包括:

一是慕课视频学习。教学视频是慕课学习最重要的资源,大部分视频长度在5~15分钟之间,充分满足了用户碎片化学习的需要。部分课程还在视频重要知识点处嵌入交互式问题,答题后方能继续观看。

"学堂在线"中的教学视频可以下载,调节播放速度,且配发字幕,同时提供独立字幕,使用户可以根据字幕快速跳转到相应的视频位置。此外,"学堂在线"设有教师上传文档的模块。

二是互动讨论。学生有疑问的地方可以去论坛发帖提问,授课教师和学习者一起讨论。"学堂在线"提供对帖子及回复的投票点赞功能,可以根据票数排序,便于用户快速发现有价值的好评贴。由于讨论区的互动是非实时的且受到平台的限制,许多课程都设置了QQ群便于学员实时交流,有些课程的教师还会定期在QQ群上进行答疑。也有部分课程开设了微博和微信公众号,用于发布课程动态信息或推荐相关阅读资料。

三是成绩评定。平时成绩通常由课堂测验、单元作业和同学互评作业等组成。"学堂在线"课程视频目录中,可设置习题与作业。

四是结业认证。慕课的认证分为证书和学分两种认证方式。"学堂在线"提供免费的电子版结业证书,部分课堂提供学分认证。

"慕课"作为现代信息技术与高等教育相结合的新生事物,以没有学位门槛、任何人都可以随时随地学习、大量免费的优质课程等优势,吸引着越来越多的人参与学习。一方面,慕课打破了地域和时间的限制,大幅扩大了优质教育资源的受众范围,提高了教育公平性。另一方面,慕课将课程学习与学分挂钩,实现学分互认,有效整合与促进了各类资源要素在校际间的流动和共享。此外,慕课的出现既根植于学习模式创新的需要,同时也推动了高校课程建设与教学模式的改革,顺应了自主学习和终身学习的教育价值取向。

MOOC 不单是教育技术的革新,更是一种全新的教育模式和学习方式,带来教育观念、教育体制、教学方式和人才培养过程等方面的深刻变化。但是,由于不设先修条件,学生注册数急剧增长,MOOC 存在着一些亟待解决的问题。如 MOOC 注册率高、完成率低,课程制作负担大,课程学习不够深入等。同时,MOOC 的发展面临着如何与学校教学有效结合的机遇与挑战,正因如此,一种小而精的课程类型——SPOC 应运而生。

## 二、SPOC 简介

SPOC 是英文 Small Private Online Course 的简称,即"小规模限制性在线课程"。与 MOOC 中的 massive 和 open 相对而言,small 和 private 是指对学生规模以及学习准入条件进行了限定。SPOC 模式是一种结合了课堂教学与在线教学的混合学习模式,是在大学校园课堂实施翻转课堂教学。SPOC 创建的混合教学环境,既融合了 MOOC 在线学习的优点,又弥补了传统教室课程的不足,创新了教学模式。由于 SPOC 只针对小规模的特定人群,学生人数较少,因此教师有可能与学生开展充分的交流答疑和讨论,并在学生的整个学习过程中给予个性化的指导,提高了教学质量。

1. 基于 SPOC 的翻转课堂模式

翻转课堂(Flipped Classroom)是对传统课堂教学的一种逆序创新,指的是将知识传授和知识内化进行颠倒,将传统课堂中知识的传授转移至课前完成,知识的内化则由原先课后做作业的活动转移至课堂中的学习活动。翻转课堂的实施从学生观看教学视频到在线学习环境的构建都需要信息技术的应用。而基于 SPOC 的翻转课堂教学模式正是 SPOC 线上学习与面对面课堂教学模式的融合创新,实现了信息技术应与教育的深度融合。

基于 SPOC 的翻转课堂基本流程为:

(1)课前学习阶段。在 SPOC 模式中,学生的课外自主学习是必要环节,以微视频为主体的 SPOC 教学视频也是该阶段中不可缺少的部分。学生在课前观看课程的教学视频和资料，自行安排学习进度，了解课程学习内容并形成初步理解。在自主学习过程中，学生还可完成作业并根据系统自动评分反馈的结果来检验学习效果。教师也可以在课前设置问卷调查以了解学生对知识点的掌握情况，有针对性地在课堂进行重点讲解与探讨。

（2）课堂学习阶段。教师根据课前了解的重难点和问题，组织学生进行问题讨论、小组合作、协作完成作业，达到对课程内容深入理解。在课堂中，教师也可借助教学小工具进行签到、抢答、互评、课堂小测、问卷等教学互动。

基于SPOC的翻转课堂，首要考虑的是为学生提供一个自主学习平台，支撑学生进行课前课后学习，支持翻转课堂的实现。一般SPOC平台实现以下功能：

一是教师端。教师账号的功能权限一般包括新建课程（包括课程基本信息、教学大纲、课程要求等）、课程建设（上传教学视频、组织课程内容与活动）、班级管理、学生管理、作业与考试管理、问题解答与互动、进度跟踪与成绩评定、通知公告等功能。

二是学生端。学生账号的功能权限一般包括在线课程学习、课程作业与考试、问题答疑与互动、查看学习记录等功能。

此外，在线学习平台还可通过大数据分析，全方位地了解每个学生的学习情况，开展个性化的交互辅导，在相互协作的学习过程中全程提供学习支持。

由此可见，翻转课堂对教学理念、教学组织形式、课堂结构、教学设计、教学评价方式等都产生了巨大的变革，在翻转课堂中，学生是知识的主动建构者，学生要进行自主学习、探究学习和合作学习，既赋予了学生更多的自由，也促进了同学之间、师生之间形成更多的沟通和交流。

2. 辅助教学工具

相比于传统课堂教学，翻转课堂的实现既需要网络学习平台支撑课前阶段的学习，在课堂教学阶段也需要辅助教学工具的支持。辅助教学工具的应用，对于调动学生课堂积极性、实现大班教学中的互动、提高学生学习效率等方面十分有效。课堂中，通过课上扫码签到、实时答题、答疑弹幕、数据分析，增强了师生互动，提高了课堂教学质量。目前，辅助教学的工具很多，如学堂在线推出的"雨课堂"、南京大学开发的"课立方"、蓝墨云班课等工具与平台，为混合式学习提供了高效率的教与学平台、互动及测评功能，辅助课堂教学。

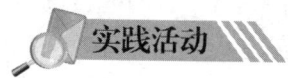
**实践活动**

**如何使用中国大学慕课进行课程学习**

第一步，注册/登录。支持网易邮箱账号、爱课程网账号注册，也可使用微信、QQ等第三方账号快速登录。

第二步，浏览/搜索课程（以网页端为例）。可以按照"课程"或"名校"来浏览，也可以按学科类目、上课进度（正在进行、即将开始、已结束）、敲入关键词等方式进行筛选和搜索。如图5-5-2所示。

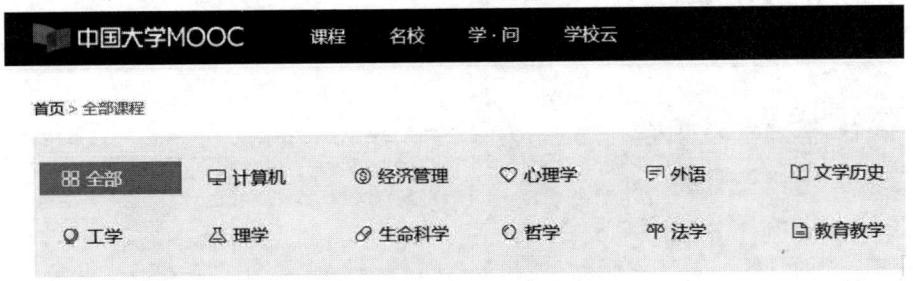

图5-5-2　中国大学MOOC学科分类

第三步，进入课程页面（以网页端为例）。点击选择的课程进入报名页面。查看课程概述、授课大纲、证书要求等。如果已开课，则点击"立即参加"进入课程页面，如果未开课会显示"报名参加"。如图5-5-3所示。

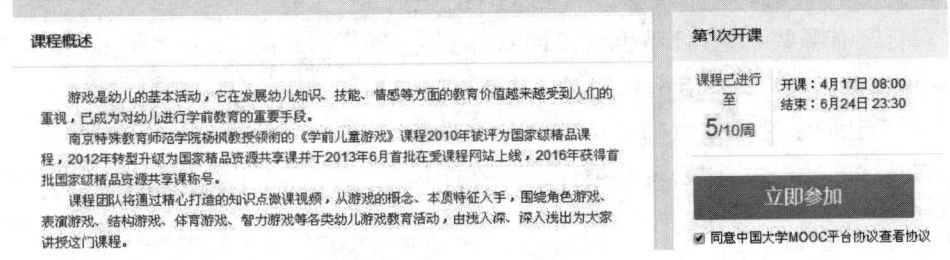

图5-5-3　学前儿童游戏课程

第四步，课程学习（以移动终端为例展示）。课程功能包括公告、课件、考核和讨论。

（1）"公告"显示的是老师发布的课程信息及通知。

（2）"课件"则为学习主体部分，显示的是每个单元的教学设计，包括微课、文本资源及测验、讨论活动等。课程资源可以下载进行离线学习。如图5-5-4所示。

（3）考核：学习者可以查看本门课程的评分标准，点击"进入测验"进行测试。如图5-5-5所示。

（4）讨论区分为教师答疑区、课堂交流区和综合讨论区。如图5-5-6所示。

老师答疑区，学习者可以向老师提问，发起主题；也可以查看别人的提问，并进行回复、点赞与分享。课堂交流区是指老师在课堂发布的随堂讨论，学生只能回复、点赞与分享,不能发布主题。综合讨论区,学习者可以发表关于本课程、学习、工作、生活等一般性话题的想法及经验等。

图 5-5-4 课程课件　　　　　图 5-5-5 课程考核

慕课的学习很大程度上依赖学习者的时间管理、学习动机、学习自觉性等。选课后建议学习者合理分配学习时间,完成课程基本要求,养成记录的学习习惯,记录你的学习目标、课堂笔记、作业内容等,透过写日志,你可以掌握自己的学习进度,了解自己有哪些不足,日后也可以回看你到底学到了什么。同时,多参与论坛讨论,积极提问。一些课程会让同学们根据教师设计的评分表进行互评,在互评的过程中,评论者和被评论者都能提升批判思考能力。

图 5-5-6 讨论区

### 探究与思考

1. 就某一主题,利用 Xmind 设计一个思维导图,对文字大小、色彩、线条的粗细、形状、主题的外部框架形式等进行个性化设置,并思考思维导图的优势及其作用有哪些。

2. 使用微博与使用 QQ 群、博客、微信等相比,其优缺点有哪些?使用微博还可以在哪些方面进行家园互动?

3. 利用 OneNote 对幼儿教育资源进行检索、获取、组织和共享。

4. 选择一个 MOOC 平台,在线学习学前教育领域的课程。

# 模块六
## 信息化幼儿教育活动设计与评价

1. 了解信息化幼儿园教学的有关理论、活动策略和活动评价。
2. 掌握信息化环境下幼儿园教育活动设计的一般过程和方法。
3. 能在给定的信息化环境下,针对幼儿园教育的五大领域的发展目标,有效选择活动策略和教学媒体,进行幼儿园教育活动设计。

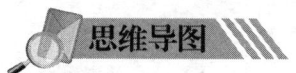

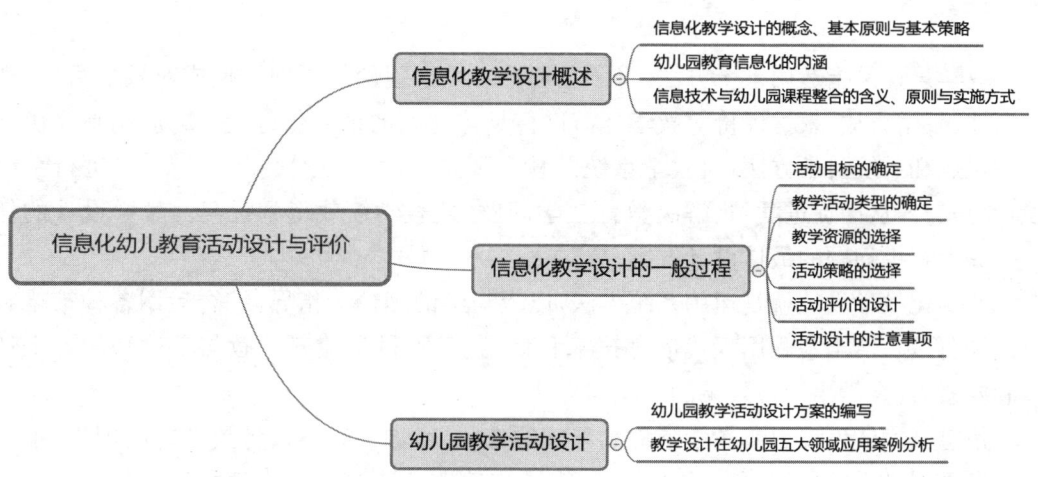

# 第一讲 信息化教学设计概述

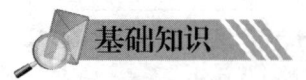

从我国教育发展的趋势看，在新一代人身上塑造信息时代所必需的思维与行为方式、进行智力与能力开发，是培育未来人才适应时代变化发展的需要。因为随着网络的广泛使用，信息已经成为人们走向世界、了解世界，以及与世界沟通的重要渠道和窗口，作为担负着为国家培养未来人才历史使命的幼儿园，必须在幼儿接受人生知识启蒙的过程中，把握时代发展脉搏，关注信息化教育的前沿动态，结合我国幼儿的实际情况，大力开展信息化教育的基础研究及应用，为培养适应新世纪需要的高素质人才做准备。

教学是一项有明确目的的活动，是教师教、学生学的统一活动。在实际教学中影响教学活动的因素是多方面的，如何协调各因素之间的关系，达到教学最优化则是教学设计着力考虑的问题。本模块所讨论的信息化幼儿教学，是与传统幼儿教学相对而言的现代教学的一种表现形态。

## 一、信息化教学设计

### （一）概念

教学设计是指运用系统方法，将学习理论与教学理论的原理转换成对教学目标、教学条件、教学方法、教学评价等教学环节进行具体计划的系统化过程。它应用整体优化论的观点和系统科学方法，对教学系统的核心要素（即学习过程和学习资源）进行系统设计与安排，从而促进学习、解决教育教学问题，使教学绩效得到提高。教学设计的任务是提出解决问题的最佳设计方案。

信息化教学设计就是运用系统方法，以教与学的理论为指导，综合运用各种策略和方法，充分地、恰当地利用现代信息技术和信息资源，科学地安排教与学过程的各个环节和要素，提高学生学习效果的过程与方法。

信息技术的发展引起教学条件和环境的变化，增加了教学设计要考虑的因素，加上时代发展对教学提出了更高的要求，促使传统教学设计向信息化教学设计的转变。与传统的教学设计相比，信息化环境下的教学设计更加重视学习者的主体作用，通过各种新颖的学习方式，充分利用信息技术和信息资源，科学地安排教学过程中的各个要素，为学习者提供良好的信息化学习环境。信息化教学设计的目标是帮助教师在日常课堂

教学中充分利用信息技术和信息资源,培养学生的信息素养、创新精神和解决问题的能力,从而增强学生的学习能力,提高他们的学业成就。

（二）基本原则

信息化环境下的教学设计是在传统的教学设计基础上的发展,是在综合把握现代教育、教学理念的基础上,充分利用现代信息技术和信息资源,科学安排教、学过程的各个环节和要素,为学生提供良好的信息化学习条件,实现教学过程最优化的系统方法。信息化环境下教学设计的基本原则可以归纳为以下几点：

1. 以学为中心,注重学习者学习能力的培养

以学为中心是信息化环境下教学设计的首要原则。明确"以学生为中心",这一点对于教学设计有至关重要的指导意义,因为从"以学生为中心"出发和从"以教师为中心"出发将得出两种不同的设计结果。

至于如何体现以学生为中心,信息化环境下的教学设计可以从三个方面努力：① 要在学习过程中充分发挥学生的主动性,要能体现出学生的首创精神；② 要让学生有多种机会在不同的情境下去应用他们所学的知识（将知识"外化"）；③ 要让学生能根据自身行动的反馈信息来形成对客观事物的认识和解决实际问题的方案（实现自我反馈）。

2. 充分利用各种信息资源来支持学习

为了支持学习者的主动探索和意义建构,在学习过程中要为学习者提供各种信息资源(包括各种类型的教学媒体和教学资料)。在信息化幼儿园教学中,利用媒体和资料既用于辅助教师的讲解和演示,也用于支持幼儿的自主学习和协作探索。既要根据幼儿的认知心理和年龄特征对媒体的呈现做精心设计,也要对信息资源的获取方法、获取途径以及有效利用等问题提供帮助。

3. 在与活动内容相关的、有具体意义的情境中确定和教授学习策略与技能

信息化环境下的教学设计认为,学习总是与一定的社会文化背景即"情境"相联系的,在实际情境下进行学习,可以使学习者能利用自己原有认知结构中的有关经验去"同化"当前学习到的新知识,从而赋予新知识以某种意义。如果原有经验不能同化新知识,则要引起"顺应"过程,即对原有认知结构进行改造与重组。总之,通过"同化"与"顺应"才能达到对新知识意义的建构。在传统的课堂讲授中,由于不能提供实际情境所具有的生动性、丰富性,因而使得学习者对知识的意义建构发生困难。

4. 强调针对学习过程的评价

信息化环境下的教学设计有着全新的评价观,教学评价的目的除了检验教学活动的结果,更主要的是具有激励功能。学生有权对自己的作品做出合理的评价,教师这时并不是作为一个标准的掌握者,而是作为一个引路人出现,他更多的是鼓励学生的创造,尊重学生的不同见解,以促进学生创新精神的养成,培养学生独立的人格。

（三）基本策略

(1) 利用信息化学习环境和资源创设情境,培养学生的观察、思维能力。

(2) 利用信息化学习环境和资源,借助其内容丰富、多媒体呈现、具有联想结构的特点,培养学生自主发现、探索学习的能力。

(3) 利用信息化学习环境和资源,建立虚拟学习环境,培养学生积极参与、不断探索的精神和科学研究方法。

(4) 利用信息化学习环境和资源,组织协商活动,培养合作学习的精神。

(5) 利用信息化学习环境和资源,创造机会让学生运用语言、文字表述观点、思想,形成个性化的知识结构。

(6) 利用信息化学习环境和资源,借助信息工具平台,尝试创造性实践,培养学生的信息加工处理和表达交流能力。

(7) 利用信息化学习环境和资源,为学习者提供自我评价反馈的机会,通过形成性学习、作品评价方式获得学习反馈,调整学习的起点和路径。

## 二、幼儿教育信息化的内涵

幼儿教育活动是教师以多种形式有目的、有计划地引导幼儿生动、活泼、主动活动的教育过程。幼儿教育活动以儿童为主体,教师通过创设环境和利用材料引发儿童积极主动地探索,在相互交流的作用下促进儿童身心的全面发展。

幼儿园教育活动特点:

(1) 广泛性和启蒙性。幼儿园教育涉及幼儿生活中接触的方方面面,包括自然环境和社会环境,具有广泛性和丰富性,而幼儿所能接受理解的教育内容又是粗浅、初步、简单的,具有启蒙性。在教育中并不严格强调内容的系统性和逻辑性,更注重激发幼儿对事物的认识兴趣,形成良好的学习态度和习惯。

(2) 趣味性和游戏化。《幼儿园工作规程》指出:游戏是对幼儿进行全面发展教育的重要形式。教师在安排幼儿活动时要注意其趣味性、游戏化的特点。

(3) 综合性和整合性。《幼儿园教育指导纲要(试行)》指出,教育活动内容的选择要考虑幼儿感兴趣的事物和问题,各领域的内容要有机连接、相互渗透,注重综合性、趣味性、活动性,从不同角度促进幼儿情感、态度、能力、知识、技能等方面的发展。

(4) 随机性和潜在性。教师要善于发现幼儿感兴趣的事物、游戏和偶发事件中所隐含的教育价值,把握时机,积极引导。教师要及时发现教育契机,主动挖掘其潜在的教育价值,不断生成新的教学内容。

幼儿教育信息化是指在幼儿教育领域(教育管理、教育教学和教育科研)运用计算机多媒体和网络信息技术促进幼儿教育全面改革与发展的过程。其技术特点是数字化、网络化、智能化和多媒体化,基本特征是开放、共享、交互、协作。

幼儿教育信息化是国家信息化的重要组成部分,对于转变教育思想和观念,深化教育改革,提高教育质量和效益,培养创新人才具有深远意义,是实现教育跨越式发展的必然选择。"再穷不能穷教育",以教育信息化促进教育现代化,用信息技术改变传统模式。在数字化时代的今天,紧紧把握时代契机,不断前行、探索,让数字化的高端产品走进幼儿园,服务幼儿园,为幼儿教育事业贡献力量。

### 三、信息技术与幼儿园课程整合

#### （一）含义

信息技术与幼儿园课程的整合是指将信息技术以工具的形式融合到幼儿园的各种活动，特别是游戏和教学活动，使信息技术与幼儿园课程的各个部分彼此融合且成为幼儿学习和游戏的一个有机组成部分，形成一个新的统一体。信息技术与幼儿园课程的整合，是在课程教学过程中把信息技术、信息资源、信息方法、人力资源和课程内容有机结合，共同完成教育教学目标和任务的一种新型的教学方式。

我们可以从三个方面来理解信息技术与幼儿园课程的整合。① 要整合的首先是幼儿学习资源——这是整合的内容，强调将课程内容经信息技术处理后成为幼儿的学习资源；② 整合要利用信息技术——这是整合的途径，强调通过多媒体和网络技术实施教育教学活动；③ 整合是为了改变幼儿的学习方式——这是整合的目标，强调使信息技术真正成为幼儿认知、探究和解决问题的工具，培养幼儿自主探究、解决问题的能力。信息技术与课程的整合不是简单地将信息技术与课程叠加在一起，而是将信息技术有机地融合到课程中，在融合的过程中，主体是幼儿园课程，不是信息技术。

#### （二）原则

首先，以建构主义理论为代表的先进教育理论为指导。没有理论指导的实践是盲目的实践，信息技术与幼儿园课程整合的过程必须有适宜的理论做指导，否则就会事倍功半，事与愿违，甚至适得其反。

其次，充分运用"学教并重"的理论方法进行教学设计。信息技术与幼儿园课程的整合既要发挥教师的主导作用，又要充分体现幼儿的主体作用。教师在进行教学设计时，既要密切注意教学系统的四大要素，即教师、儿童、教材和教学媒体的地位和作用，又要充分考虑信息技术并不仅仅是辅助教师"教"的工具，而更应该是促进幼儿自主探索与学习的认知工具和情感激励工具。

再次，重视信息化学习资源的搜集与开发。这是实现信息技术与幼儿园课程整合的必要前提，丰富多彩的课程资源有利于提高幼儿主动学习的兴趣，让幼儿在自主发现和自主探索中学到感兴趣的知识。重视课程资源的开发，并非只要求教师去开发多媒体素材，更多的是强调教师之间、教育机构之间的协作与分享。

#### （三）实现方式

目前以计算机为核心的信息技术在幼儿园课程整合中较常见的实现方式主要有两种：从课程到软件、从软件到课程。

1. 从课程到软件的整合方式

从课程到软件的整合，其目的是促进课程目标的达成。近几年随着计算机软件的普及,我们发现相比于其他学习媒介,计算机软件具有独特的优势,如鲜艳的色彩、生动的形象和丰富的动画等。通过这些逼真的画面再现某些事件的过程,为幼儿的学习提供了一种新颖的方法。另外,一些发展适应性软件,能根据幼儿的操作情况自动地调整所提供的操作内容的难度,也便于幼儿个别化学习。因此,在开展主题活动或者是进行某一领域的教学时,教师可以有针对性地选择一些与该主题相关的软件,供幼儿探索,在探索过程中,可以丰富幼儿的经验。

2. 从软件到课程的整合方式

许多发展适应性软件本身就包含了一系列的学习主题,涉及面很广。幼儿在操作软件的过程中就会获得相关的概念和经验,而且能从中生成一些可以进行更深入探究的主题。如果教师能够注重引导幼儿利用一些常规的活动材料进一步进行探究和实践,将有利于所选主题的深入和扩展,为幼儿带来一些利用计算机不能获得的动手、动脑和表现的能力。

从课程到软件、从软件到课程是信息技术与幼儿园课程整合的两种主要的实现形式,二者不是截然分开的。通常的关系是你中有我,我中有你。只要教师具有整合的意识,认真地分析计算机软件和常规的教育活动各自的优缺点,在具体活动中扬长避短,就能做到相辅相成,相得益彰。

# 第二讲 信息化教学设计的一般过程

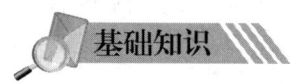

**基础知识**

信息化幼儿教学设计,从操作过程看,实际上是对课程的基本要素,即目标、内容、学习活动、媒介、空间和环境、活动策略、评价等,按一定的方式方法进行编制和处理。

信息化幼儿教学设计的一般过程如图6-2-1所示。

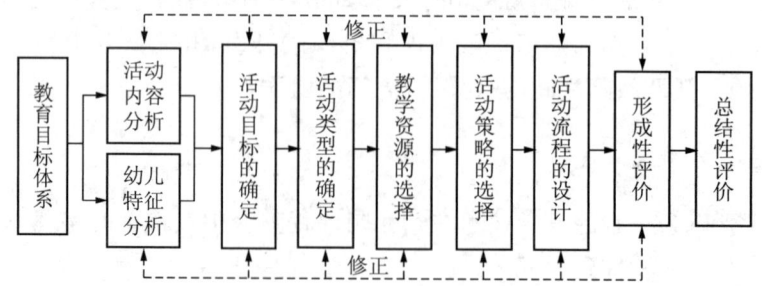

图6-2-1 信息化幼儿教学设计的一般过程

在我国，幼儿园教育有两大指导性文件《幼儿园教育指导纲要（试行）》和《3—6岁儿童学习与发展指南》，它既是社会需求分析的结果，又是从事教学的依据，两个文件中都有关于各领域教学相应的教学目标，然后根据各领域教学目标进行活动内容的分析和幼儿特征的分析，确定本节课的活动目标和活动重点、难点。再根据活动内容和幼儿特点，确定活动类型，选择教学资源，包括教材的选择分析、环境的创设和教学媒体的选择，必要时还需要对媒体、资源和环境进行设计和开发。然后选择活动策略，包括活动内容的组织策略、传递策略（教学模式、教学方法、活动组织形式）和管理策略。随后进行活动流程的设计，即课堂活动过程结构的设计。再进行形成性评价，根据反馈意见，对活动设计方案进行修正，当整个活动任务完成后，进行总结性评价。

## 一、活动目标的确定

### （一）幼儿园教育目标体系的结构框架

在国家教育目的的指导下，《幼儿园工作规程》和《幼儿园教育指导纲要（试行）》（简称《纲要》）分别提出了幼儿园保育和教育目标，以及各领域教学目标，形成了一个完整的目标体系。一般说来，幼儿园教育目标体系包括：幼儿园保教目标、幼儿园各领域目标、幼儿园各年龄段及学期目标、幼儿园教育活动目标等。其结构层次如图6-2-2所示。

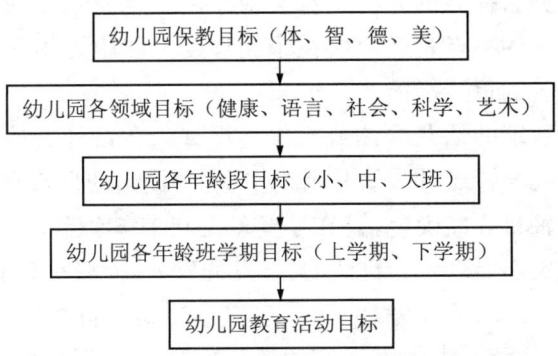

**图6-2-2　幼儿园教育目标体系的结构框架**

从上图可以看出，幼儿园教育活动目标是各教育领域目标最下位的概念，它是幼儿园教育目标体系中最为具体的目标。因为幼儿园不同年龄段不同学期的某一领域的教育目标需要通过一系列的教育活动的设计和实施才能逐步完成。

### （二）活动内容分析

幼儿园教育活动内容是为实现教育目标，通过创设各种各样的环境使幼儿获得知识、技能和行为经验的总和。换言之，幼儿园教育活动内容是实现幼儿教育活动目标的载体和对象。活动内容通常包含认知、技能、情感三方面。其中，认知主要涉及知识概念的学习,其特点是知识的获得和应用。技能主要是一种习得的能力,不同领域有不同的内涵和表述,如社会领域表述为"社会行为",音乐领域将其理解为"学习与掌握音乐知识与技能,可以帮助幼儿更好地感受、表现、创造音乐美",而语言领域将其理解为"组词成句的能力和在具体语境中运用语言的能力"。情感是对于事物的看法和采取的行为,主要包括兴趣、态度和价值观等的变化。

判断幼儿园教育内容是否恰当,可以从三方面进行考察,以便做出合理决策。① 教育内容所具有的教育潜能。教育内容范围广泛,能包容较多的教育目标,可以促进幼儿体、智、德、美各方面的发展,同时包含着多样化的教学活动资源,这些都是教育潜能较大的教育内容。② 教育内容的发展适宜性。所谓发展适宜性,是指教育内容是否符合本班幼儿学习与发展的需要,是否与幼儿已有的经验和能力相匹配。③ 教育内容的本地和本园适宜性。开展教育活动应考虑到教育内容是否适宜当地和本园的实际情况,包括当地的风土人情、文化传统和本园教育资源(师资水平、教学设备、材料等),尽可能利用当地的环境资源等。

总之,几乎所有的教育内容都可以按照认知、技能、情感等分类,然后根据各种学习类型的特点创设学习的必要条件。

### (三) 幼儿特征分析

活动设计的最终目的是为了有效促进幼儿的学习,而幼儿是学习活动的主体,学习者具有的认知的、情感的、社会的等特征都会对学习的信息加工过程产生影响。因此,设计的活动是否与幼儿的特点相适应或在多大程度上能很好地适应幼儿特征,是衡量一个活动设计成功与否的重要指标。

教育活动总是为特定的幼儿群体或班级而设计。在设计具体教学活动之前,应根据本班幼儿发展的情况与特点,把《幼儿园工作规程》提出的保教目标具体化,即确定帮助幼儿学会什么。这种目标的确定,是在了解幼儿已有知识经验的基础之上提出的进一步要求。幼儿的发展不能理解为自然的、自发的发展,而必须把教育影响这一因素考虑进去,体现教育参与发展、引导发展,而不仅仅是让幼儿自然发展。教育影响要考虑儿童的最近发展区,一方面是儿童在适宜的教育影响下可以做到的,另一方面要注意不要人为地加速儿童的发展。

对幼儿特征的分析可以分为三个方面:一般特征、初始能力和信息素养。

#### 1. 一般特征

幼儿的一般特征指影响幼儿学习有关领域内容的心理特点和社会特点,主要有年龄特征和个性差异,个性差异包括智力差异、认知方式与认知结构的差异。对于3~6岁幼儿来讲,其认知特点主要有:感知觉逐渐完善,对生动、形象的事物和现象容易认识,对较复杂的空间、时间的认识较差;注意力很不稳定,对感兴趣的事物注意力较易集中,但时间不长;记忆带有很大的不随意和直观形象的特点;想象以再造想象为主,创造想象正在发展,想象主题易变化,并常常有夸张性;思维在直接感知和具体行动中进行,

以后逐渐向具体思维过渡,并成为幼儿期思维的主要形式,六岁左右的幼儿抽象逻辑思维开始发展。

2. 初始能力

幼儿的初始能力指幼儿从事特定领域内容的学习时,已经具备的知识和技能基础,以及对有关教学内容的认识与态度,可以从预备技能、目标技能和学习态度三方面进行。

3. 信息素养

信息素养是幼儿运用信息技术的知识和技能,解决生活中实际问题的能力和对技术的意识、态度,信息素养由知识、能力和情意三个要素组成。对幼儿信息能力的分析包括:了解幼儿对信息技术基本知识和基本技能掌握的程度;了解幼儿运用信息技术解决问题的能力;了解幼儿的信息意识、态度。

### (四) 活动目标的确定

活动目标反映了幼儿教育的重点和主要的价值取向,从《纲要》中各领域目标表述上可以看出,目标较多地使用了"喜欢"、"乐意"、"体验"、"感受"等词汇,突出了对情感、兴趣、态度、个性等方面的关注。如"语言"和"社会"目标中描述的"乐意与人交谈,讲话礼貌"、"乐意与人交往,学习互助、合作和分享,有同情心";"艺术"领域中的目标规定"能初步感受并喜爱环境、生活和艺术中的美"等。在确定教育目标时要"知、情、意、行"相结合,为幼儿的终身学习提供基础和动力。

活动目标的分类有两种方式。

第一,根据教育内容的不同类型,活动目标分为认知目标、技能目标和情感目标,有时也包括创造目标。

如大班社会活动"投票"的活动目标,包括以下三方面:

(1) 理解并认同少数服从多数的原则(社会情感)。

(2) 了解投票和举手表决等简单的选举方法(社会认知)。

(3) 学会合作统计票数(社会行为)。

第二,根据取向不同分为行为性目标、生成性目标和表现性目标。

行为性目标是用一种可以具体的、可观察或测量的幼儿行为来表示对教育效果的预期,指向的是教育活动实施后幼儿所发生的行为变化,其关注的是可观察到的行为结果。行为性目标具有客观性和可操作性等特点。列出的是一系列可以观察到的幼儿学习行为辩护的结果,如"学会发生火灾时简单的自救方法,增强自我保护意识"。在设计幼儿园教育活动目标时,对于期望通过活动传授某些知识和技能,可以运用行为性目标的方式表述,让绝大部分幼儿都能够发生行为性目标所期望的行为变化。

生成性目标是在教育情境中随着教育过程的展开而自然生成的活动目标,如果说行为性目标关注的是结果,那么生成性目标注重的就是过程,它重视幼儿的参与和体验。生成性目标也被称为过程性目标、展开性目标。生成性目标不像行为性目标那样强加给幼儿一些知识或技能,而是通过幼儿自己的自主活动,促进其个性完善地发展,其目的是让幼儿获得经验,并以此为出发点构建目标。生成性目标关注幼儿在学习过程中各种能力和学习兴趣的培养,如"尝试与人合作包饺子"、"激发幼儿对图画内容的喜爱,启发他们对动词的理解"。

表现性目标是指每一位幼儿在具体教育情境中的个性化表现,追求的是幼儿反应的多元化,而不是反应的同质性,具有不可预测性和不可控制性。在本质上,表现性目标把教育活动视为幼儿个性发展和创造性表现的过程,如"讨论怎样使自己高兴起来"。

活动目标表示幼儿通过活动后,他的行为和能力的变化,应使用可以观察或测量的行为术语来描述。通常,编写活动目标包括对象、行为、条件、标准四个要素,但是,在日常的活动目标编写过程中不一定要把四个要素全部表述出来,一些约定俗成的或大家都能明白的内容不必一一列出,通常写出行为和标准即可。

## 二、教学活动类型的确定

幼儿园的教育活动就是教学活动,包括一日生活活动、游戏活动和作业教学活动,其中作业教学活动还可以再分为集体教学活动、分组教学活动和项目教学活动。

幼儿园教育活动性质分析图如图6-2-3所示。各种性质与类型的教学活动应根据幼儿年龄、学习内容的性质合理安排。

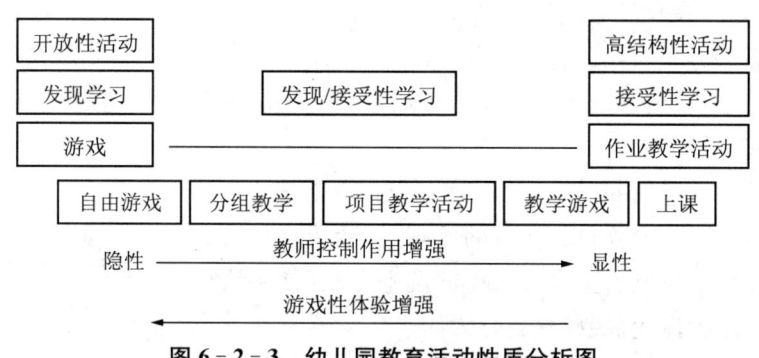

图6-2-3 幼儿园教育活动性质分析图

## 三、教学资源的选择

教学资源的选择包括教材的选择分析、环境的创设、教学媒体的选择。

教学资源是指能够支持教学活动的各种人力和物质条件,由人力资源和物力资源组成。人力资源包括教师和幼儿,物力资源包括教学材料和教学环境,教学材料包括教材等软资源和教学媒体,本部分主要讲述物力资源的选择。

### (一)教材的选择分析

把能够找到的、想到的和看到的以及与教育内容有关的教材,包括儿歌、诗歌、谜语、手指游戏、规则游戏、创造性游戏、故事、小实验、观察活动、舞蹈等记录下来,然后识别教材的教育价值或课程潜能,找出它和教育目标之间的联系,将没有联系的教材删除。多种资源也有利于个别化教学,满足不同儿童的需要和兴趣。

### (二) 环境的创设

幼儿园环境是指在幼儿园内对幼儿身心发展所提供的一切物质条件和精神条件的总和。幼儿园环境按组成性质可以分为物质环境和精神环境,物质环境主要包括设施设备、活动场地、教学器材、玩具学具等有形的东西,精神环境主要包括集体氛围、园风、师幼关系等一些无形的东西。下面分别讲述其环境创设的要求。

1. 幼儿园物质环境创设的要求

(1) 创设多种形式相结合的活动环境。幼儿园环境的创设应结合多种形式,既有平面的,也有立体的;既有满幅式的,也有填充式的;既有展览式的,也有记录式的;既有教师的作品,也有幼儿的成果;既有纸质的,也有数字化的。

(2) 创设与主题内容相符合的活动环境。主题环境的创设体现了教师对幼儿兴趣、爱好、学习经验的获得、同伴间的交流的关注。主题活动与环境创设是相依相随的,环境为主题而创设,主题依靠环境而更加深入、具体地展开。

(3) 创设富有教育性、创意性的活动环境。教育性是幼儿园室内环境的首要特征,幼儿园将各种条件加以优化,把教育意图渗透在环境之中。创造性是幼儿园室内环境的生命特征,幼儿园的环境应充满幼儿自己的声音与表现,一个有创意的环境往往能激发幼儿的想象力和创造力。

2. 幼儿园精神环境创设的要求

(1) 构建积极有效的师幼互动。师幼互动是幼儿园人际互动的核心,贯穿于幼儿园的教学活动、生活活动和游戏活动等各个环节。要构建积极有效的师幼互动,教师必须树立正确的教育观念。首先,要正确定位自己的角色,即教师既是幼儿发展的指导者、参与者和合作者,又是环境的创设者、积极互动活动的组织者和引导者;其次,教师应该尊重和关爱幼儿;最后,建立新型的师幼关系,即创设和谐、民主、平等、对话的师幼关系。

(2) 帮助幼儿建立友好的同伴关系。同伴交往对幼儿的认知、社会化、情感等都有着积极的作用。首先教师应鼓励和重视幼儿的同伴交往,为幼儿创设交往的有利条件和宽松的心理氛围;其次教师要引导幼儿与同伴交流,在交流中学会观察他人的表情,了解同伴的想法,从而逐渐地认识到他人的特征以及自己在他人心目中的地位;最后教师要引导幼儿与同伴合作,让幼儿在与同伴互助的过程中,通过与他人共同参与活动,学会如何处理与同伴的矛盾,学会如何坚持自己的主张和放弃自己的意见。

(3) 创设安全、自由的心理环境。在心理安全、自由的环境中,幼儿的心情愉快,无压抑感,会对周围环境进行积极的探索。首先,教师对幼儿应持肯定、支持的态度,这样才能使幼儿产生愉悦的心情、积极的心态;其次,教师应多接纳、多欣赏幼儿,因为每个幼儿都希望自己的想法、努力、尝试、优点等被他人欣赏,以获得自尊和自信。

### (三) 教学媒体的选择

**1. 确定教学媒体的使用目标**

依据活动目标,认真分析活动内容,确定教学媒体的使用目标,即确定在完成该活动目标中媒体在教学中的作用。

由于教学过程是复杂的、动态的,随着活动内容、活动对象、活动程序的不同,教学媒体所起的作用不是固定不变的。而且,同一种媒体随着使用方式的不同,对实现教学目标的作用也是不同的。为此,可把媒体在教学中的作用概括如下:① 提供事实,建立经验;② 创设情境,引发动机;③ 举例验证,建立概念;④ 提供示范,正确操作;⑤ 呈现过程,形成表象;⑥ 演绎原理,启发思维;⑦ 设难置疑,引起思辨;⑧ 展示事例,开阔视野;⑨ 欣赏审美,陶冶情操;⑩ 归纳总结,复习巩固;⑪ 其他。

**2. 确定教学媒体的内容**

媒体内容是指把教学信息转化为学习者的感官产生有效刺激的符号。如果现有的媒体内容合适,则可在活动中使用,否则可通过选编、修改、新制等方法来确定内容合适的媒体。

**3. 教学媒体的使用方式**

教学媒体使用的方式概括如下:① 设疑—演示—讲解;② 设疑—演示—讨论;③ 讲解—演示—概括;④ 讲解—演示—举例(或幼儿讨论);⑤ 演示—提问—讲解;⑥ 演示—讨论—总结;⑦ 边演示、边讲解;⑧ 边演示、边议论;⑨ 学习者自己操作媒体进行学习;⑩ 其他。

当然,媒体的使用方式远远不止上述几种。教师可以在教学中根据自己的设计创造出更多更好的使用方式。教学媒体不但选择合适,而且要使用得当,才能发挥其应有的作用。

**4. 教学媒体的出示时机**

一般来说,教学媒体出示的最佳时机有:① 幼儿的心理状态由无意识向有意识转化时;② 幼儿的心理状态在有意注意与无意注意互相转换时;③ 幼儿的心理状态由抑制向兴奋转化时;④ 幼儿的心理状态由平静向活跃转化时;⑤ 幼儿的心理状态由兴奋向理性升华时;⑥ 幼儿的心理状态进入"最近发展区",树立更高学习目标时;⑦ 鼓励与激励幼儿的求知欲望时;⑧ 鼓励幼儿克服畏难心理、增强信心时;⑨ 满足幼儿表现成功的欲望时。

掌握好媒体出示的最佳时机,教学媒体的作用将更加突出。

### 四、活动策略的选择

活动策略是指教师通过采用何种方式去干预和影响幼儿的学习活动。教师对幼儿学习活动的不同程度的控制,主要通过不同性质的干预策略来体现。所以,我们可以按"间接→隐性"到"直接→显性"的维度,把教师的行为看作一个连续体,在这个连续体上,教师的各种不同的干预方法都可以找到自己的位置,如图6-2-4所示。

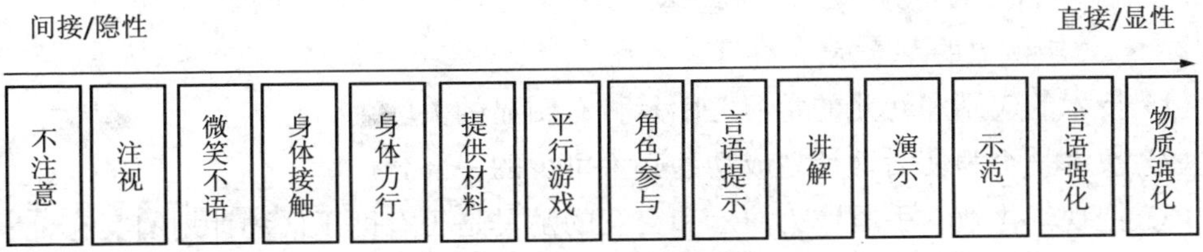

间接/隐性 ←——————————————————————→ 直接/显性

| 不注意 | 注视 | 微笑不语 | 身体接触 | 身体力行 | 提供材料 | 平行游戏 | 角色参与 | 言语提示 | 讲解 | 演示 | 示范 | 言语强化 | 物质强化 |

图6-2-4 教师教学策略性质区分图

具体采用哪种性质的干预方法取决于以下三个方面:① 活动的不同内容;② 幼儿学习与发展的不同水平;③ 活动开展时所处的具体情境。

## 五、活动评价的设计

活动评价是活动设计的组成部分,它以活动目标为依据,制订科学的标准,运用一切有效的技术手段,对活动过程及结果进行测量,并给以价值判断。活动评价是了解活动的适宜性与有效性,调整和改进工作,促进每一个幼儿发展,提高教育质量的必要手段。

幼儿活动评价要注意评价的发展性、合作性、标准的多元性以及在评价方法上强调多角度、多主体、多方法、重过程、重差异、重质性评价的原则。

作为幼儿教师,对教育活动进行评价的目的主要包括三个方面:

一是了解幼儿的学习与发展水平与状况。

二是考察教育活动是否设计合理,从评价中得到反馈信息,及时调整和修改活动计划与安排(包括目标、内容、环境与空间、时间、教学策略等)。

三是与家长交流幼儿的学习与发展情况,共同确定教育的方案。

常用的教学评价种类有诊断性评价、形成性评价和总结性评价。诊断性评价在活动设计的同时进行,其结果反映在"幼儿特征分析"中。形成性评价是在活动过程中,为了更好地达到活动目标的要求,取得更佳效果而不断进行的评价,它能及时了解阶段活动的结果和幼儿学习的进展情况及存在的问题,也称为现场评价。现场评价有记录式与直觉式两种方式,记录式可采用事先设计好的表格进行,直觉式是在头脑中进行的一种快速判断,直觉式评价往往与教师的工作经验有关。总结性评价一般是在整个课程结束后进行,根据测试结果进行活动效果分析。形成性评价在活动过程中使用最频繁,活动过程中进行的评价主要是形成性评价。

信息化教学设计的评价可从以下几个方面着手:

1. 是否有利于提高幼儿的活动效果

(1) 活动目标是否明确,表述是否清楚。

(2) 是否所有的活动目标都符合相关的指南或规程要求。

(3) 教学设计中是否考虑到幼儿的个体差异,并明确说明如何调整标准以适合不同的幼儿。

(4) 教学设计是否能激发幼儿的兴趣,符合幼儿的年龄特征,并有利于幼儿的学习以及高级思维能力的培养,是否有利于幼儿在信息处理能力方面的培养。

2. 技术与教学的整合是否合理

(1) 技术的应用和幼儿的学习之间是否有明显的关联。

(2) 技术是否为使活动计划成功的必不可少的一部分。

(3) 把现代化教学手段作为演示和交互的工具是否有助于活动计划的实施。

3. 活动计划的实施是否简单易行

(1) 活动计划是否可以根据具体活动情况的差异很容易地进行修改,以便应用到不同的班级。

(2) 教师是否可以比较轻松地应用活动计划中所涉及的技术,并获得相应的软硬件支持。

4. 是否能够有效评价幼儿的学习

(1) 活动计划中是否包括一些评价工具,用于务实的评价和评估。

(2) 幼儿的活动目标和成果评估标准之间是否有明确的关系。

## 六、注意事项

在幼儿园中,教学活动是必不可少的,它不仅为幼儿系统地提供新的学习经验,而且还帮助幼儿将学习经验系统化,它是引导幼儿心理水平向更高层次提升的重要手段。教学活动是由教师组织的,教师在教学活动设计中应该注意以下几个方面:

1. 注意合理选择教学内容

教学内容的选择应以本班阶段性的保教目标及幼儿现有的经验和能力为依据,灵活采用多种形式加以编排,为幼儿提供各种不同的学习经验,以利于幼儿接受。

2. 注重教学活动过程,重视幼儿的主动参与

幼儿主动参与改变了由教师包揽教育过程、幼儿接受教育结果的做法。重视教学过程既是对遵循幼儿学习特点的重视,也是对教学过程各要素影响幼儿全面发展的重视。

3. 灵活运用集体活动与个别活动的教学形式

幼儿园教学活动的形式一般有三种,即班级的、小组的和个别的。在教学活动中不宜一律采取全班性的教学活动形式,也不宜无目的地变换活动形式。要因时、因地、因内容和因幼儿的需要灵活选择教学形式。

4. 注重创设适当的教学情境

在设计信息化教学方案过程中,要创设与当前主题相关的、尽可能真实的学习情境,引导幼儿进入学习情境,去唤起幼儿原有认知结构中有关的知识、经验及表象,从而使幼儿利用新信息去整合知识。因此,在信息化教学设计中,要充分发挥多媒体计算机具有的综合处理图形、图像、动画、视频以及声音、文字和语言、符号等多种信息的功能,从声音、色彩、形象、情节、过程等方面,设计出具有某种"情境"的学习情境,使幼儿在这种"情境"中探索实践,激发幼儿联想、判断,从而加深对问题的理解。

#### 5. 注重与其他课程的整合

信息化教学设计通常以各种各样的主题"任务"驱动教学,有意义地开展各领域相互整合,这些"任务"总是把多领域的知识和技能要求作为一个整体,有机地结合在一起,强调将各种信息服务于具体的任务,信息化教学设计就成为幼儿获取信息、探索问题、协作解决问题的工具。所以,教师进行教学设计时,要注意体现领域整合的思想,使幼儿在潜移默化中得到锻炼,培养幼儿综合处理问题的能力。

## 第三讲 幼儿园教学活动设计

五大领域
教学设计案例

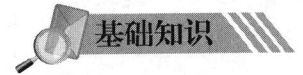

### 一、幼儿园教学活动设计方案的编写

通过上一讲一系列活动设计工作的实施,教师在进行教学之前就会对其各个环节及其影响因素有一个全面、深刻的认识,为编写高质量的活动设计方案创造了有利条件。活动设计方案不同于一般的教案,它是建立在对活动过程和教学资源的系统分析基础上,因此更科学、更系统、更详细、更具体。

活动设计方案主要有表格式和叙述式两种编写格式,它们都包括活动目标、活动内容、幼儿的活动、教师的活动、教学媒体等方面的描述。这里着重介绍表格式活动设计方案的编写,叙述式活动设计方案的编写与表格式活动设计方案的过程类似。

表格式活动设计方案由课题名称、所属领域、活动内容分析、依据标准、活动目标、幼儿特征分析、活动重点和难点、课前对幼儿的要求、教学媒体(资源)选择、活动策略选择的阐述和活动环境设计、活动过程结构设计、活动流程图、个性化教学、形成性评价等部分组成。活动设计表如表6-3-1所示。

表6-3-1 活动设计表

| 活动名称 | | | | | |
|---|---|---|---|---|---|
| 所属领域 | | 年级 | | 活动时数 | |
| 设计者 | | 所属幼儿园 | | | |
| 活动内容分析 | | | | | |

续　表

| 依据标准 |
|---|
| 指南标准： |
| 纲要标准： |
| 活动目标 |
| 认知目标： |
| 技能目标： |
| 情感目标： |
| 幼儿特征分析（可以不按照三方面填写，视具体情况而定） |
| 一般特征： |
| 初始能力： |
| 信息素养： |
| 活动类型 |
| □一日生活活动　□游戏活动　□集体教学活动　□分组教学活动　□项目教学活动 |
| 活动前对幼儿的要求 |
| |
| 教材的选择 |
| |
| 环境的创设 |
| |
| □投影仪　□电子白板　□交互电视　□手持数码设备　□其他： |

续 表

| 教学媒体(资源)选择 | | | | | | | |
|---|---|---|---|---|---|---|---|
| 序号 | 媒体类型 | 媒体内容要点 | 教学作用 | 使用方式 | 所得结论 | 占用时间 | 媒体来源 |
| | | | | | | | |
| | | | | | | | |
| | | | | | | | |

① 媒体在教学中的作用分为：A. 提供事实，建立经验；B. 创设情境，引发动机；C. 举例验证，建立概念；D. 提供示范，正确操作；E. 呈现过程，形成表象；F. 演绎原理，启发思维；G. 设难置疑，引起思辨；H. 展示事例，开阔视野；I. 欣赏审美，陶冶情操；J. 归纳总结，复习巩固；K. 自定义。

② 媒体的使用方式包括：A. 设疑—播放—讲解；B. 设疑—播放—讨论；C. 讲解—播放—概括；D. 讲解—播放—举例；E. 播放—提问—讲解；F. 播放—讨论—总结；G. 边播放、边讲解；H. 边播放、边议论；I. 学习者自己操作媒体进行学习；J. 自定义。

**关于活动策略选择的阐述**

**活动过程结构设计（活动环节可根据具体活动内容和模式自行取舍）**

| 活动环节 | 活动过程（包括教师和幼儿的活动） | 教学媒体(资源)的作用和运用 | 设计意图、依据 |
|---|---|---|---|
| | | | |
| | | | |
| | | | |
| | | | |
| | | | |

**活动流程图**

□ 活动内容和教师的活动　　○ 媒体的应用　　▱ 幼儿的活动　　◇ 教师进行逻辑判断　　⬡ 开始或结束

**个性化教学**

为学有余力的幼儿所做的调整：

为需要帮助的幼儿所做的调整：

续　表

| 评价量表 |
|---|
|  |
| 形成性评价 |
|  |
| 教学反思 |
|  |
| 感谢、其他 |
|  |

在填写活动设计表时,应注意以下几点:

1. 活动名称

按照教材上的课题名称填写。

一般情况下,是以教材上的一课为单位进行活动设计的。如果教材上的一课在实际教学时需要两堂以上的课才能完成,那么在进行活动设计时,既可以统一设计、分段教学,也可以按学时分别设计、各成体系。

2. 活动内容分析

概要介绍本次活动的主要内容,重点描述本次活动知识点的划分以及它们之间的关系。一般情况下,是根据已完成的活动设计中与本次活动相关的内容进行介绍,同时表明本次活动中各知识点之间的关系,以及它们和其他章节相关知识点之间的关系。

3. 依据标准

这里只选择、填写标准中与本次活动有关的具体要求。当需要填写的内容较多时,可以只填写标准中与本册教材相关条文的编号。

4. 活动目标

应根据《纲要》和《指南》中本领域的要求,认真研究活动内容和分析幼儿特点,提出活动目标。

活动目标的编写一般包括认知、技能和情感三个方面的内容,尤其是情感目标,应在深入分析活动内容的基础上,挖掘、提炼对幼儿思想、品德发展有积极意义的方面,因势利导、自然贴切。

活动目标的叙述应简洁、准确、精炼,概括性强,包括主体、行为、条件和标准四个要素。

5. 与活动相关的幼儿特征分析

重点填写幼儿在学习本活动时有影响的心理状态、知识结构特点、学习准备情况和幼儿现在所具备的信息素养状况,作为解决教学重点、难点,选择教学策略,设计活动过程的依据。

6. 活动类型

活动类型主要包括一日生活活动、游戏活动、集体教学活动、分组教学活动和项目教学活动。

7. 活动前对幼儿的要求

为了保证活动顺利进行,填写需要准备的内容,考虑的问题,收集的资料等。

8. 教材的选择

本栏是列举和描述与教育内容有关的教材,包括儿歌、诗歌、谜语、手指游戏、规则游戏、创造性游戏、故事、小实验、观察活动、舞蹈等。

9. 环境的创设

环境的创设包括物质环境和精神环境,物质环境主要包括数字教学媒体、设施设备、活动场地、教学器材、玩具学具等,精神环境主要包括集体氛围、园风、师幼关系等。本栏主要是对物质环境进行描述,其中的数字教学媒体应具体说明。数字教学媒体主要有投影仪、电子白板、交互电视、手持数码设备等。

10. 教学媒体(资源)选择

本栏是对活动设计表中教学媒体(资源)列表的具体落实,此栏共有8项内容。

(1) 序号。教学媒体(资源)列表顺序。

(2) 媒体类型。指选用的教学媒体的物理形态和信息呈现状态。一般常用的媒体有图表、照片、标本、模型、投影、电影、录音、录像、课件、网络等。除此之外,还包括教师和幼儿在教学过程中的活动,如演示、示范、实验等。

(3) 媒体内容要点。指对所选用的教学媒体的主要内容,用一句简洁的话来概括。一般情况下,媒体的名称(题目)大多可以反映它的内容要点。

(4) 教学作用。指媒体在教学中所起的作用。它已经在表中列出,选用时只要把相应的代号 A、B……填入栏内即可。

(5) 使用方式。指媒体在活动过程中使用的方法。它也在表中列出,只要把相应的代号 A、B……填入栏内即可。

(6) 所得结论。指媒体使用后预期的结果。

(7) 占用时间。指媒体在使用过程中所需要的时间（包括媒体播放、师幼互动和幼幼互动时间的总和）。在进行活动设计时，应充分估计到实际活动过程进行中可能出现的情况，计划好媒体使用的时间，这样有利于活动进度及活动各个环节的合理掌握。

(8) 媒体来源。包括自制、购入、库存、网上下载等。

11. **活动策略选择的阐述**

填写关于为本活动内容所选择的组织策略、传递策略、管理策略的内容和依据。

12. **活动过程结构设计**

这是活动设计的关键所在。前面所进行的活动目标、活动内容、幼儿特征分析、教学策略、教学媒体（资源）选择等，都将在活动过程结构的设计中得到体现。活动过程结构的设计分为两部分。

(1) 活动过程设计思路。详细叙述活动过程每一步骤的设计依据、活动结构四要素（教师、幼儿、活动内容、教学媒体和资源）的相互关系等。既可以用文字叙述，也可以采用以下表格形式叙述。如果活动设计只是为自己的教学使用，不准备和别人交流，可以不填写此表，只保留流程图即可。

表格样式1：

| 活动环节 | 活动过程<br>（包括教师和幼儿的活动） | 教学媒体（资源）的应用 |
|---|---|---|
|  |  |  |
|  |  |  |
|  |  |  |

表格样式2：

| 活动环节 | 活动过程<br>（包括教师和幼儿的活动） | 信息技术的作用 |
|---|---|---|
|  |  |  |
|  |  |  |
|  |  |  |

（2）活动过程结构图。通常称为流程图,按照活动过程设计的思路画出。为了便于教学和交流,规定在活动过程结构设计中统一使用下列图形符号。

□ 内填写活动内容和教师的活动内容;

▢ 内填写媒体的类型和媒体的内容要点;

▱ 内填写幼儿在活动过程中进行的活动内容;

◇ 内填写教师进行逻辑判断的内容;

⬡ 是活动过程开始或结束的符号。

13. 个性化教学

《纲要》在幼儿园活动的组织与实施中非常强调"尊重幼儿的差异性",如"为每一个儿童,包括有特殊需要的儿童提供积极的支持和帮助"、"尊重幼儿在发展水平、能力、经验、学习方式等方面的个体差异"、"关注幼儿的特殊需要,包括各种发展潜能和不同发展障碍"等,这就要求教师在活动设计时对"生理或心理上有缺陷的幼儿"和"超常儿童"的发展有所考虑,尊重幼儿的发展水平和个性特征,因此,在本部分中主要设计了"为学有余力的幼儿所做的调整"和"为需要帮助的幼儿所做的调整"两方面内容。

14. 评价量表

在课堂教学活动中,如果需要对幼儿进行过程性评价和成果评价,应该设计相应的评价量表。此栏可根据需要确定大小;如果不需要,可将此栏删去。

15. 形成性评价

形成性评价是对每次活动情况的评价,在本栏中应填写以下内容:

（1）形成性检测的检测结果。
（2）活动过程中的反馈信息。
（3）幼儿作品中发现的问题。
（4）遇到有测验时,记录其评价结果。

此栏应在每次活动后及时填写。对上述反馈信息中发现的问题,应在后续活动中及时解决,以保证活动效果最优化。

## 二、教学设计在幼儿园五大领域应用案例分析

### （一）健康领域应用案例

健康领域
教学设计与微课

表6-3-2 应用案例《一颗超级顽固的牙》

| 活动名称 | 一颗超级顽固的牙 ||||
|---|---|---|---|---|
| 所属领域 | 健康 | 年级 | 大班 | 活动时数 | 1 |
| 设计者 | 王伟 | 所属幼儿园 | 徐州幼师天成幼儿园 |||
| 活动内容分析 |||||
| 换牙是每个孩子在成长过程中都会经历的事情。而大班幼儿正处在换牙的这个时期。本次活动将图文并茂的绘本《一颗超级顽固的牙》，通过生动形象的PPT设计与展示，让幼儿了解换牙的过程以及在换牙过程中需要注意的事项，帮助幼儿认识到换牙期间不需要过度紧张和恐惧，能够正确对待换牙，能够积极保护牙齿。 |||||
| 依据标准 |||||
| 指南标准：<br>动作发展：能使用简单的劳动工具或用具。<br>生活习惯与生活能力：每天早晚主动刷牙，饭前便后主动洗手，方法正确。<br>纲要标准：<br>生活、卫生习惯良好，有基本的生活自理能力。 |||||
| 活动目标 |||||
| 认知目标：<br>欣赏绘本《一颗超级顽固的牙》，了解故事中塔比莎在换牙过程中发生的趣事。<br>技能目标：<br>在讨论和交流中，了解换牙的过程以及保护牙齿的方法。<br>情感目标：<br>通过欣赏绘本中的故事图片，知道换牙是一种常见的生理现象，消除换牙时的恐惧。 |||||
| 幼儿特征分析 |||||
| 学前后期的儿童对周围世界有着积极的求知探索态度，爱学、好问，有极强的求知欲望。精细动作机能得到较大提高，能较自如地控制手腕和手指，灵活使用一些工具。无意注意能力进一步发展，能主动观察周围感兴趣的事物，喜欢动脑筋和富有创造性的活动，如猜谜等。 |||||
| 活动类型 |||||
| □一日生活活动　□游戏活动　☑集体教学活动　□分组教学活动　□项目教学活动 |||||
| 活动前对幼儿的要求 |||||
| 部分幼儿有换牙的经历，知道换牙；带牙刷。 |||||

续 表

**教材的选择**

绘本《一颗超级顽固的牙》

**环境的创设**

牙齿的模型,牙刷,牙膏。
☑投影仪　□电子白板　□交互电视　□手持数码设备　□其他:

**教学媒体(资源)选择**

| 序号 | 媒体类型 | 媒体内容要点 | 教学作用 | 使用方式 | 所 得 结 论 | 占用时间 | 媒体来源 |
|---|---|---|---|---|---|---|---|
| 1 | PPT | 绘本内容 | A | H | 了解故事 | 10 min | 自制 |
| 2 | 音乐 | 《刷牙歌》 | B | J | 请孩子们为娃娃刷牙 | 3 min | 网络 |

① 媒体在教学中的作用分为:A. 提供事实,建立经验;B. 创设情境,引发动机;C. 举例验证,建立概念;D. 提供示范,正确操作;E. 呈现过程,形成表象;F. 演绎原理,启发思维;G. 设难置疑,引起思辨;H. 展示事例,开阔视野;I. 欣赏审美,陶冶情操;J. 归纳总结,复习巩固;K. 自定义。
② 媒体的使用方式包括:A. 设疑—播放—讲解;B. 设疑—播放—讨论;C. 讲解—播放—概括;D. 讲解—播放—举例;E. 播放—提问—讲解;F. 播放—讨论—总结;G. 边播放、边讲解;H. 边播放、边议论;I. 学习者自己操作媒体进行学习;J. 自定义。

**关于活动策略选择的阐述**

讨论;幼儿个别活动;示范。

**活动过程结构设计**

| 活动环节 | 活动过程<br>(包括教师和幼儿的活动) | 教学媒体(资源)的运用和作用 |
|---|---|---|
| 一、谜语导入,激发兴趣 | 1. 师:健康卫士穿白衣,上下两排真整齐,口中饭菜它磨碎,早晚用刷把澡洗。(猜谜语)<br><br>2. 引导幼儿讲述为什么谜底是牙齿。(巩固幼儿对于牙齿的常识了解)<br><br>3. 导入绘本:今天,老师就要给大家讲一个关于牙齿的神奇故事,让我们一起来听听吧。 | |

| | | |
|---|---|---|
| 二、结合课件，阅读、理解绘本 | 1. 出示牙齿模型，引导幼儿讨论：牙齿是我们每个人都不可缺少的，那它有哪些本领你们知道吗？（激发幼儿的已有经验，请幼儿用语言简述牙齿的功能） | |
| | 2. 教师小结：牙齿是我们人体中最重要的消化器官之一，它不仅可以帮助我们咀嚼食物，而且还可以让我们发出最美妙的声音。 | |
| | 3. 观察阅读画面，尝试说说自己对画面的理解。<br>（1）让我们来看看神奇的故事书里，发生哪些奇妙的趣事吧。<br>提问：牙齿会掉吗？你们掉牙了吗？它又是怎样掉下来的呢？<br>讨论：幼儿自由讨论掉牙的经历，并用语言进行表述。<br>（2）播放PPT，引导幼儿观看绘本，猜猜看塔比莎一口咬下苹果后会发生什么事情呢？（第一、二幅图片）<br>（3）孩子们自由讨论。<br>（4）塔比莎爸爸告诉她一件奇妙的事情，会是什么呢。（播放第三幅图片）<br>师：你们猜猜看，塔比莎的爸爸说的事情能成真吗？<br>幼儿自由讨论交流。<br>（5）观看绘本，知道塔比莎为了让牙齿掉下来分别做了哪些事情。（播放第四幅到第七幅图片）塔比莎用了这么多方法，不知最后成功了吗？为什么呢？<br>（6）最后，塔比莎累了，接下来奇妙的事情发生了？（播放八、九幅图片）<br>师：塔比莎之前想了这么多的办法都没有成功，最后为什么打个哈欠，牙齿就掉下来了呢？<br>幼儿自由讨论交流。<br>师：如果你们是塔比莎，你们会怎么处理这颗牙齿呢？<br>请有过掉牙经历的孩子，讲述自己怎样处理掉下来的牙齿。<br>师：牙齿是我们每个人都不可缺少的器官之一，在换牙期间，我们应该注意哪些问题呢？如果你们的牙齿晃动了，你们会害怕吗？ | PPT绘本 |

续 表

| | | |
|---|---|---|
| 三、延伸活动 | 1. 幼儿自由讨论后，教师进行小结。<br>换牙是我们每个小朋友在成长过程中都会经历的，把旧的牙齿换掉，这样新的牙齿才能发挥它的功能。因此，换牙并不可怕。在换牙期间，要坚持早晚刷牙，少吃糖果，饭后要用温水或盐水漱口，在牙齿即将掉下来时，避免做剧烈运动，不要用手去摇动它，这样我们才能长出白白的漂亮的牙齿。 | 音乐《刷牙歌》 |
| | 2. 放音乐《刷牙歌》，请孩子们为娃娃刷牙。<br>今天，老师为你们每个人都准备了一个牙刷，请你们来当回牙科医生，为你们的小病人刷个白白的牙齿吧。 | |

**形成性评价**

**教学反思**

## （二）语言领域应用案例

语言领域
教学设计与微课

表 6-3-3 语言领域应用案例

| 活动名称 | 有趣的象形字 | | | | |
|---|---|---|---|---|---|
| 所属领域 | 语言 | 年级 | 大班 | 活动时数 | 1 |
| 设计者 | 王奕 | 所属幼儿园 | 无锡市机关幼儿园 | | |

**活动内容分析**

本次活动是基于大班幼儿对于认识字的强烈欲望而开展的一节趣味性的语言活动。利用电子白板中文字淡入功能开始"象形字"这一话题的导入。然后播放了一段象形字的动画视频，与孩子们进行互动，把孩子们完全带入到学习中来。在活动中，为学生设置多种游戏，培养和提高孩子学习汉字的兴趣！

**依据标准**

指南标准：
倾听与表达：在集体中能注意听老师或其他人讲话。听不懂或有疑问时能主动提问。愿意与他人讨论问题，敢在众人面前说话。会说普通话，发音正确清晰。懂得按次序轮流讲话，不随意打断别人。
阅读与书写：喜欢与他人一起谈论图书和故事的有关内容。对图书和生活情境中的文字符号感兴趣，知道文字表示一定的意义。
纲要标准：
1. 乐意与人交谈，讲话礼貌。
2. 注意倾听对方讲话。
3. 喜欢听故事、看图书。
4. 能听懂和会说普通话。

续　表

| 活动目标 |
|---|
| 1. 了解汉字的起源,知道汉字是中国人发明的文字。<br>2. 知道我国最早的文字叫"象形字",并猜猜认认这些象形字。<br>3. 培养幼儿对认识汉字的兴趣。 |

| 幼儿特征分析 |
|---|
| 对幼儿有吸引力的是趣味化、游戏化、生动化的课堂。幼儿很喜欢玩游戏,他们能玩得热火朝天,还能够尝到成功的喜悦。要让幼儿真正成为学习的主人,为其提供亲身经历知识探索过程和实践应用的机会,主动去探索和学习知识,培养协作精神。要引导幼儿自主探索,充分激发幼儿的内在潜能,提高幼儿的参与面。 |

| 活动类型 |
|---|
| □一日生活活动　　□游戏活动　　☑集体教学活动　　□分组教学活动　　□项目教学活动 |

| 教材的选择 |
|---|
| 象形字的演变;猜字游戏;诗歌; |

| 环境的创设 |
|---|
| 教室;<br>□投影仪　　☑电子白板　　□交互电视　　□手持数码设备　　□其他; |

| 教学媒体(资源)选择 | | | | | | | |
|---|---|---|---|---|---|---|---|
| 序号 | 媒体类型 | 媒体内容要点 | 教学作用 | 使用方式 | 所得结论 | 占用时间 | 媒体来源 |
| 1 | 图片 | 象形字 | B | H | 引出课题 | 0.5 min | 网络 |
| 2 | 视频 | 认识象形字 | B | H | 情境创设 | 3 min | 资源库 |
| 3 | 视频 | 象形字的演变 | J | J | 加深理解 | 2 min | 资源库 |
| 4 | 图片 | 幼儿游戏 | C | H | 理解应用 | 3 min | 自制 |
| 5 | 图片 | 诗歌 | I | H | 情感提升 | 3 min | 自制 |

① 媒体在教学中的作用分为:A. 提供事实,建立经验;B. 创设情境,引发动机;C. 举例验证,建立概念；D. 提供示范,正确操作;E. 呈现过程,形成表象;F. 演绎原理,启发思维;G. 设难置疑,引起思辨；H. 展示事例,开阔视野;I. 欣赏审美,陶冶情操;J. 归纳总结,复习巩固;K. 自定义。
② 媒体的使用方式包括:A. 设疑—播放—讲解;B. 设疑—播放—讨论;C. 讲解—播放—概括;D. 讲解—播放—举例;E. 播放—提问—讲解;F. 播放—讨论—总结;G. 边播放、边讲解;H. 边播放、边议论;I. 学习者自己操作媒体进行学习;J. 自定义。

| 关于活动策略选择的阐述 |
|---|
| 讨论;小组活动 |

| 活动过程结构设计 | | |
|---|---|---|
| 活动环节 | 活动过程<br>(包括教师和幼儿的活动) | 教学媒体(资源)<br>的运用和作用 |
| 一、谈话导入 | 师:小朋友们,你们认识这个画面上的字吗?<br>师:你们知道这是什么字吗? | 通过使用文字淡入功能引导幼儿知道图片上的字是"象形字"。 |

续　表

| 二、情境创设 | 师：小朋友们，我们一起来观看一段关于象形字的动画故事。看看小朋友能不能认识动画里的象形文字？ | 利用超链接功能将画面直接切换到视频动画。 |
|---|---|---|
| 三、认识象形字 | 1. 象形字的演变<br>师：小朋友们，你们想知道我们中国现在的汉字是怎样演变过来的吗？（老师演示第一个翻板操作）<br>师：小朋友们，你们认识这个字吗？（幼儿回答不认识）那我请小朋友依次来翻开第二、第三、第四个翻板。（最后揭晓答案，是"禾"）<br>老师总结：前面的这些字都是我们古代的象形文字，然后慢慢地演变到现在的汉字的。（为了加深孩子的印象，再让孩子认识一个字——火） | 利用工具模板中的翻板让孩子更直观地看到象形字的演变过程，而且更为生动形象。 |
|  | 2. 观看《象形字的演变》动画视频 | 通过超链接功能将画面切换到《象形字的演变》这个动画视频，可以节省切换画面的时间，操作更为简单，使课程教学更为紧凑。 |
| 四、猜一猜、认一认 | 师：小朋友们，我们一起来猜一猜这些"象形字"到底是什么字？我们一起来认一认。<br>师：老师在后面的四台电脑上为小朋友准备了好玩的猜字游戏，请三个小朋友一组到后面的电脑上去认认看吧！（幼儿到后面的电脑上操作）<br>师：小朋友们，你们刚刚玩的真棒啊！好多小朋友都答对了！那接下来请小朋友们一起来闯一闯老师在这里给你们设计的游戏关卡吧！请小朋友到白板上来选择一个象形字的图片，然后猜一猜这是什么字？（幼儿在白板上操作）<br>师：小朋友，真厉害！轻而易举地闯过了老师的第一关！接下来我们一起来闯闯第二关吧！请小朋友将正确的文字拖到相对应的象形字图片上。（幼儿操作并一起核对）<br>师：小朋友，果然厉害！那我们直接进入最后一关吧！也是请小朋友将正确的文字拖到相对应的象形字图片上。但是要小心哦，这一关比上一关要难一点哦！（幼儿操作并一起核对） | 工具模板中的提示功能可以将老师需要提出的问题隐藏在提示模板中，方便教师进行问题提问。在教学时，应用此功能，还能提高孩子的专注力！<br>活动模板中的选择功能点击后出现一张象形字和三个文字答案，然后让孩子辨认这是什么字。此模板用在此处生动又富有趣味性，真是一举两得！<br>活动模板中的图文配对可以让孩子对象形字和文字进行配对！教学过程中，孩子们会有矛盾，但通过观察和核对，都能找到正确的答案。 |

续　表

| | | |
|---|---|---|
| 五、认识汉字 | 师:小朋友们,今天我们认识了很多象形文字!接下来,老师为小朋友准备了一些诗歌,我们一起来朗诵一下吧!很有趣的哦!<br>师幼:象形字真奇妙,模仿形状把字造!<br>师:造出了什么字啊?(幼儿:鸟、兔)<br>师幼:画棵小树就是木,禾像田里的小苗苗!(朗诵时播放"木""禾"字的象形字画法)<br>师幼:江上小船就是舟,车像轮子向前跑!(老师出示"舟"、"车"的象形字)<br>师幼:古人写鱼画条鱼,燕是空中一飞鸟! | 对象动画的淡入功能将文字附在象形字的图片上。教学时,只要点击象形字的区域,文字就会显现出来,与孩子们来一个互动。<br>记录功能——画象形字可以让孩子对象形字进行巩固和加深印象。 |

**活动流程图**

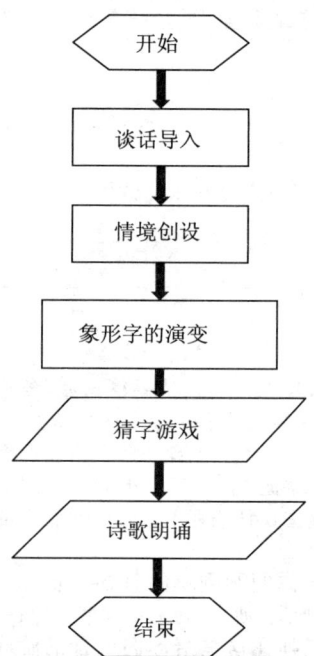

**个性化教学**

为学有余力的幼儿所做的调整:在小组内帮助有困难的幼儿
为需要帮助的幼儿所做的调整:提供图片,启发讲述

**形成性评价**



**教学反思**

## （三）社会领域应用案例

表 6-3-4　社会领域应用案例

社会领域
教学设计与微课

| 活动名称 | 有趣的吆喝 | | | | |
|---|---|---|---|---|---|
| 所属领域 | 社会 | 年级 | 大班 | 活动时数 | 1 |
| 设计者 | 张玉凤 | 所属幼儿园 | 徐州市泉山区御景湾幼师幼儿园 | | |
| 活动内容分析 | | | | | |
| 在繁华的商业街上,吆喝声随处可以听到。吆喝虽然听起来很平常,但却需要勇气、胆量和语言艺术。社会活动《有趣的吆喝》以吆喝为内容,旨在锻炼幼儿能在公众场合大胆地、大声地说话,并能尝试说得更好更有吸引力,同时还能突出中华文化的精髓,引导幼儿在轻松的氛围中快乐地表达。 | | | | | |
| 依据标准 | | | | | |
| 指南标准：<br>人际交往:活动时能与同伴分工合作,遇到困难能一起克服。能在活动中出主意、想办法。<br>社会适应:在群体活动中积极、快乐。能认真负责地完成自己所接受的任务。<br>纲要标准：<br>1. 能主动地参与各项活动,有自信心。<br>2. 乐意与人交往,学习互助、合作和分享,有同情心。 | | | | | |
| 活动目标 | | | | | |
| 认知目标：<br>能在教师的引导下,总结出吆喝的特点,并能自己创编吆喝。<br>技能目标：<br>1. 善于捕捉周围的事物,有敏锐的观察力,并能运用恰当的语言大胆地表现。<br>2. 在活动中能友好地与同伴分工合作,并大胆与人友好交往。<br>情感目标：<br>热爱各行各业的劳动人民,体会生活给我们带来的快乐,感受中华传统文化的精髓。 | | | | | |
| 幼儿特征分析 | | | | | |
| 一般特征:幼儿思维的形象性;活动方式的游戏性。<br>初始能力:语言表达流畅。<br>信息素养:会使用录音机进行录音;会使用简单的扩音设备。 | | | | | |
| 活动类型 | | | | | |
| □一日生活活动　　□游戏活动　　☑集体教学活动　　□分组教学活动　　□项目教学活动 | | | | | |

续 表

| 活动前对幼儿的要求 |
|---|
| 知识准备:带幼儿到市场中观察商贩买卖物品。 |
| 环境的创设 |
| 1. 物品准备:<br>(1) 录音机、音响、液晶多媒体电视、影片片段、VGA 连接线。<br>(2) 冰糖葫芦、各种水果、羊肉串、臭豆腐、凉粉、玉米、烧饼等。<br>2. 情景创设:美食街。 |

| 教学媒体(资源)选择 | | | | | | | |
|---|---|---|---|---|---|---|---|
| 序号 | 媒体类型 | 媒体内容要点 | 教学作用 | 使用方式 | 所 得 结 论 | 占用时间 | 媒体来源 |
| 1 | 声音 | 卖冰糖葫芦的吆喝声 | B | B | 引起幼儿兴趣 | 2 min | 网络 |
| 2 | 声音 | 录制自己的吆喝冰糖葫芦的声音 | E | H. | 录音并回放 | 8 min | 自制 |
| 3 | 影片 | 各种吆喝的场景 | F | C | 启发思维,加深印象 | 8 min | 网络 |
| 4 | 视频 | 三种吆喝的方式 | A | G | 观察比较,归纳特点 | 6 min | 网络 |

① 媒体在教学中的作用分为:A. 提供事实,建立经验;B. 创设情境,引发动机;C. 举例验证,建立概念;D. 提供示范,正确操作;E. 呈现过程,形成表象;F. 演绎原理,启发思维;G. 设难置疑,引起思辨;H. 展示事例,开阔视野;I. 欣赏审美,陶冶情操;J. 归纳总结,复习巩固;K. 自定义。
② 媒体的使用方式包括:A. 设疑—播放—讲解;B. 设疑—播放—讨论;C. 讲解—播放—概括;D. 讲解—播放—举例;E. 播放—提问—讲解;F. 播放—讨论—总结;G. 边播放、边讲解;H. 边播放、边议论;I. 学习者自己操作媒体进行学习;J. 自定义。

| 关于活动策略选择的阐述 |
|---|
| 讨论;示范;个别表演;创编;情景表演;小组活动。 |

| 活动过程结构设计 | | |
|---|---|---|
| 活动环节 | 活动过程<br>(包括教师和幼儿的活动) | 教学媒体(资源)的运用和作用 | 设计意图、依据 |

续 表

| | | | |
|---|---|---|---|
| 一、听声音导入，引出话题 | 1. 老师播放卖冰糖葫芦的吆喝声，引导幼儿猜猜他们在干什么？为什么要这样做？ | 音响：吸引幼儿并引起幼儿兴趣。 | 1. 让幼儿明白什么是吆喝。为什么要吆喝。<br>2. 本环节运用现代技术设备录音机和音响，用声音吸引幼儿并引起幼儿兴趣，从而达到让孩子思维跟随课堂环节进行思考。 |
| | 2. 老师示范简单的吆喝，让幼儿进行判断这样的吆喝好听吗？引导幼儿自己尝试创编吆喝，并进行个别表演。 | | |
| | 3. 幼儿自由录制自己的吆喝冰糖葫芦的声音。 | 录音喇叭：吸引幼儿参与，加深幼儿对吆喝的印象和体验，为后面的回放环节奠定基础。 | |
| | 4. 请幼儿听一听录音，自己说说吆喝冰糖葫芦的过程，让别的小朋友做出评价。同时再请配班老师总结（由一名老师到幼儿面前根据刚才幼儿吆喝的情况，共同讨论出幼儿吆喝的不足，比如声音要大一点，语言要更生动，语言应更丰富，将你的东西说得更好，让别人一听就想买等）。 | 音响：听录音后进行讲解。 | |
| | 5. 老师小结：吆喝是生意人在出售商品时，对自己的商品的一种宣传，目的是把自己的商品说得棒棒的，让自己的商品卖出去。 | | |
| 二、观看影片比较，探询吆喝的形式与特点 | 1. 提问：小朋友，你们在影片中听到过哪些吆喝？ | 通过计算机和电视观看影片，主要是各种街景吆喝的场景。 | 启发孩子们的思维，加深对吆喝的印象，为后面的创编吆喝奠定基础。 |
| | 2. 幼儿回忆模仿各种形式的吆喝。 | | 让幼儿说说生活中听到过的吆喝。 |
| | 3. 观察比较：引导幼儿在吆喝的形式上进行观察比较，逐步归纳出吆喝的特点。<br>教师向幼儿展现三种吆喝：普通话的，方言的，唱的。让幼儿比较哪一种更有趣，然后以鞋子为例，让幼儿选择三种方式中的一种进行自由吆喝，最后选择三个幼儿分别以不同的方式上台吆喝，幼儿评价：你听了以后想买谁的鞋子。 | 观看视频，主要是三种吆喝的方式。 | |

续　表

| | | | |
|---|---|---|---|
| 三、创编展示 | 1. 幼儿自由选择教师准备好的物品，引导幼儿从物品的特点入手，邀请同伴进行讨论、创编。 | | 幼儿根据所学知识，自由创编吆喝。 |
| | 2. 老师引导幼儿对比，让幼儿发现哪种吆喝更有趣，更有创意。可设计这样的游戏：同样卖一种东西比如玉米，一个幼儿在一边独自吆喝，另几个幼儿结伴吆喝，其他幼儿当顾客。 | | 本环节主要让幼儿感受一个人吆喝和结伴吆喝的不同。 |
| | 3. 展示创编结果，评价小结。让幼儿谈谈自己的感觉。 | | |
| 四、自由表现 | 1. 介绍美食街。 | | 让幼儿和老师共同总结出吆喝的特点、形式、内容，引导幼儿加以创造想象，创编各种吆喝，从而发展幼儿的语言表达能力和大胆地与人交往的能力。 |
| | 2. 请幼儿自由结伴选择摊位，分工讨论怎样吆喝。 | | |
| | 3. 美食街开张，吸引顾客，吆喝美食。 | 喇叭的录音放置、扩音器的使用、拉杆音响的使用 | |
| | 4. 小结，结束活动。 | | |
| 个性化教学 | | | |
| 为需要帮助的幼儿所做的调整：从吆喝语言、语调、肢体动作等启发其创编吆喝。 | | | |
| 形成性评价 | | | |
| | | | |
| 教学反思 | | | |
| | | | |

## （四）科学领域应用案例

科学领域
教学设计与微课

表6-3-5　科学领域应用案例

| 活动名称 | 10以内的相邻数 | | | | |
|---|---|---|---|---|---|
| 所属领域 | 数学 | 年级 | 大班 | 活动时数 | 1 |
| 设计者 | 万明珠 | 所属幼儿园 | 无锡市机关幼儿园 | | |

续 表

| 活动内容分析 |
|---|
| 在活动的过程中,帮助幼儿理解"邻居关系"、复习数的排列、数与数的关系,为幼儿后面理解"相邻数"的概念,理解相邻数之间的关系打下基础。其中,学习2的相邻数是个重要的过程,在这个过程中理解什么是相邻数及相邻数的关系,从而为探索10以内的相邻数做铺垫。 |

| 依据标准 |
|---|
| 指南标准:<br>能发现事物简单的排列规律,并尝试创造新的排列规律。能发现生活中许多问题都可以用数学的方法来解决,体验解决问题的乐趣。<br>纲要标准:<br>数学教育必须要让幼儿能从生活和游戏中感受事物的数量关系并体验到数学的重要和有趣;教师要引导幼儿对周围环境中数、量、形、时间和空间等现象产生兴趣,建构初步的数学概念,并学习用简单的数学方法解决生活和游戏中某些简单的问题。 |

| 活动目标 |
|---|
| 1. 通过与电子白板的互动操作,理解并掌握10以内各数的相邻数。<br>2. 理解并说出多1少1的关系,并在游戏活动中体验数学活动的兴趣。 |

| 幼儿特征分析 |
|---|
| 幼儿园数学是一门系统性、逻辑性很强的学科,有着自身的特点和规律,生活化、游戏化已经成为构建数学课程最基本的原则。因此,在活动中为幼儿设置一定的情景,使幼儿参与到活动中来,尽量让抽象的数的逻辑概念在具体的事物中理解,让幼儿在游戏中获得知识。在学习相邻数的过程中,让幼儿自主寻找数字的相邻数,理解相邻数的关系,为幼儿提供主动探索的机会。让幼儿真正意义上做到"玩中学,学中乐",从而达到"寓教于乐,寓教于生活"的目的。在活动的过程中,遵循幼儿数学学习由易到难、由简单到复杂的循序渐进的规律,让幼儿处于主动探索状态,引导幼儿自己得出结论。 |

| 活动类型 |
|---|
| □一日生活活动　　□游戏活动　　☑集体教学活动　　□分组教学活动　　□项目教学活动 |

| 课前对幼儿的要求 |
|---|
| 幼儿认识数字1～10并能排序 |

| 教材的选择 |
|---|
| 1～10数字;游戏《找朋友》;游戏《勤劳的小老鼠》;游戏《闯关游戏》; |

| 环境的创设 |
|---|
| 教室<br>□投影仪　　☑电子白板　　□交互电视　　□手持数码设备　　□其他: |

续 表

**教学媒体(资源)选择**

| 序号 | 媒体类型 | 媒体内容要点 | 教学作用 | 使用方式 | 所 得 结 论 | 占用时间 | 媒体来源 |
|---|---|---|---|---|---|---|---|
| 1 | 图片 | 集体照 | B | B | 通过已有经验,说说"邻居"的意思 | 3 min | 自制 |
| 2 | 图片 | 数字图片1~10 | C | H | 出示、排序、相邻数 | 5 min | 自制 |
| 3 | 图片 | 1~3只苹果图片 | G | H | 知道多1少1的关系 | 5 min | 自制 |
| 4 | 视频 | 小结 | E | C | 知道相邻数多1少1之间的关系 | 2 min | 资源库 |
| 5 | 图片 | 编号老虎图片 | G | F | 游戏:找朋友 | 5 min | 网络+自制 |
| 6 | 图片 | 小老鼠、衣服、袜子 | G | F | 游戏:勤劳的小老鼠 | 5 min | 网络 |
| 7 | 动画 | 闯关游戏 | G | F | 快速准确说相邻数 | 5 min | 资源库 |

① 媒体在教学中的作用分为:A. 提供事实,建立经验;B. 创设情境,引发动机;C. 举例验证,建立概念;D. 提供示范,正确操作;E. 呈现过程,形成表象;F. 演绎原理,启发思维;G. 设难置疑,引起思辨;H. 展示事例,开阔视野;I. 欣赏审美,陶冶情操;J. 归纳总结,复习巩固;K. 自定义。
② 媒体的使用方式包括:A. 设疑—播放—讲解;B. 设疑—播放—讨论;C. 讲解—播放—概括;D. 讲解—播放—举例;E. 播放—提问—讲解;F. 播放—讨论—总结;G. 边播放、边讲解;H. 边播放、边议论;I. 学习者自己操作媒体进行学习;J. 自定义。

**关于活动策略选择的阐述**

设疑讨论;游戏;小组合作;

**活动过程结构设计**

| 活动环节 | 活动过程<br>(包括教师和幼儿的活动) | 教学媒体(资源)的作用和运用 | 设计意图、依据 |
|---|---|---|---|
| 一、理解"邻居"的含义 | 你们知道什么叫作邻居吗?出示集体照,找找你在哪?你的旁边是谁?叫什么名字? | 1. 利用遮罩功能出示集体照,增加神秘感。<br>2. 利用魔术笔功能找到自己,移动,突出旁边的邻居。 | 通过幼儿的已有经验,先让孩子说说"邻居"的意思。 |

模块六 信息化幼儿教育活动设计与评价

续 表

| | | | |
|---|---|---|---|
| 二、理解相邻数，说出多1少1的关系。 | 1. 今天，老师请来了小客人，我们来看看，他们分别是谁？<br>2. 请幼儿按从小到大的顺序排列。<br>3. 数字宝宝有没有邻居呢？请小朋友帮助它找邻居在哪？教师随意指数字，让幼儿来找。<br>4. 出示1～3的苹果图片白板，请幼儿按数序排好苹果并在苹果下面写上数字。2个苹果比1个苹果？2个苹果比3个苹果？2个苹果在1个苹果和3个苹果的中间，所以2的相邻数就是1和3。<br>小结：小朋友，如果一个数字左边的数字比它小1，右边的数字比它大1，那么这左右两个数就是它的相邻数。 | 移动数字，让幼儿按照顺序进行排列。<br><br>通过淡入功能，显示苹果的数量<br><br>插入视频，进行小结，知道相邻数多1少1之间的关系。 | 1. 出示数字图片1—10，让幼儿认识。<br>2. 让幼儿按照从小到大的顺序排列，理解数序。<br>3. 教师随意点击数字，让幼儿说出这个数的相邻数。<br>4. 通过1～3苹果的比较，知道多1少1的关系。 |
| 三、游戏：<br>1. 找朋友 | 编号为4号和8号的老虎哭得可厉害了，他们找不到自己的好朋友了，他们的好朋友编号是他们的相邻数，小朋友快来帮忙吧！ | 分别通过淡入和淡出功能，让幼儿理解相邻数的关系。 | 帮助编号4和8的老虎找相邻数的好朋友，分析多1少1的关系。 |
| 2.《勤劳的小老鼠》 | 看，勤劳的小老鼠们在干什么？他们不知道衣服、袜子挂哪里了，请你根据相邻数的关系帮助小老鼠挂好，好吗？ | 通过移动图片，将相邻数的图片移入相应的空格中。 | 幼儿两两合作，帮助小老鼠找衣服、袜子，复习10以内的相邻数。 |
| 3. 闯关游戏 | 在一个秘密花园的深处藏了一个大大的宝藏，但是它设置了层层关卡，需要我们破解一个一个的密码锁才能打开门进入，孩子们，你们有没有信心破解密码锁，获取宝藏？ | 分别利用淡入、淡出功能，移动密码锁。再利用飞出功能开启门，顺利闯关，获取宝藏。 | 通过闯关游戏达到高潮，让幼儿快速、准确地说出相邻数，在活动中有成功的体验。 |
| 四、活动延伸 | 在生活中其实也有很多相邻的关系，比如日历、杯子架，还有一些什么呢？ | 利用淡入功能显示杯子架和日历，让幼儿在直观的感受后产生丰富的想象。 | 联系生活，让幼儿大胆想象并讲述。 |
| 形成性评价 | | | |
| | | | |

247

## (五) 艺术(美术)领域应用案例

美术领域
教学设计与微课

表6-3-6 艺术(美术)领域应用案例

| 活动名称 | 好看的剪纸 | | | | |
|---|---|---|---|---|---|
| 所属领域 | 美术 | 年级 | 大班 | 活动时数 | 1 |
| 设计者 | 刘芳芳 | 所属幼儿园 | 无锡市机关幼儿园 | | |
| 活动内容分析 | | | | | |
| 窗花是我国的传统民间艺术,孩子们对剪窗花充满了兴趣。通过活动不仅让幼儿掌握剪窗花的方法,而且使幼儿对窗花的历史有简单的了解,培养幼儿的审美情趣。 | | | | | |
| 依据标准 | | | | | |
| 指南标准:<br>感受与欣赏:愿意和别人分享、交流自己喜爱的艺术作品和美感体验。<br>表现与创造:能用多种工具、材料或不同的表现手法表达自己的感受和想象。<br>艺术活动中能与他人相互配合,也能独立表现。<br>纲要标准:<br>1. 能初步感受并喜爱环境、生活和艺术中的美。<br>2. 喜欢参加艺术活动,并能大胆地表现自己的情感和体验。 | | | | | |
| 活动目标 | | | | | |
| 1. 通过和电子白板的互动操作,掌握对角边对边剪窗花的方法。<br>2. 能大胆灵活地运用剪刀剪出形态各异的窗花。<br>3. 体验剪窗花的快乐。 | | | | | |
| 幼儿特征分析 | | | | | |
| 本次活动从幼儿的学习特点出发,让幼儿在看看、玩玩、剪剪中学习。<br>一般特征:思维的形象性,喜欢动手操作,学习的游戏性。<br>初始能力:会用剪刀。<br>信息素养:会对电子白板进行拖拽等简单操作。 | | | | | |
| 活动类型 | | | | | |
| □一日生活活动　□游戏活动　☑集体教学活动　□分组教学活动　□项目教学活动 | | | | | |
| 教材的选择 | | | | | |
| 剪纸步骤;各种窗花图案。 | | | | | |
| 环境的创设 | | | | | |
| 剪刀;教室。<br>□投影仪　☑电子白板　□交互电视　□手持数码设备　□其他: | | | | | |

续 表

### 教学媒体(资源)选择

| 序号 | 媒体类型 | 媒体内容要点 | 教学作用 | 使用方式 | 所得结论 | 占用时间 | 媒体来源 |
|---|---|---|---|---|---|---|---|
| 1 | 视频 | 剪窗花 | A | B | 吸引幼儿注意,激发幼儿活动积极性 | 2 min | 网络 |
| 2 | 图片 | 窗花的图案 | F | B | 增加活动趣味性,引起幼儿重点关注 | 2 min | 网络 |
| 3 | 图片 | 各种窗花的图案 | H | E | 引导幼儿欣赏并讲述自己的喜好 | 3 min | 网络 |
| 4 | 图片 | 剪窗花的步骤 | E | F | 掌握剪窗花的步骤 | 2 min | 资源库 |

① 媒体在教学中的作用分为:A. 提供事实,建立经验;B. 创设情境,引发动机;C. 举例验证,建立概念;D. 提供示范,正确操作;E. 呈现过程,形成表象;F. 演绎原理,启发思维;G. 设难置疑,引起思辨;H. 展示事例,开阔视野;I. 欣赏审美,陶冶情操;J. 归纳总结,复习巩固;K. 自定义。

② 媒体的使用方式包括:A. 设疑—播放—讲解;B. 设疑—播放—讨论;C. 讲解—播放—概括;D. 讲解—播放—举例;E. 播放—提问—讲解;F. 播放—讨论—总结;G. 边播放、边讲解;H. 边播放、边议论;I. 学习者自己操作媒体进行学习;J. 自定义。

### 关于活动策略选择的阐述

示范;游戏;集体讨论。

### 活动过程结构设计

| 活动环节 | 活动过程(包括教师和幼儿的活动) | 教学媒体(资源)的作用和运用 |
|---|---|---|
| 一、导入活动 | 1. 师:"快要过新年了,小朋友,你们过新年的时候,会做些什么事情?"<br>2. 观看视频:剪窗花 | 利用超链接功能引起幼儿兴趣。 |
| 二、学习剪窗花 | 1. 重点欣赏窗花的图案。<br>师:"请小朋友找一找,在哪里发现了窗花?""窗花上有什么图案?""这些图案有什么特点?"<br>2. 提供各种形态的窗花,引导幼儿欣赏并讲述自己的喜好。 | 1. 通过遮罩功能增加神秘感。通过魔术笔画圈变为聚光灯功能,让幼儿可以拖动寻找窗花增加活动的趣味性,引起幼儿的重点关注,激起幼儿自主学习的欲望。<br>2. 使用交互式白板中的插入表格,只要将任意大小的图片拖入到表格中,都会使图片扩大或缩小到规定的表格中。使用超链接功能,将页面切换到制定的页面上。 |

续 表

| | 3. 开展游戏,掌握剪窗花的步骤。 | 3. 配对功能:这个功能帮助幼儿理解剪窗花的具体步骤,激发幼儿主动学习的积极性。隐藏功能:增加神秘感,在游戏中巩固对剪纸方法的掌握。排序功能:这个功能比较合理,能帮助幼儿巩固对剪纸方法的掌握。 |
|---|---|---|
| 二、学习剪窗花 | 4. 教师示范具体剪纸的方法<br>5. 幼儿动手操作<br>6. 分享交流 | 4. 页面记录功能:通过页面记录功能将呆板的图片活化,激发幼儿讲述的积极性。<br>5. 使用交互式白板属性中的淡入功能。使用页面声音的插入功能。<br>6. 使用交互式白板中的插入表格,只要将任意大小的图片拖入表格中,都会使图片进入规定的表格中。 |

**活动流程图**

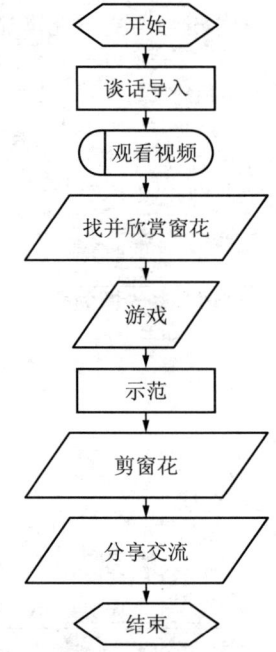

**个性化教学**

为学有余力的幼儿所做的调整:启发其创作难度较大的窗花。
为需要帮助的幼儿所做的调整:帮助其掌握基本窗花的制作技巧。

**形成性评价**

**教学反思**

## （六）艺术（音乐）领域应用案例

音乐领域
教学设计与微课

表6-3-7 艺术（音乐）领域应用案例

| 活动名称 | | 彼得与狼 | | | |
|---|---|---|---|---|---|
| 所属领域 | 音乐 | 年级 | 中班 | 活动时数 | 1 |
| 设计者 | 卢琛 | 所属幼儿园 | 无锡市机关幼儿园 | | |
| 本节（课）活动内容分析 | | | | | |
| 《彼得与狼》是一部音乐童话剧，剧中采用不同乐器的音色，如长笛（小鸟）、圆号（狼）、弦乐（彼得）、木管小号（猎人）等来表现故事中不同的动物和人物的形象，赋予幼儿无尽的想象，适合幼儿欣赏。 | | | | | |
| 依据标准 | | | | | |
| 指南标准：<br>感受与欣赏：喜欢倾听各种好听的声音，感知声音的高低、长短、强弱等变化。<br>欣赏艺术作品时会产生相应的联想和情绪反应。<br>表现与创造：经常唱唱跳跳，愿意参加歌唱、律动、舞蹈、表演等活动。<br>能通过即兴哼唱、即兴表演或给熟悉的歌曲编词来表达自己的心情。<br>纲要标准：<br>1. 能初步感受并喜爱环境、生活和艺术中的美。<br>2. 喜欢参加艺术活动，并能大胆地表现自己的情感和体验。<br>3. 能用自己喜欢的方式进行艺术表现活动。 | | | | | |
| 本节（课）活动目标 | | | | | |
| 1. 感知不同音乐风格所表现的音乐形象。<br>2. 愿意用表情、肢体语言等方式表现自己对音乐的理解。 | | | | | |
| 幼儿特征分析 | | | | | |
| 音乐是一种语言，是一种思想、是一种情感。而音乐欣赏则可以萌发幼儿的感受、表现美的情趣。学龄前儿童的音乐欣赏不同于成人，他们需要生活化的音乐氛围，故事化的方式，形象化的表现手段，从而激发幼儿欣赏的兴趣、培养其对音乐的欣赏能力。 | | | | | |
| 活动类型 | | | | | |
| □一日生活活动　□游戏活动　☑集体教学活动　□分组教学活动　□项目教学活动 | | | | | |
| 教材的选择 | | | | | |
| 音乐故事《彼得与狼》、音乐 | | | | | |
| 环境的创设 | | | | | |

续 表

| 教室 ☐投影仪　☑电子白板　☐交互电视　☐手持数码设备　☐其他： |
|---|

**教学媒体(资源)选择**

| 序号 | 媒体类型 | 媒体内容要点 | 教学作用 | 使用方式 | 所得结论 | 占用时间 | 媒体来源 |
|---|---|---|---|---|---|---|---|
| 1 | 图片+音乐 | 点击彼得图片播放第一部分音乐 | E | F | 初步感受 | 1 min | 资源库 |
| 2 | 音乐 | 故事音乐 | A | G | 边放音乐边讲故事 | 1 min | 资源库 |
| 3 | 音乐 | 第二部分音乐 | E | F | 音乐链接+对象动画+魔术笔；音乐链接+拖拉+表格 | 2 min | 资源库 |
| 4 | 音乐 | 第三部分音乐 | E | F | 音乐链接+拖拉 | 1 min | 资源库 |
| 5 | 音乐 | 第四部分音乐 | E | F | 链接音乐+淡入组合使用 | 1 min | 资源库 |
| 6 | 音乐 | 第五部分和结束音乐 | E | F | 链接音乐；欣赏 | 2 min | 资源库 |
| 7 | 音乐 | 完整音乐 | I | G | 配乐教师讲述故事 | 4 min | 资源库 |

① 媒体在教学中的作用分为：A. 提供事实，建立经验；B. 创设情境，引发动机；C. 举例验证，建立概念；D. 提供示范，正确操作；E. 呈现过程，形成表象；F. 演绎原理，启发思维；G. 设难置疑，引起思辨；H. 展示事例，开阔视野；I. 欣赏审美，陶冶情操；J. 归纳总结，复习巩固；K. 自定义。
② 媒体的使用方式包括：A. 设疑—播放—讲解；B. 设疑—播放—讨论；C. 讲解—播放—概括；D. 讲解—播放—举例；E. 播放—提问—讲解；F. 播放—讨论—总结；G. 边播放、边讲解；H. 边播放、边议论；I. 学习者自己操作媒体进行学习；J. 自定义。

| 关于活动策略选择的阐述 |
|---|
| 问答、讨论、设疑。 |

**活动过程结构设计**

| 活动环节 | 活动过程（包括教师和幼儿的活动） | 教学媒体(资源)的作用和运用 |
|---|---|---|
| 一、导入 | 师：今天老师带来了一段有趣的音乐故事，之所以说有趣是因为，不同的旋律就代表故事里不同的人物。最先出场的是一个叫彼得的小朋友，让我们来听一听。 | |

续　表

| | | |
|---|---|---|
| 二、分段欣赏音乐<br><br>（一）欣赏第一部分——彼得 | 1. 第一次欣赏"彼得音乐"（超链接音乐）。边欣赏音乐，教师边画图谱。（画笔）<br>（1）欣赏后提问：听了这段音乐，你觉得彼得是什么样的心情？（幼儿讲述。）<br>（2）师：告诉你们哦！云朵中也藏着开心的表情哦！谁来找找！（用橡皮擦擦出笑脸）<br>（3）师：是什么表情？你们也来学一学。<br>（4）提问：开心还可以做什么造型呢？<br>2. 第二次欣赏音乐<br>（1）师：让我们来听听，彼得小朋友在做什么。教师边讲述故事边播放音乐。<br>"一天清晨，彼得来到草地上玩。（拖动笑脸）他在绿绿的草地上蹦蹦跳跳，快乐极了！（拖动笑脸）"<br>（2）师：刚刚卢老师在哪段音乐时拖动了笑脸，你能在图谱上找到吗？（画圈聚光灯效果）<br>3. 第三次欣赏音乐<br>师：现在我们一起跟着彼得去草地上玩咯！不要忘了要加上开心的造型哦！ | 1. 超链接：点击图片播放音乐<br>2. 画笔功能：随着音乐用画笔画图谱，直观地引导幼儿倾听、感受音乐。<br>3. 橡皮擦：幼儿通过橡皮擦找到隐藏的笑脸，通过人机互动激发幼儿活动的兴趣。<br>4. 超链接：链接音乐，边放音乐边讲故事，通过故事化的方式引导幼儿欣赏。<br>5. 无限克隆、拖拉功能：帮助幼儿理解不同的旋律（提示功能）<br>6. 魔术笔：通过魔术笔画圈聚光的功能，帮助幼儿分解欣赏音乐。 |
| （二）欣赏第二部分——狼 | 1. 第一次欣赏"狼音乐"<br>（1）师：这时，远处有一个身影在晃动。（先放音乐、闪动后魔术笔圈出黑影）<br>（2）提问：这段音乐能用哪张图谱表示呢？（幼儿选择图谱）为什么？（黑色给人一种恐怖的感觉呢！）<br>2. 教师边讲述故事边第二次欣赏"狼音乐"。<br>"远处的树林里，躲着一只凶恶的动物，他看着彼得，想把他吃掉。"<br>（1）师：彼得好紧张！我们来看看他是怎么做的。（翻板）<br>师：（点点头）嘘！安静！别动！这样就能躲过危险了！ | 1. 音乐链接＋对象动画＋魔术笔：通过组合使用，营造故事氛围，激发幼儿倾听的兴趣。<br>2. 音乐链接＋拖拉＋表格：通过音乐链接让幼儿在选择后有一个验证，给幼儿一种自信，激发他们继续欣赏的兴趣。<br>3. 翻板：从留有悬念——悬念揭晓，给幼儿一种神秘感。 |
| （三）欣赏第三部分——鸭子 | 1. （一边放音乐，一边说）师：终于安全了，远处的池塘里游来了一群可爱的小动物！<br>2. 第一次欣赏"鸭子音乐"。 | |

253

续 表

| | | |
|---|---|---|
| （三）欣赏第三部分——鸭子 | （1）提问：是什么小动物来了呢？<br>幼儿猜测。（橡皮擦擦出）<br>（2）师：这次我们可以用哪张图谱来表示这段音乐呢？为什么？（图谱选择）<br>幼儿讲述<br>3. 第二次欣赏音乐<br>教师边讲故事边播放音乐。<br>（1）师：有道理！"小鸭子摇摇摆摆地走过来，看到草地边上有一个池塘高兴极了。他来到池塘里游泳，游的开心的时候还叫几声呢。嘎嘎嘎"。<br>（2）师：小鸭子游得开心时还叫了起来，他们在哪里叫的？叫了几声？教师把图片摆在图谱上。<br>4. 我们一起学小鸭子叫一叫吧！（第三次欣赏音乐） | 1. 橡皮擦：验证幼儿的猜想。<br>2. 音乐链接＋拖拉：通过音乐链接让幼儿在选择后有一个验证，给幼儿一种自信，激发他们继续欣赏的兴趣。<br>3. 魔术笔：魔术笔画方形放大图谱，让幼儿更清楚地数清鸭子叫了几声。<br>4. 音乐链接：表演 |
| （四）欣赏第四部分——猫 | 1. 第一次欣赏"猫音乐"（链接音乐）。<br>（1）师：就在这时，忽然，从草地里窜出一个坏心眼儿的家伙，想乘机抓住小鸭子。（边表演边放音乐）<br>（2）提问：这个坏心眼的家伙是什么呢？幼儿猜测。（显现）<br>（3）提问：谁来学一学坏猫蹑手蹑脚的样子？（教师哼唱，幼儿动起来）<br>2. 第二次欣赏<br>师：现在我们跟着音乐走一走吧。再次欣赏音乐边显现图谱。（猫爪图） | 1. 淡入：引出角色<br>2. 链接音乐＋淡入组合使用：引导幼儿有节奏地学猫走路。 |
| （五）欣赏第五部分——彼得与狼 | 1. 第一次欣赏音乐。（直接放音乐，表现出害怕，突然坐下）<br>（1）提问：这段音乐听起来什么感觉？<br>2. 第二次欣赏音乐<br>（1）师：突然，小鸭子和坏心眼儿的猫都躲起来了。刚刚躲在远处的那个黑影走近了。<br>（2）提问：那个影子，到底是谁？（一起喊"一、二、三，放大"）<br>（3）师：猫和小鸭子都害怕得躲了起来，彼得可不怕，他想了一个好办法把大坏狼捉住了，我们帮彼得画一个笼子把大坏狼关进笼子里吧！（画牢笼） | 1. 链接音乐：欣赏<br>2. 拖拉："黑影"悬念揭晓，瞬间拉大，给幼儿视觉的冲击。<br>3. 画笔：创设故事情境，给大坏狼画笼子。 |

续 表

| （六）结束部分 | 欣赏结束部分。<br>指导语:大坏狼被关进笼子了,我们可以和彼得一起在草地上快乐的玩耍了。 | 链接音乐:欣赏。 |
|---|---|---|
| 三、完整欣赏 | 师:让我们一起完整地来欣赏一遍吧。 | 表格+淡入:出示表格帮助幼儿回忆整理故事。<br>配乐教师讲述故事。 |
| 四、结尾 | 师:这个音乐故事的名字叫《彼得与狼》,里面还有许多其他的人物呢,如果你喜欢的话,回家后可以和爸爸妈妈一起欣赏哦! | 链接音乐:跟着音乐有序退出。 |
| 形成性评价 | | |
| 教学反思 | | |

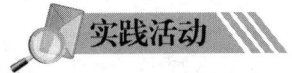

## 制作幼儿电子档案袋

活动目标：

1. 理解电子档案袋的概念及作用

2. 掌握电子档案袋的制作方法

活动准备：

一、了解电子档案袋

1. 电子档案袋概述

电子档案袋是储存电子档案的载体(主要是电子计算机)的俗称。电子档案袋是由数字电子计算机处理的档案。虚拟档案是用来区别于一些客观存在的档案实体,是将实体档案信息以字节、比特方式表示并使之在电脑网络上流动,只有引入正确的软件、硬件与足够的背景细节,这些字节与比特方可随机定位到用户所在的网络终端,以可被理解的文字、数字、图像、图表、符号等方式显示用户所需求的档案实体的真实信息。著名电子档案袋研究专家 Helen C. Barrett 博士认为:电子档案袋是开发者应用电子技术,以多种媒体形式收集、组织的档案内容(音频、视频、图片和文本)。基本标准的档案袋采用数据库或超级链接将标准或者目标典型作业和反思之间的关系清晰地显示出来。学习者的反思是将特定的作业作为完成规定标准或目标的证据所做出的推论。

2. 电子档案袋的优点

传统的档案对幼儿日常信息的收集、展示和判断有一定的难度,限制了一般档案评价在实际教学中的应用。但是随着教育技术的发展，通过电子档案记录幼儿的生活作品及各种生活信息，评价者(教师，家长，参观者)可通过教育技术查阅收集到的信息，并对幼儿的一日生活过程进行评价，能全面地对幼儿的成长做出判断。电子档案的建立使得学习档案袋评价成为现实，实现了档案评价的可操作性。

（1）数据库、超级链接等信息技术，为电子化档案的资料收集，归档与管理提供了方便。数字化的个人信息使检索寻找电子化档案信息更加轻松随意。

（2）网络提供了展示电子档案袋的空间，个人资料可以被他人阅读、共享和评论，促进了幼儿教师和家长之间的交流与相互学习。电子档案袋不仅能使幼儿了解自己的发展，而且可以从随时随地的相互学习中受到启发，同时提供了终身学习技能的机会。

（3）电子档案袋能够将幼儿的学习情况及成长过程真实地再现。通过电子档案袋不仅可以使教师对幼儿的生活情况和成长过程有整体的把握，而且还可以使家长全面地了解自己的孩子。

（4）电子档案袋评价充分地利用了IT应用的三大潜势：网络化，资源的分配与共享，管理信息与知识的数字化。它能够超越时空限制，增加接触获取信息的广度与随意性，激发幼儿兴趣。

（5）电子档案评价法可以方便、快捷地保存幼儿的成长信息，能够对幼儿的成长过程进行全面的评价。

（6）电子档案袋评价法有利于把教学过程和评价过程结合在一起，教师在教学过程中完成对幼儿的评价，并对学习过程和评价结果进行记录，使教学和评价形成一个统一的整体，更好地促进幼儿的发展。

（7）电子档案袋评价法有益于向幼儿家长展示幼儿的学习作品，家长可以方便地浏览幼儿的学习情况，了解幼儿的不足，为家长对幼儿学习计划的安排提供依据。因此它成为一种学校和家长沟通、交流的有效方式。

二、电子档案袋的设计

电子档案袋体现了"学习是个过程，学习评价也应有过程评价"的思想，教师持续地收集反映幼儿成长过程所做的努力、取得进步、最终成果以及教师自我反思的一整套材料。通常，一个幼儿教师电子档案袋包含以下几个组成部分，如图6-3-1所示。

1. 任务及策略

该部分的主要功能是明确学习目标，了解学习任务、作业要求和评价标准，提供可选择的学习策略和教师指导。

（1）教学目标。幼儿的一日生活包括一日生活活动、游戏，作业教学活动，包括集体活动、小组活动、活动区活动、项目教学活动等活动目标；学习策略是对学生需要掌握的学习方法和学习策略的要求和说明。教学目标由教师根据学科的具体特点结合幼儿实际情况提出。

（2）游戏教学任务。主要包括活动任务的内容、要求、性质及任务的评价标准，由教师单独制定或者教师与家长协商制定。

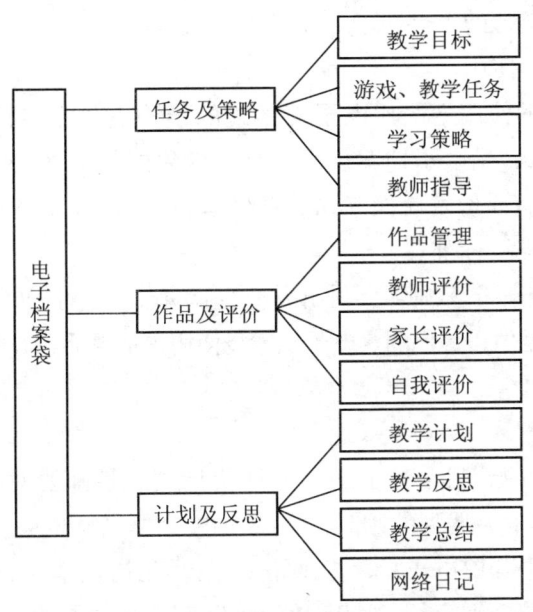

图 6-3-1　幼儿教师电子档案袋组成

（3）学习策略。主要包括教师根据学科特点提供的学习方法和学生总结自身学习经验提出的具体学习方法两部分，提供学习方法的选择和指导。

（4）教师指导。教师就经常出现的典型问题或者学生提出的个别问题进行讲解和辅导，提供集体或个别辅导的空间和平台。

2. 作品及评价

该模块主要收集、记录幼儿上传的学习作品，并实现对作品的多元评价。

（1）作品管理。教师学习作品上传、修改、删除等一般操作功能，可以方便地实现作品的管理。

（2）自我评价。要求幼儿根据自己的认识对自己的作品进行评价，使幼儿进一步明确学习任务的要求和自己的学习效果。

（3）家长评价。家长对幼儿的作业进行评价，鼓励幼儿发散性思考问题，帮助幼儿开阔思维。

（4）教师评价。教师参照评论量规对幼儿的作品进行分数或等级评定，同时提出修改意见和学习建议，并进行学习方法的指导。

3. 计划及反思

该模块主要包括教师制订的教学计划和教学过程的反思、评价和总结。

（1）教学计划。教师上传自己制订的教学计划，以加强教学的计划性、目的性，同时还可为自我反思和评价提供参考依据。

（2）教学总结。教师定期对教学和幼儿的成长做出总结。

（3）教学反思。由教师自行设计，定期填写自检表，对自己的教学态度、教学方法、教学成效等进行反思，发现存在问题，提出改进措施，调整教学策略。

(4) 网络日记。教师的个性化学习空间。

三、电子档案袋的使用

电子学习档案袋的使用方法比电子档案袋的结构更具有灵活性和可操作性,恰当的教学策略和使用方法,是电子档案袋发挥良好效果的保证,这种电子档案袋评价方式由传统意义上的档案袋评价发展而来,它带来了新的评价理念,使期末考试的分数不再是鉴定学习者成绩的唯一标准。

为幼儿建立电子档案袋,教师需要付出大量的劳动。但是对于好奇心强、愿意探索新事物的幼儿而言,这无疑是值得提倡的。电子档案袋使用更加灵活和方便,便于携带和保存。

活动过程:

1. 确定目标

选择可以利用的资源,制定整个学期的评价计划。教师要对整个评价过程做出预计,并预见在这个过程中会遇到的困难。

选择适当的幼儿来开展电子档案袋评价。在幼儿初入学时,教师要把使用电子档案袋的目的和具体要求告诉家长,给出范例,获得家长和园长的支持,并说明具体要求,让家长有思想准备。

2. 建立框架

教师以幼儿的名字创建文件夹,在这个文件夹中创建几个子文件夹,分别用于存放不同类型的内容。

以给李家树小朋友制作电子档案袋的框架为例,如图6-3-2所示。首先,创建文件夹"李家树",进入这个空文件夹,再创建4个子文件夹,分别是:

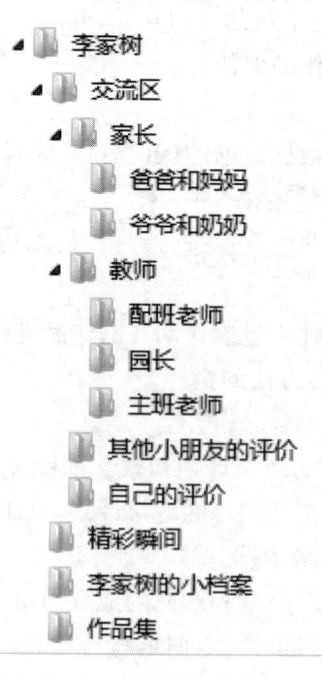

图6-3-2 电子档案袋框架案例

(1)"交流区"。进入这个文件夹后,再创立 4 个子文件夹,包括:① 教师。包括老师课堂及课外对幼儿的表现或幼儿作品的评价。② 家长。包括爷爷奶奶和爸爸妈妈对幼儿的成长和作品等的评价。③ 幼儿自己的评价。幼儿对自己的评价和感受,幼儿自己想表达的所有想法。④ 其他小朋友的评价。包括其他小朋友对幼儿的表现或幼儿作品等的评价。

(2)"我的小档案"。用于存放幼儿姓名、年龄、性别、班级、兴趣爱好及形象照。

(3)"我的精彩瞬间"。包括幼儿一日生活中的精彩照片。

(4)"我的作品"。包括幼儿的绘画、剪纸等创作以及其他所有作品。

3. 添加内容

电子档案袋的框架创立之后,教师要定期为幼儿的档案袋进行添加。对于数码作品和文档等资料可以直接拷贝、粘贴到相应的文件夹中。而对于非数字的手工制作或者实践活动,则需要用数码照相机将其拍摄下来,上传到文件夹中。教师要对整个拍摄过程进行必要的指导和监督。在电子档案袋里,教师可以根据家长的建议设计存储的版式、也可以插入音频、视频等一些多媒体文件,或对原作进行再创作或图像处理。

4. 评价与交流

在电子档案袋评价中,教师采用幼儿自评、教师互评和家长评价相结合的方式。在幼儿自我评价方面,教师除了指导幼儿对自己的作品进行评价外,还鼓励幼儿进行发散性思考。在互评方面,教师应该关注幼儿学习过程中的表现,包括学习能力、学习态度、情感和价值观等方面的发展,突出评价的整体性和综合性。教师在对幼儿进行评价时,随时给幼儿鼓舞性的评价,使他们产生成就感,增强幼儿的信心和兴趣。

**探究与思考**

1. 简述信息化教学设计的一般过程。

2. 在五大领域中任选一个领域,结合幼儿园的一次具体课例,对其进行信息化教学设计。

# 附　录

## 附录一　中小学教师信息技术应用能力标准(试行)

信息技术应用能力是信息化社会教师必备专业能力。为全面提升中小学教师的信息技术应用能力，促进信息技术与教育教学深度融合，特制定《中小学教师信息技术应用能力标准(试行)》(以下简称《能力标准》)。

### 一、总则

(一)《能力标准》是规范与引领中小学教师在教育教学和专业发展中有效应用信息技术的准则，是各地开展教师信息技术应用能力培养、培训和测评等工作的基本依据。幼儿园、中等职业学校教师参照执行。

(二)《能力标准》根据我国中小学校信息技术实际条件的不同、师生信息技术应用情境的差异，对教师在教育教学和专业发展中应用信息技术提出了基本要求和发展性要求。其中，Ⅰ.应用信息技术优化课堂教学的能力为基本要求，主要包括教师利用信息技术进行讲解、启发、示范、指导、评价等教学活动应具备的能力；Ⅱ.应用信息技术转变学习方式的能力为发展性要求，主要针对教师在学生具备网络学习环境或相应设备的条件下，利用信息技术支持学生开展自主、合作、探究等学习活动所应具有的能力。本标准根据教师教育教学工作与专业发展主线，将信息技术应用能力区分为技术素养、计划与准备、组织与管理、评估与诊断、学习与发展五个维度。

## 二、基本内容

| 维度 | Ⅰ.应用信息技术优化课堂教学 | Ⅱ.应用信息技术转变学习方式 |
|---|---|---|
| 技术素养 | 1.理解信息技术对改进课堂教学的作用,具有主动运用信息技术优化课堂教学的意识。 | 1.了解信息时代对人才培养的新要求,具有主动探索和运用信息技术变革学生学习方式的意识。 |
| | 2.了解多媒体教学环境的类型与功能,熟练操作常用设备。 | 2.掌握互联网、移动设备及其他新技术的常用操作,了解其对教育教学的支持作用。 |
| | 3.了解与教学相关的通用软件及学科软件的功能及特点,并能熟练应用。 | 3.探索使用支持学生自主、合作、探究学习的网络教学平台等技术资源。 |
| | 4.通过多种途径获取数字教育资源,掌握加工、制作和管理数字教育资源的工具与方法。 | 4.利用技术手段整合多方资源,实现学校、家庭、社会相连接,拓展学生的学习空间。 |
| | 5.具备信息道德与信息安全意识,能够以身示范。 | 5.帮助学生树立信息道德与信息安全意识,培养学生良好行为习惯。 |
| 计划与准备 | 6.依据课程标准、学习目标、学生特征和技术条件,选择适当的教学方法,找准运用信息技术解决教学问题的契合点。 | 6.依据课程标准、学习目标、学生特征和技术条件,选择适当的教学方法,确定运用信息技术培养学生综合能力的契合点。 |
| | 7.设计有效实现学习目标的信息化教学过程。 | 7.设计有助于学生进行自主、合作、探究学习的信息化教学过程与学习活动。 |
| | 8.根据教学需要,合理选择与使用技术资源。 | 8.合理选择与使用技术资源,为学生提供丰富的学习机会和个性化的学习体验。 |
| | 9.加工制作有效支持课堂教学的数字教育资源。 | 9.设计学习指导策略与方法,促进学生的合作、交流、探索、反思与创造。 |
| | 10.确保相关设备与技术资源在课堂教学环境中正常使用。 | 10.确保学生便捷、安全地访问网络和利用资源。 |
| | 11.预见信息技术应用过程中可能出现的问题,制订应对方案。 | 11.预见学生在信息化环境中进行自主、合作、探究学习可能遇到的问题,制订应对方案。 |
| 组织与管理 | 12.利用技术支持,改进教学方式,有效实施课堂教学。 | 12.利用技术支持,转变学习方式,有效开展学生自主、合作、探究学习。 |
| | 13.让每个学生平等地接触技术资源,激发学生学习兴趣,保持学生学习注意力。 | 13.让学生在集体、小组和个别学习中平等获得技术资源和参与学习活动的机会。 |
| | 14.在信息化教学过程中,观察和收集学生的课堂反馈,对教学行为进行有效调整。 | 14.有效使用技术工具收集学生学习反馈,对学习活动进行及时指导和适当干预。 |
| | 15.灵活处置课堂教学中因技术故障引发的意外状况。 | 15.灵活处置学生在信息化环境中开展学习活动发生的意外状况。 |
| | 16.鼓励学生参与教学过程,引导学生提升技术素养并发挥其技术优势。 | 16.支持学生积极探索使用新的技术资源,创造性地开展学习活动。 |

续 表

| 维度 | Ⅰ．应用信息技术优化课堂教学 | Ⅱ．应用信息技术转变学习方式 |
|---|---|---|
| 评估与诊断 | 17．根据学习目标科学设计并实施信息化教学评价方案。 | 17．根据学习目标科学设计并实施信息化教学评价方案，并合理选取或加工利用评价工具。 |
| | 18．尝试利用技术工具收集学生学习过程信息，并能整理与分析，发现教学问题，提出针对性的改进措施。 | 18．综合利用技术手段进行学情分析，为促进学生的个性化学习提供依据。 |
| | 19．尝试利用技术工具开展测验、练习等工作，提高评价工作效率。 | 19．引导学生利用评价工具开展自评与互评，做好过程性和终结性评价。 |
| | 20．尝试建立学生学习电子档案，为学生综合素质评价提供支持。 | 20．利用技术手段持续收集学生学习过程及结果的关键信息，建立学生学习电子档案，为学生综合素质评价提供支持。 |
| 学习与发展 | 21．理解信息技术对教师专业发展的作用，具备主动运用信息技术促进自我反思与发展的意识。 | |
| | 22．利用教师网络研修社区，积极参与技术支持的专业发展活动，养成网络学习的习惯，不断提升教育教学能力。 | |
| | 23．利用信息技术与专家和同行建立并保持业务联系，依托学习共同体，促进自身专业成长。 | |
| | 24．掌握专业发展所需的技术手段和方法，提升信息技术环境下的自主学习能力。 | |
| | 25．有效参与信息技术支持下的校本研修，实现学用结合。 | |

### 三、 实施要求

（一）地方各级教育行政部门要将《能力标准》作为加强中小学教师队伍建设的重要依据，充分发挥《能力标准》的引领和导向作用，将信息技术应用能力提升纳入教师全员培训，开展教师信息技术应用能力测评，建立并完善推动教师主动应用信息技术的机制，切实提升广大教师信息技术应用能力，为全面推动教育信息化，深化课程改革，实现教师专业自主发展奠定坚实基础。

（二）有关高等学校和教师培训机构要将《能力标准》作为教师培养培训工作的重要依据，加强相关学科专业建设，完善培养培训方案，科学设置培养培训课程，创新培养培训模式，加强师资队伍和课程资源建设，开展相关研究，促进教师专业发展。

（三）中小学校要将《能力标准》作为推动教师专业发展和教师管理的重要依据。制订教师信息技术应用能力提升规划，整合利用校内外培训资源，做好校本研修，为教师提升信息技术应用能力提供有效支持。要完善教师岗位职责和考核评价制度，推动教师在教育教学和日常工作中主动应用信息技术。

（四）中小学教师要将《能力标准》作为自身专业发展的重要依据。要主动适应信息化社会的挑战，充分利用各种学习机会，更新观念、补充知识、提升技能，不断增强信息技术应用能力。要养成良好的应用习惯，积极反思，勇于探索，将信息技术融于教学和师生交流等各个环节，转变教育教学方式，促进学生有效学习和个性化发展。要善于利用信息技术,拓宽成长路径,实现专业自主发展,做终身学习的典范。

附录:

## 术 语 表

1. 多媒体教学环境:包括简易多媒体教学环境与交互多媒体教学环境。简易多媒体教学环境主要由多媒体计算机、投影机、电视机等构成,以呈现数字教育资源为主。交互多媒体教学环境主要由多媒体计算机、交互式电子白板、触控电视等构成,在支持数字教育资源呈现的同时还能实现人机交互。

2. 通用软件:是指广泛应用于教育教学活动中的通用性软件,例如办公软件、即时交流软件、音视频编辑软件等。

3. 学科软件:是指特别适用于某些学科的软件,如几何画板、在线地图、听力训练软件、虚拟实验室等。

4. 数字教育资源:是对教学素材、多媒体课件、主题学习资源包、电子书、专题网站等各类与教育教学内容相关的数字资源的统称。

5. 信息化教学:与传统教学相对而言,泛指以信息技术支持为显著特征的教学形态。

6. 技术资源:是对通用软件、学科软件、数字教育资源和网络教学平台等资源的统称。

7. 网络教学平台:是对能够为教育教学活动开展提供支持的网络平台的统称,如网络资源平台、网络互动平台、课程管理平台、在线测评系统、在线教学与学习空间等。

8. 移动设备:是对便携式计算通信设备的统称,如笔记本电脑、平板电脑、智能手机等。

9. 评价工具:是指开展评价所使用的各种支持工具,如试卷、调查问卷、测试量表、评价量规、观察记录表、成长记录或电子档案袋等。

10. 教师网络研修社区:是指支持教师进行学习、交流、研讨等活动的网络平台,一般具备个人空间、教师工作坊等功能,能够建立不同类型的学习共同体,汇聚与生成研修资源,支持教师进行常态化研修。

## 附录二　幼儿园教师专业标准（试行）

*2011年教育部公布*

为促进幼儿园教师专业发展，建设高素质幼儿园教师队伍，根据《中华人民共和国教师法》，特制定《幼儿园教师专业标准（试行）》（以下简称《专业标准》）。

幼儿园教师是履行幼儿园教育工作职责的专业人员，需要经过严格的培养与培训，具有良好的职业道德，掌握系统的专业知识和专业技能。《专业标准》是国家对合格幼儿园教师专业素质的基本要求，是幼儿园教师开展保教活动的基本规范，是引领幼儿园教师专业发展的基本准则，是幼儿园教师培养、准入、培训、考核等工作的重要依据。

扫描下方二维码，阅读《幼儿园教师专业标准》全文。

## 附录三　中小学和幼儿园教师资格考试标准（试行）

*教育部师范教育司　教育部考试中心*
*2011年7月*

为加强中小学和幼儿园教师队伍建设，提高教师队伍整体素质，完善教师资格制度，严把教师入口关，促进教师专业化，根据《中华人民共和国教师法》《教师资格条例》和《〈教师资格条例〉实施办法》，制定中小学和幼儿园教师资格考试标准。中小学和幼儿园教师资格考试标准是教师职业准入的国家标准，是从事中小学和幼儿园教师职业的最基本要求，是进行中小学和幼儿园教师资格考试的基本依据。

扫描下方二维码，阅读"教师资格考试标准"全文。

幼儿园教师专业标准
教师资格考试标准

# 参考文献

[1] 谢忠新.学前教育现代教育技术[M].上海:复旦大学出版社,2013.
[2] 南国农.信息化教育概论[M].北京:高等教育出版社,2004.
[3] 李兆军.现代教育技术[M].北京:高等教育出版社,2004.
[4] 张齐.学习理论[M].武汉:湖北教育出版社,1999.
[5] 李芒.信息化学习方式[M].北京:北京师范大学出版社,2006
[6] 南国农.信息化教育概论(第2版)[M].北京:高等教育出版社,2011.
[7] 张德成.现代教育技术[M].浙江:浙江大学出版社,2014.
[8] 谢忠新.学前教育现代教育技术[M].上海:复旦大学出版社,2013.
[9] 伍福军,张珈瑞.Flash 8.0动画设计案例教程[M].北京:北京大学出版社,2010.
[10] 贾居坚,秦旭芳.现代教育技术在学前教育中的应用[M].北京:高等教育出版社,2012.
[11] 张莉.现代教育技术[M].上海:复旦大学出版社,2014.
[12] 陈泓宇.多媒体素材的处理与应用研究[J].中国教育学刊,2011(8).
[13] 南国农.信息化教育概论(第2版)[M].北京:高等教育出版社,2011.
[14] 何克抗,吴娟.信息技术与课程整合[M].北京:高等教育出版社,2007.
[15] 许卓娅.幼儿园健康教育与活动设计[M].长春:长春出版社,2013.
[16] 张玉敏.幼儿园语言教育与活动设计[M].长春:长春出版社,2013.
[17] 严仲连.幼儿园社会教育与活动设计[M].长春:长春出版社,2013.
[18] 吴巍莹.幼儿园音乐教育与活动设计[M].长春:长春出版社,2013.
[19] 田燕.幼儿园美术教育与活动设计[M].长春:长春出版社,2013.
[20] 李兆军.现代教育技术[M].北京:高等教育出版社,2004.
[21] 张齐.学习理论[M].武汉:湖北教育出版社,1999.
[22] 陈金华.基于数字化学习现代教育技术教程[M].北京:北京师范大学出版社,2011.
[23] 曾陈萍,吴军.现代教育技术实用教程[M].北京:北京师范大学出版社,2011.

[24] 纪亚梅.浅谈电子白板的应用优势——以幼儿园教学为例[J].中国信息技术教育,2012(5).

[25] 雷利军.运用交互白板,挑战传统黑板[J].中小学信息技术教育,2004(12).

[26] 张伟.Flash 动画在网页中的应用[J].电脑开发与应用,2012,25(11).

[27] 张莹莹.Authorware 课件制作探讨[J].科技信息,2010(35).

[28] 许峰.多媒体网络课件特点及制作[J].福建师大福清分校学报,2002(2).

[29] 邱寄帆.试论基于 Web 页面的网络课程的特点与开发[J].成都航空职业技术学院学报:综合版,2003(1).

[30] 兰肖原.应用英语课程设计与网络应用的对接[J].广西商业高等专科学校学报,2005(4).

[31] 刘文东.浅谈多媒体技术在教学中的应用与设计[J].辽宁公安司法管理干部学院学报,2004(1).

[32] 范姣莲.IT 技术与远程网络课程的设计应用[J].中国电化教育,2003(8).

[33] 纪红,孙礼.基于 Web 的远程网络课件的设计与开发[J].北京邮电大学学报:社会科学版,2002,4(2).

[34] 胡铁生.中小学微课建设与应用难点问题透析[J].中小学信息技术教育,2013(4):15-18.

[35] 范福兰,张屹等.基于交互式微视频教学资源教学模式的应用效果分析[J].现代教育技术,2012(6):24-28.

[36] 胡铁生,黄晓燕,李民.我国微课发展的三阶段及其启示[J].远程教育杂志,2013(4):15-18.

[37] 关中客.微课程[J].中国信息技术教育,2011(17):14.

[38] 刘小晶.教学视频微型化改造与应用的新探索[J].中国电化教育,2013(3):101-105.

[39] 胡铁生.区域性优质微课资源的开发与建议[J].中小学信息技术教育,2013(4):19-22.

图书在版编目(CIP)数据

学前教育现代教育技术教程 / 佟元之,许文芝主编.
—2版.—南京:南京大学出版社,2017.7(2023.2重印)
高等学校"十三五"学前教育专业规划教材
ISBN 978-7-305-14111-9

Ⅰ.①学… Ⅱ.①佟…②许… Ⅲ.①学前教育-教育技术学-高等学校-教材 Ⅳ.①G612②G40-057

中国版本图书馆CIP数据核字(2017)第155694号

| | |
|---|---|
| 出版发行 | 南京大学出版社 |
| 社　　址 | 南京市汉口路22号　　邮　编 210093 |
| 出 版 人 | 金鑫荣 |
| 丛 书 名 | 高等学校"十三五"学前教育专业规划教材 |
| 书　　名 | **学前教育现代教育技术教程(第二版)** |
| 主　　编 | 佟元之　许文芝 |
| 责任编辑 | 钱梦菊　丁 群　　　编辑热线　025-83592146 |
| 照　　排 | 南京紫藤制版印务中心 |
| 印　　刷 | 南京新洲印刷有限公司 |
| 开　　本 | 787×1092 1/16 印张17 字数365千 |
| 版　　次 | 2017年7月第2版 2023年2月第7次印刷 |
| ISBN | 978-7-305-14111-9 |
| 定　　价 | 39.80元 |

网址:http://www.njupco.com
官方微博:http://weibo.com/njupco
微信服务号:NJUyuexue
销售咨询热线:(025)83594756

\* 版权所有,侵权必究
\* 凡购买南大版图书,如有印装质量问题,请与所购
　图书销售部门联系调换